U0463442

天津市经济发展研究院智库报告

天津经济调研2019

◎ 黄凤羽/主编　燕中州/副主编

Tianjin Economic Investigation 2019

天津社会科学院出版社

图书在版编目（CIP）数据

天津经济调研. 2019 / 黄凤羽主编. -- 天津 : 天津社会科学院出版社, 2020.11

ISBN 978-7-5563-0668-8

Ⅰ. ①天… Ⅱ. ①黄… Ⅲ. ①区域经济发展－研究报告－天津－2019 Ⅳ. ①F127.21

中国版本图书馆CIP数据核字(2020)第221786号

天津经济调研. 2019

TIANJIN JINGJI DIAOYAN 2019

出版发行：天津社会科学院出版社

地　　址：天津市南开区迎水道7号

邮　　编：300191

电话/传真：（022）23360165（总编室）

（022）23075303（发行科）

网　　址：www.tass-tj.org.cn

印　　刷：北京建宏印刷有限公司

开　　本：787×1092　毫米　1/16

印　　张：15.75

字　　数：232千字

版　　次：2020年11月第1版　2020年11月第1次印刷

定　　价：78.00元

《天津经济调研2019》
编辑委员会

前　言

主动调整发展战略，巩固深化拓展高质量发展态势

2019年，习近平总书记亲临天津考察指导工作，致信祝贺第三届世界智能大会，充分体现了以习近平同志为核心的党中央对天津工作的高度重视和对天津干部群众的亲切关怀，为天津发展指明了前进方向，注入了强大动力。天津以“三个着力”重要要求为元为纲，主动调整发展战略，采取一系列打基础、利长远，理旧账、补短板，防风险、守底线的重大举措，全市经济持续稳中有进、稳中向好，社会保持和谐稳定。

爬坡过坎，经济航船坚毅前行。2019年，天津笃定高质量发展不动摇，扎实践行新发展理念，深入推进供给侧结构性改革，全市生产总值（GDP）14104.28亿元，比上年增长4.8%，增速加快1.2个百分点。三次产业结构为1.3∶35.2∶63.5。现代都市型农业稳定发展，建成26万亩高标准农田，粮食产量223.25万吨，增长6.5%。现代农业产业园、特色小镇建设走在全国前列。

宁河区潘庄镇产业融合发展示范园、蓟州渔阳都市农业科技园分别入选第一、二批国家级农业产业融合示范园。杨柳青文旅特色小镇典型经验和天津推动特色小镇高质量发展典型做法在全国推广。优势产业提质升级，规模以上工业增加值增长 3.4%，比上年加快 1.0 个百分点。航空航天产业快速增长，空客 A350 完成和交付中心项目落户，一批主力车型上市热销，汽车产量逆势突破 120 万辆。现代服务业活力持续增强，规模以上服务业中，新服务、高技术服务业、战略性新兴服务业营业收入均实现两位数增长，分别增长 14.8%、19.3%和 12.4%。初步建成国家租赁创新示范区，飞机、国际航运船舶、海工平台等融资租赁业务保持全国领先，形成机构、产品、政策、智库为一体的生态圈。固定资产投资结构进一步优化，金融业增长 1.1 倍，医药制造业增长 88.6%，计算机通信和其他电子设备制造业增长 57.9%，租赁和商务服务业增长 34.2%。

主动融入，京津冀协同发展扎实推进。紧紧围绕“一基地三区”功能定位，积极承接北京非首都功能疏解，主动服务雄安新区建设发展。2019 年，天津推动落实六方面 133 项具体任务。承接北京非首都功能疏解取得新成效，中国核工业大学开工建设，中科院北京国家技术转移中心天津中心等一批项目引进落地。滨海 - 中关村科技园累计注册企业达到 1443 家，宝坻京津中关村科技城项目建设与招商势头良好。全年京冀企业来津投资到位资金 1470.67 亿元，占全市实际利用内资的 51.0%，比上年提高 4.6 个百分点。交通、生态、规划等重点领域进一步突破。天津港雄安服务中心设立，津石、塘承高速公路全面开工，京津城际、京沪、京滨、津兴四条高铁通道联通京津双城的格局加快形成，3 条市域（郊）铁路纳入京津冀协同发展交通一体化规划修编。京津冀河流跨界断面实现统一采样、统一监测，永定河综合治理与生态修复稳步推进，“通武廊”签订环境保护合作框架协议。

创新驱动，经济新动能进一步释放。2019 年，规模以上工业中战略性新兴产业增加值增长 3.8%，快于全市工业 0.4 个百分点，高技术产业和战略性新兴产业增加值占规模以上工业增加值的比重分别达到 14.0%和 20.8%。强化企业创新主体地位，国家技术创新示范企业达到 20 家，国家高新技术企业达6106家；雏鹰企业、瞪羚企业分别达到1632家和348家。打造创新发展平台，国家新一代人工智能创新发展试验区获批建设，新一代超级计算机、国家合成生物技术创新中心等国家级创新平台落户。培育高新技术企业群体，经开区生物医药产业集群、高新区网络信息安全产品和服务产业集群入选国家战略性新兴产业集群发展工程。科技产品技术领先，推出全球首款脑机接口专用芯片、光伏用12英寸单晶硅片，海之星智能水下检测机器人填补国内空白。新能源汽车、工业机器人、服务机器人等新产品产量分别增长56.7倍、40.0%和85.8%。万人发明专利拥有量22.3件，综合科技创新水平位居全国前列。人才引育成效明显，“海河英才”行动计划累计引进各类人才24.8万人。启动“海河工匠”建设，在长征火箭、长城汽车等先进制造业企业建立205个企业培训中心，覆盖技能工人15.8万人。

争创一流，营商环境持续优化。政务服务效率大幅提升，制定实施《天津市优化营商环境条例》，“一制三化”改革不断深化。一般社会投资项目从获得土地到取得施工许可证平均时间压缩到75天以内，企业开办时间压缩至1天。建成天津网上办事大厅，96%的政务服务事项实现“一网通办”。无人审批事项扩大到181项，自助审批网点增加到625个。营商成本大幅下降，实行“三个一律免征”，全面取消城市基础设施配套收费，一般工商业电价降低10%以上。2019年规模以上工业企业百元营业收入成本84.86元，全年为市场主体减负730亿元。率先公布实施口岸收费目录清单、一站式阳光价格、进口货物“船边直提”等48项便利化改革，进出口整体通关时间较上年分别压缩54.6%和58.5%。深入落实“天津八条”“民营经济19条”，2019年全市新登记市场主体26.70万户，增长20.7%。其中，新登记民营市场主体26.49万户，增长21.1%，占全市的比重为99.2%。全年落地项目1.65万个，投资总额7329亿元，当年到位资金1609亿元。

步疾行稳，改革开放实现新突破。市属国企混合所有制改革和国企管理层市场化改革取得实效，7家企业成功实现集团层面混改，53家二级及以下企业完成混改，共吸引社会资本315.9亿元，11家市属一级企业面向社会公开选聘了职业经理人。利用社会资本取得突破性进展，一批轨道交通、高速公路、生态建设等项目陆续实施，累计总投资超过 1800 亿元。海河产业基金协议认缴规模达到 1150 亿元，在全国政府引导基金中位居前列。推出“知识产权质押 + 回购”、保税仓单质押融资等 52 项金融创新产品，精准服务实体经济。出台《加快推进新时代滨海新区高质量发展的意见》，一次性向滨海新区下放 622 项市级权力事项，全面实施各开发区法定机构改革，推行全员竞聘、企业化管理。自贸试验区改革深入推进，自贸试验区“深改方案”128 项任务完成 122 项，27 项创新成果在全国复制推广，自由贸易账户政策落地实施，自贸试验区新登记市场主体累计超过 6.4 万户、注册资本超过 2.16 万亿元。积极融入“一带一路”建设，大力发展海铁联运，11 个中欧产业合作项目签约，新设立 4 个“鲁班工坊”。外交部天津全球推介活动产生良好国际影响。全年新批外商投资企业 711 家，合同外资额 315.94 亿美元，实际直接利用外资 47.32 亿美元，增长 3.0%。

生态优先，生态环境质量显著改善。持续强化大气污染“五控”治理，完成 120 万户居民冬季清洁取暖改造，PM2.5 平均浓度总体保持稳定，达到 51 微克/立方米。水环境治理成效明显，完成河湖“清四乱”专项行动，完成 10 座城镇污水处理厂扩建提升工程，新增污水日处理能力 66.8 万吨，地表水优良水体比例达到 50%，提高 10 个百分点，劣Ⅴ类水体比例首次降至 5%，降低 20 个百分点。渤海综合治理提速加力、精准施策，制定“一河一策”治理方案，12 条入海河流全部消除劣Ⅴ类水体，近岸海域优良水质比例达到 81%，提高 31 个百分点。生态保护修复持续推进，升级保护 875 平方千米湿地自然保护区，退耕还湿、土地流转、河湖水系连通等工作加快推进，苇海修复、生物多样性恢复和鸟类保护成效显著，建成武清永定河故道、宝坻潮白河国家湿地公园。加快建设 736 平方千米双城间绿色生态屏障，大力推进生态修复等十大工程，初步形成林水相依、可亲近体验的生态场景。提升 153 千米海岸线生态功能，制定“蓝色海湾”整治修复规划，生态廊道建设和岸滩修复工程加快实施。西青区成功创建国家生态文明建设示范区，蓟州区成为“绿水青山就是金山银山”实践创新基地。

目前天津经济发展中还存在发展新动能支撑作用不强，创新驱动发展的制度供给不足，改革滞后，体制机制活力不够，城市管理“绣花功夫”下得不深，生态环境方面的顽疾依旧未除，痛快办事、快乐服务的氛围不浓等问题。天津正处在负重前行、爬坡过坎、滚石上山的紧要关头，面临的形势依然严峻。为了巩固深化拓展高质量发展态势，天津市经济发展研究院组织全院研究力量，选择战略发展、创新驱动、产业转型等主题，在天津市 16 区和重点功能区展开调研，形成了本书的 16 篇调研报告，旨在为市委市政府及相关部门提供决策参考依据，为研究天津经济发展的相关人士提供研究参考。

本书是我们第三年将调研成果汇编成册呈现在大家面前，但我们深知，限于自身的水平和调研条件的限制，我们的调研成果可能还存在这样或那样的不足，需要在今后的工作中加以改正和弥补。在此，希望各位关心天津经济发展的有识之士能不吝赐教，我们将感激不尽。

编者

2020 年 11 月

目　录

战略发展篇

创新驱动篇

产业综合篇

战略发展篇

京津冀协同发展下宝坻区工业园区高质量发展的研究

（天津市经济发展研究院　尹晓丹）

一、选题的意义和背景

（一）选题的意义

一是新时代高质量发展的必然要求。党的十九大标志着中国特色社会主义进入了新时代，我们要牢固树立新发展理念，对标调整、优化发展思路、发展方式，坚决摒弃落后于时代的惯性思维和工作方法。宝坻区工业园区是区域经济高水平发展的有效载体，是促进产业转型升级、集聚外来资金的重要平台，新时期工业园区的发展也应更加突出“五大发展理念”，实现高质量发展。

二是优化营商环境的重要手段。宝坻区工业园区是产业发展的空间载体，工业园区的发展情况是对当地营商环境最为直观的印象映射。工业园区拥有健全、完备的基础设施，高效、有序的园区管理，齐备、完整的产业链，有利于提升对天津市投资的整体预期，对于进一步优化营商环境、吸引投资具有重要的促进作用。

三是实现产城融合发展的重要途径。产城融合的生产、生活、生态三者之间要平衡，实现以城促产、以产兴城。目前天津标准的产城结合的业务形态是“442”，40%是工业，以高端制造和互联网企业为主；40%是生活区；20%是商业配套设施。宝坻区工业园区的高质量发展，可以有效地避免城市发展中的空城化，对于促进城市与产业共生、共利、共融具有重要作用。

(二)选题的背景

从经济总量上看,2012 年以来,经济总体呈增长态势。2018 年地区生产总值 638.17 亿元,增长 7%左右,高于全市约 3.6 个百分点;2019 年上半年地区生产总值为 362.19 亿元,同比增长 5.7%,快于一季度 1.6 个百分点,高于全市 1.1 个百分点。在郊五区中,宝坻区经济发展相对较好,与静海区经济总量相当。武清区得益于国家战略布局,近年来发展势头较猛,2012 年以来,宝坻区与武清区之间的差距呈逐年扩大趋势。

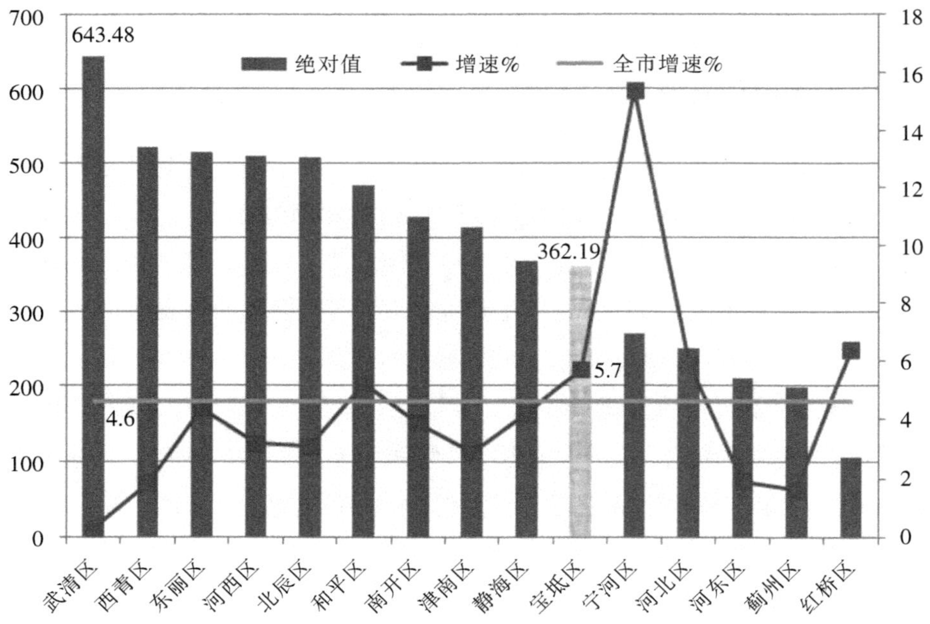

注:数据来源于统计月报,单位为亿元。

图 1　2019 年 1—6 月份各区地区生产总值及增速

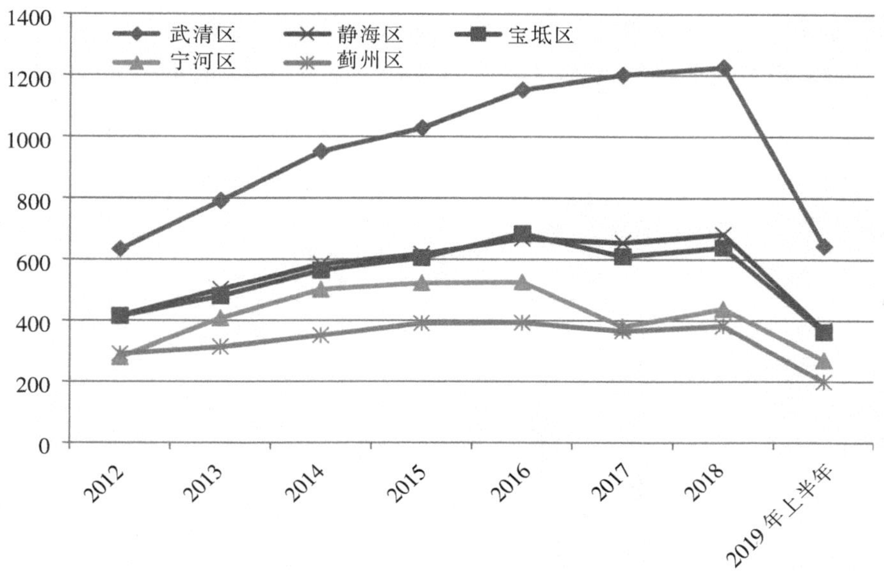

注:2012—2017 年数据来源于统计年鉴,2018 年以来数据来源于统计月报,单位为亿元。

图 2　2012 年以来郊五区地区生产总值

工业园区为天津市经济社会发展做出重要贡献,但也存在一定问题。2017 年,中央环保督察指出,天津市园区围城问题十分突出,全市 241 个工业园区(集聚区)仅环城四区就有 123 个,其中镇村级工业聚集区 86 个,占比近 70%。为解决该问题,天津市人民政府出台了《天津市工业园区(集聚区)围城问题治理工作实施方案》。目前,全市共排查出各类工业园区(集聚区)314 个,其中国家级 10 个,市级 44 个,区级 91 个,区级以下工业园区(集聚区)169 个。

二、宝坻工业园区的现状

(一)整体概况

截至 2019 年 3 月,宝坻区辖 6 个街道,18 个镇,共有各类工业园区 22 个,其中天津市示范工业园区 4 家,乡镇工业园区 18 家。4 家示范工业园区分别是天津宝坻节能环保工业区、天津宝坻低碳工业区、天津塑料制品工业区、天津马家店工业区。在全市 10 个涉农区中,宝坻区拥有工业园区数量相对较少。

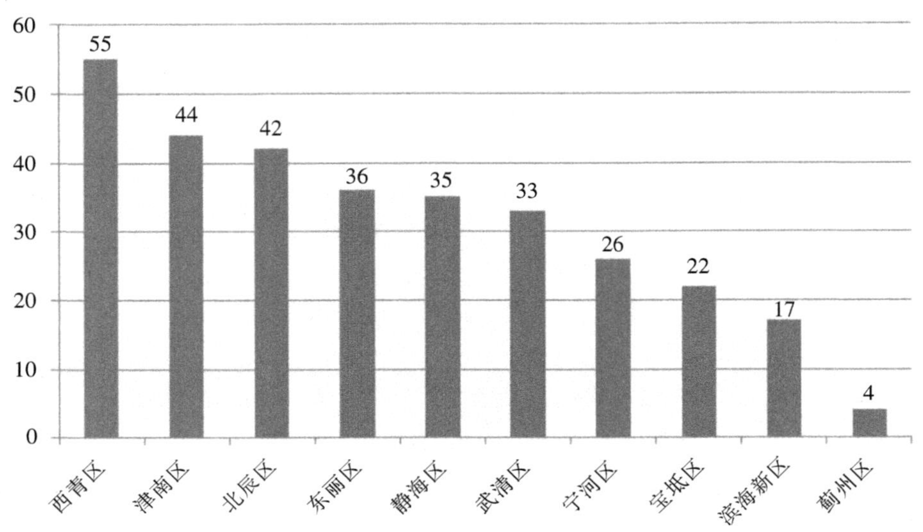

注:单位为个。

图 3　截至 2019 年 3 月 10 个区工业园区(集聚区)数量

(二)主要工业园区介绍

1. 天津宝坻节能环保工业区

园区远景规划面积 33 平方千米,近期规划面积 19.4 平方千米。重点发展节能环保综合产业、现代电子商务物流产业。园区紧密依托宝坻新城,将成为京津冀间重要的环保产品制造业基地,航空、医用新材料制造基地和商贸物流基地。

园区内现有近百家企业入驻,包括霍曼门业、星洋电子、南京大学光电源材料研究所、北京橡胶机械研究院和天津航美嘉禾航空材料等节能环保项目和研发转化机构;世界五百强企业邓禄普纺织、国内五百强企业大连实德等重大项目也已落户园区。

表1　宝坻节能环保工业区重点产业及代表企业

重点产业	代表企业
环保水处理产业	宝鼎环境科技公司、安力斯环保设备公司、科林之星环保技术有限公司、立升企业集团公司,形成了环保设备、环保技术、工程设计建设、环保设施运营的产业综合体系。
环保空气净化技术产业	天津艾尔康居科技有限公司,拥有空气质量综合改善技术、中央除尘技术、送风技术、湿度控制技术、零能耗室内空气品质改善等专利技术,在国内外均处于领先地位,是国家有关部门首批认定的"绿色环保企业"和"低能耗产品创新型企业"。
新能源技术产业	天津九能京通新能源公司,主要研制生产锌空气燃料电池,已成功运行,并通过国家863电池测试中心检测,以其制作成本低、能量密度高、循环寿命长、充电时间短(机械充电)和环境友好可再生等优点成为绿色能源环保产品,该项目被列入天津市2011年重大工业项目。
新材料技术产业	中瑞森(天津)新能源科技有限公司,独家引进并升级了国际领先的相变储能技术,生产相变材料并研制开发了智能温控蓄电池柜、救生舱、恒温房、冷藏车等系列产品,在通信、发电、采矿、温控等领域应用取得了巨大成功。
机械装备制造业	天津华建天恒传动有限公司,拥有自主知识产权和世界先进的核心技术,在德国取得专利。主要生产2.5兆瓦及以上大功率风电增速箱,该项目被列为天津市2011年重大工业项目。

2. 天津宝坻低碳工业区

园区规划面积18.8平方千米,起步区面积4平方千米。以新能源产业和机械装备制造产业作为主导产业,依托天津滨海高新区和天津经济技术开发区两个新能源产业聚集地的发展和园区现有龙头企业的带动,重点发展太阳能、风能、地热能、海洋能、绿色电池等新能源产业和工程机械、环卫机械、农用机械等机械制造产业。

园区内现有65家企业入驻，包括天拖农机产业园现代农机设备制造项目、日立楼宇（天津）设备制造项目、京龙公司工程机械设备项目、玛德风电项目、比克新能源基地项目等多个重点项目。

表2　宝坻低碳工业区重点产业及代表企业

重点产业	代表企业
新能源产业	以贝特瑞、华夏泓源、东皋膜、易科美德为龙头。其中东皋膜是一家集研发、制造、销售为一体的锂电隔膜企业，是国家科技部认定的高新技术企业，目前年产能规模为2.2亿平方米涂层隔膜成品，主要客户已涵盖远东福斯特、天津力神、比克、德朗能、比亚迪等国内知名动力电池厂商。
零部件制造产业	以日立电梯、京龙电梯、优安达电梯为龙头，初步形成了电梯及零部件制造产业集群。日立电梯在天津市场销售量位居同行前列，项目涉及城市交通、酒店、商场、医院、学校、写字楼及住宅小区。天津京龙工程机械有限公司是专业生产加工施工升降机（变频调速）、升降平台、塔式起重机、吊篮等产品的私营有限责任公司，公司总部设在广州。优安达获得国家级电梯制造、安装、维修、改造A级资质，主要有乘客电梯、观光电梯、医用电梯、别墅电梯、载货电梯、汽车电梯、自动扶梯及自动人行道等，亚太总部设在中国香港九龙，北京作为中国的营销总部，天津作为组装生产基地。
机械加工制造产业	以天拖农机产业园、勇猛机械为龙头。天拖农机产业园总投资10.2亿元，占地0.45平方千米，是天拖公司战略东移及产品结构调整建设项目。勇猛机械是集自主研发、生产、销售、服务为一体的玉米收获机械制造商。

3.天津塑料制品工业区

园区规划面积10.8平方千米，起步区面积3.4平方千米。重点发展塑料原材料加工、农用塑料、工程塑料、塑料建材生产及塑料加工机械制造，打造以塑料制品为主导的轻工业制造基地。

以“政府培育、企业为主”的模式，打造集一流生态、一流设施、一流产业于一体的现代制造业园区，带动塑料、机械、环保等制造业向规模化、现代化、国际化方向发展，大力增强与滨海新区的产业对接、与周边地区和全国供需市场的融合。圣宝运聚乙烯管材项目、旭辉塑料制品项目、飞跃工业园项目等多个重大项目已落户园区。

表3 塑料制品工业区重点产业及代表企业

重点产业	代表企业
塑料原材料加工	天津市旭辉恒远塑料包装股份有限公司，注册资本4544万人民币，于2016年1月8日在新三版正式挂牌。公司还积极响应国家“一带一路”倡议，与国内西北、西南地区的化工企业开展业务往来，并出口产品至加拿大、西班牙、澳大利亚和马来西亚等国家。公司共获得发明专利和实用新型专利100余项。中国塑编行业20强企业，天津市包装行业会长单位，天津市包装行业首批认定的高新技术企业，天津市科技小巨人企业，天津市企业技术中心，天津市级企业专利试验点，连续六年被评为守合同重信用企业。
农用塑料	天津大禹塑胶制品有限公司，注册资本600万，公司引进全自动生产设备，采用国内先进的工艺技术和高品质的原材料，专业的技术和生产团队，专业生产以蝶阀、止回阀为主的各种塑胶阀门和管路配件。
塑料建材生产	天津市京通管业有限公司注册资金6288万人民币，年销售额1.2亿人民币，是一家集新型塑料管道产品研发、生产、销售为一体的高新技术企业。公司的给水管道系统、城市排水排污系统、地暖系统、电力电信管道系统被广泛应用于居民住宅、商业建筑、市政工程、工矿等领域，是中建六局、南通二建、天津住宅集团、中国建筑集团总公司、江苏建筑集团总公司、中天建设、中铁十二局等大型建筑公司的重点指定供应商。
塑料加工机械制造	天津翔驰天宇机械制造有限公司成立于2016年，注册资本为500万，主要经营机械设备制造，金属制品加工，机械设备技术研发、推广。

4. 天津马家店工业区

园区规划面积10平方千米,起步区面积4平方千米。依托现有的产业基础,建设金属制品产业及相关服务产业集群,重点发展不锈钢的板、管、棒制品及线材制品加工制造。

园区依托市政府确定的小城镇建设快速发展,已经完成了通信设施、供排水、路桥、燃气、绿化、路网等基础配套工程,文化活动中心及占地约0.22平方千米的公园正在建设中。园区现有入驻项目76个,初步形成了以不锈钢制品、金属制品、机械制造、家电制造为主的产业特色,培育出了天津建昌、铸华不锈钢、新天洋家电等一批有影响力的骨干企业。

表4　马家店工业区重点产业及代表企业

重点产业	代表企业
不锈钢制品	天津建昌不锈钢有限公司,注册资本1000万美元,年加工不锈钢板材12万吨,专业从事不锈钢材料销售及各类不锈钢板材加工,总投资2500万美元,占地面积9.7万平方米,是太钢、浦项、宝钢、酒钢等各大钢厂的一级代理商,打造华北最大的不锈钢深加工基地。天津铸华不锈钢制品有限公司是一家中美合资的专业生产不锈钢焊接钢管的大型现代化企业,公司注册资金4000万人民币,占地面积6.6万平方米,年营业额2000万人民币以上。
机械制造	天津鸿翔工程机械有限公司2010年成立,注册资本800万人民币,经营范围包括旋挖钻杆及其相关配件、旋挖钻具及其相关配件的制造、研发、设计、销售与维修等。
家电制造	天津新天洋实业有限公司2005年12月26日成立,注册资本5000万人民币。经营范围包括家用电器、电子通信设备、机电设备、日用百货、整体厨房成套设备、卫浴产品、塑料制品、仪器仪表、汽车零部件制造及进出口业务等。

5. 五个传统优势产业工业区

(1)新开口工业区:重点发展金属制品工业产业。已开发土地面积1.33平方千米,计划开发土地面积2平方千米,重点打造白色家电、机加工、体育用品等重点行业企业向自主创新型企业发展。目前有16家企业入驻工业区，协议固定资产投资额5亿元。骨干企业为天津市天二锻压机床有限公司。

（2）新安镇工业区：重点发展服装、文体产业。规划占地面积4平方千米，已开发面积2.2平方千米。入园企业10个，协议固定资产投资额7亿元。骨干企业有赛思制衣、恒通塑胶、贝尔佳。

（3）八门城工业区：重点发展农产品、食品加工产业。产业功能区规划面积5平方千米，已开发面积0.45平方千米。目前入驻园区企业13家，投产10家，固定资产达6亿元。骨干企业有津康园乳业、宝鹅园鹅业、香川米业等。

（4）林亭口工业区：重点发展新型建材产业和服装产业。已开发土地面积1平方千米，计划开发土地面积2平方千米，基础设施达到“七通一平”标准，现有工业企业5家，协议固定资产投资额3.5亿元。重点企业包括天津横通工贸发展有限公司、天津奔骜服饰有限公司。

（5）方家庄工业区：重点发展家具产业。方家庄镇是中国北方“沙发之乡”，拥有各类沙发家具企业200多家。工业区规划工业用地4平方千米，已开发土地面积1平方千米。已有20多家企业入驻，作为总投资55亿元海滨国际商贸物流城的产品生产基地，与先期进驻的华天国际食品城、巨龙古典家具城进行了全面对接。

（三）未来发展动向

目前，宝坻区已经启动建设了规划面积30平方千米的“高铁新区”，将全区4个市级工业园区和14个区级工业区整合成“一区五园”。宝坻区还与北京市通州区、河北省唐山市签署了战略合作协议，共同打造“京东黄金走廊”。2018年，宝坻区新引进京东亚洲一号、复兴国药华北枢纽中心等大项目、好项目466个。国内招商引资到位额206亿元；以东皋膜、国安盟固利、安泰天龙等重点企业为引领，推动太阳能光热、绿色电池、高端金属复合材料等新兴产业集群集聚发展。

新的“一区五园”战略中，“五园”，即宝坻节能环保工业区、京津中关村科技城、宝坻低碳工业区、宝坻塑料制品工业区和马家店工业区；“一区”，即将

“五园”整合成为宝坻经济开发区,形成一体化发展格局。目前占地16平方千米的中关村科技新城依托宝坻经济开发区,将工业区宝平公路东侧发展成为新型电子产业集聚区,占地20平方千米的路通电动车项目,将工业区南侧发展成为新能源产业集聚区,使天津宝坻经济开发区的规划用地面积达到50平方千米。作为新兴的经济区域,开发区正在按照“依托京、津、冀,融入环渤海,放眼海内外”的战略构想,着力打造以先进制造业为主题,主攻制造工业,为北京和天津滨海新区配套的综合产业功能区。

三、宝坻工业园区发展存在的问题

通过梳理宝坻区主要工业园区的规划建设情况、产业定位、发展成就、代表企业及未来发展方向可以看出,目前宝坻区工业园区的发展还存在以下几方面问题:

(一)承载能力有待提升

宝坻作为疏解非首都功能的重要承载地的能力还有待进一步提升。从平台基础设施和配套情况看,天津“1+16”承接北京非首都功能的格局中,宝坻中关村科技城处于基础设施建设阶段,原规划14.5平方千米的招商园区只开发了约2.8平方千米,不足20%。从项目承接数量上看,宝坻区与滨海新区、武清区有较大的差距,2016年至2018上半年京来津经营(或在津投资)企业8116家,滨海新区、武清区和宝坻区是北京资源疏解的主要承载地,三地吸引京企数量占比分别为40.1%、32.1%和3.5%,且与工业园区规划主导产业相符的北京企业数量更少。

(二)创新发展的原动力缺乏

通过分析4大天津市示范工业园区及5个代表性的传统工业园区,我们发现,宝坻区工业园区内的企业多为制造型企业,企业总部或研发中心并未设立在工业园区内。以日立电梯为例,日立电梯(中国)有限公司总部位于广州,公司在广州和上海设有两大电梯技术研发中心，而天津仅作为其 4 大制造基地之一（广州、上海、成都和天津）。宝坻工业园区的发展处于产业链的中下游，这种发展模式不利于可持续发展。首先，产业链中下游受产业链上游的制约，风险可控度较差；其次，创新为经济发展的原动力，缺乏创新能力，不利于经济的可持续增长；最后，目前的发展模式不利于天津实现“先进制造研发基地”的定位。

（三）集约化程度不够高

园区各自经营管理，在招商引资方面，聚焦不够明显，定位不够清晰，存在同质化竞争问题，且大多数企业规模较小。按照增长极发展理论，具有示范效应的大项目会形成增长极，从不同渠道向外扩散，并对整个经济空间产生影响，但是目前各个园区内并未出现影响力较大的知名企业。从企业的注册资本看，大多数企业注册资本在 1000 万人民币以下，规模较小，政府认定的龙头企业在国内排名来看，相对较靠后，对于园区内的整体带动作用和集聚能力有待进一步加强。园区内的重点发展产业目前虽然形成了一定的集聚规模，但是从产业链的角度看，目前的集聚并未形成完整的产业链，企业缺乏根基与工业园区的发展基础，工业园区对于企业的吸引力和附着力不强。

（四）绿色化发展程度不够高

宝坻区工业园区的发展主要是以传统经济为主，比如机械制造、金属制品产业、塑料产业等，技术改造升级压力较大。园区企业尤其是乡镇园区中大多数附加值低、技术含量不高、品牌竞争力弱的中小微企业，土地产出强度不高。与周边区相比，工业园区及工业企业的绿色化发展程度有待提升。2018 年年度天津市绿色工厂绿色园区示范名单中，宝坻区仅 2 家企业入围，比武清区少 4 家、比宁河区少 1 家。宝坻区工业园区与周边区相比在绿色化建设方面还有待提升，质量变革、效率变革任重道远。

（五）专业配套能力不够强

通过分析工业园区的规划定位与实际发展可以看出，宝坻区工业园区目前的发展与其定位还有一定的差距。工业园区内的企业在规模、产品、所属行业上都存在较大差异，行业的关联性不强，相关行业的配套发展不完善。总体来看，园区缺乏统一科学规划，产业规划布局存在“小而全”现象，不能做到同类产品集中、集聚和集群化发展。比如在 4 个示范工业园区中均布局有新材料的发展，且调研发现各个园区内的企业较为混杂，很多企业所属行业与园区定位相差较远。同时生产性服务业发展相对滞后，融资担保、物流、仓储、信息服务等配套服务在园区内不完善。园区内新建楼宇空置率较高，在走访九园工业园区轻纺城的过程中发现，目前的入驻率较低，活跃程度不高，周边缺乏餐饮、娱乐等配套设施。

（六）基础设施配套不完善

园区内尤其是乡镇工业园区内供热、污水处理等配套设施建设不完善。虽然目前 4 个示范工业园区已经达到“九通一平”，但是走访后发现，园区内河道治理、道路两旁绿化等仍需进一步加强。园区内的生活服务类设施仍有待进一步完善，以公共交通为例，目前从中心城区到宝坻的公共交通为客车，时间为 3 个小时左右，且根据目前的高铁建设规划，高铁建成后，市内六区与宝坻之间的通达性仍然相对较弱。此外，公共服务水平方面仍有待提升，比如境内的高速公路出入口存在大小车辆排队混乱且无相关人员指挥的问题，通过效率低下且存在一定安全风险。

四、苏州工业园的经验借鉴

在最新的全国经济开发区综合考评中，苏州工业园区位居第 1；在全国百强产业园区排名中，苏州工业园区位列第 3；在全国高新区排名中，苏州工业园区位列第 5。目前，在 77 万总就业人口中，大专以上人才占 42%，硕士以上高层次人才占 13.2%，179 人入选江苏省“双创计划”。注重规划先行、突出先行先试、坚持开放创新、强化亲商服务、创新社会治理是苏州工业园“园区经验”的主要内涵。

（一）高标准规划

苏州工业园区的开发建设始终强调规划的作用。苏州工业园区启动之初，花费3300万元用整整一年时间编制总体规划，接着花费2亿元编制150项单项规划，截至2019年10月，园区先后编制了300多项规划。目前，园区的总体格局与当年规划“蓝图”中所描绘的图景相差无几。“在明确的发展边界的基础上有一个理想的、超前的综合发展规划”是园区成功的重要原因，规划具有长远性，可使投资者有明确的预期，给投资者以信心。

（二）严格保障规划实施

苏州工业园区规定“规划即法”，园区的行政管理层不能干预正常的规划审批，技术管理层无权更改法定规划，规划的执行受到层层审批和监督。由于实施了一系列制度和管理措施，保障了规划的严格执行。另外，规划对整体空间布局、建筑、广场、路灯、雕塑、植物种类等都进行了严格规定，覆盖面广且细。不过，虽然规划详细且严格，但在制定和执行过程中也允许合理的弹性情况出现，例如安排了大量的预留地，引入了“白地”“灰地”“弹性绿地”的概念。

（三）完善配套设施

坚持需求未到、基础配套先行的基本思路。在项目还未落地之前，就先行推进基础和配套设施建设，水电气暖等一次性铺设到位，及时贯通园区内工业、商业地块，并与市区紧密连接。园区内功能区域分明，生产生活互不干扰，人流物流通畅安全。工业园区在功能定位、产业定位、项目招引上主动避免与周边产业雷同或形成恶性竞争，合作双方力争在破解各自发展难题和产业协同上找结合点，实现共同发展。

（四）强化软环境

“亲商”也是“园区经验”中不得不提的重要内容。1995年7月，苏州工业园区选派了一支26人团队前往新加坡接受短期经济管理培训。新方专家围绕"亲商",向学习团讲述了为什么要亲商、怎样亲商、亲商的作用有多大。以"放管服"改革为例,园区今年已基本实现"2333"的行政审批速度,即开办企业 2 个工作日、不动产登记 3 个工作日、工业建设项目施工许可 33 个工作日,这样的效率不仅在省内、国内领先,对标世界银行营商环境评价指标,在全球也处于前列。同时,围绕国际投资贸易新规则,园区积极对接上海自贸区,叠加复制了 50 多项自贸区经验。

五、未来发展建议

2019 年,天津市出台了《天津市工业园区规划建设导则》,为未来天津市工业园区整体发展指明方向,即发展战略性新兴产业,加快传统产业转型升级,同时加快产业向工业园区集聚。[①] 建议宝坻区工业园区未来发展注重以下几方面:

(一)坚持高标准规划建设

坚持以习近平新时代中国特色社会主义思想为指导,对标国内、国际一流工业园区,提升工业园区整体水平。在"十四五"即将到来之际,结合"十三五"发展情况及"十四五"时期的发展机遇,制定全区层面的工业园区发展规划,从顶层设计层面,谋划各工业园区错位发展。同时,各工业园区要有长远规划,制定有总体布局、土地利用、交通体系、建设标准、景观设置的总体规划。严格规划的执行,切实保障规划可实施、可落地,大力度调整目前与工业园区定位不相符的企业的布局,着眼长远宏观规划,实现科学可持续发展。

落实京津冀协同发展国家战略,着力构建有利于承接北京产业转移的政策体系。根据地域生产综合体理论,政策支持能够推进平台创新发展,可以探

①《天津市工业园区规划建设导则》中对工业园区产业发展引导为着重培育壮大高端装备、新一代信息技术、航空航天、生物医药与健康、新能源、新材料等战略性新兴产业。对于现有高耗能、低产出的企业进行提升改造或腾笼换鸟,新增工业企业原则上要按产业相关性进入相应的工业园区,引导园区外的工业企业通过调转结构、转型升级等逐步向园区集中。

索通过委托管理、投资组合等多种形式与北京、上海等先进地区合作共建产业园区,实现资源整合,联动发展。探索建立各园区间统筹联动机制,打通项目信息、资金、人才转移和承接通道,推动生产要素在各园区自由流动和集聚。

积极推动生态工业园区的发展。坚持五大发展理念,牢固树立生态意识,强化绿色发展在工业园区建设、生产与推进中的作用。大力推进节能减排,强化环境保护和综合治理。加强生态保护和建设,进一步做好园区绿地新建和改造,逐步消除公共绿地盲区,不断拓展绿地功能,初步建成较完善的公共绿地体系。大力推进园区清洁生产,对目前的工业园区尤其是以传统经济发展为主的乡镇工业园区实行技术改造,全面提高清洁生产、节能、节水和废弃物综合利用水平。

(二)打造高规格营商环境

结合江苏的经验,基础设施的投资对吸引高端项目、大项目具有重要作用。加快工业园区基础设施建设,搞好“硬”件环境。搞好先期基础投入,降低入园项目的建设成本。政府提供好水电气暖等市政服务设施,优化工业园区绿化环境,完善园区交通运输体系。加快推进宝坻中关科技城建设,尽快实现“九通一平”,推动乡镇工业园区实现“七通一平”。抓住实施乡村振兴战略的机遇,加快园区生活配套设施建设,完善公共交通可达性,推进产城融合发展。鼓励社会资本以多种方式,采取参股、控股、独资等参与基础设施建设。

推进构建“亲”“清”政商关系。强化“企业家老大”思维,做好政府“店小二”的服务职能。推动构建“公开、公正、公平”和透明规范的法制化环境,建立“精简、统一、效能”的服务型政府。继续推进“放管服”改革,切实提升政府服务效率。学习借鉴“不见面审批”“最多跑一次”等先进经验,推进行政审批制度改革。进一步减少行政审批事项,优化审核流程,压缩行政审批时间,提高审批效率,降低制度性交易成本。大力推进“政府上网”工程,全面推行实施电子营业执照和全程电子化管理,扩大企业网上办理业务种类,逐步推动实现网上全程办理事务,进一步健全网上审批流程。加大金融扶持力度,积极贯彻落实国家对中小企业融资政策支持及配套措施,进一步完善中小企业信用担保体系，改善信用环境。探索构建重点园区、重点企业监测机制，及时发现问题，帮助企业解决问题。

（三）加大招商引资力度

引进一批具有示范效应、带动作用的项目对于工业园区的发展具有重要作用。要高起步高标准实施战略招商。在承接北京非首都功能上，瞄准世界500强以及百度、腾讯等知名企业，发掘有效承接对接点。主动加强与国家部委、中央企业、金融机构和北京市的合作对接，积极主动引进一批总部企业、先进制造业、生产服务业等。借助“达沃斯论坛”“世界智能大会”“津洽会”等推广宝坻名片。

加快培育龙头企业，构建产业链核心。通过加大对地区龙头企业的引导和支持力度，保障生产要素的充分供给，尽快促使园区龙头企业做大做强。对龙头企业技术创新、品牌构建等活动予以政策支持，引导龙头企业向产业链高端发展，注重研发、设计、品牌构建等环节。强化产业链招商，以产业链分析为基础，满足产业链构建的需要，对园区内产业链的薄弱环节进行补充，确定目标企业，开展有针对性、有目的的招商，打造产业集群。

“腾笼换鸟”，加大对园区限制土地的清理整合力度，成立由国土部门牵头，园区管委会、建设、审计等部门参与的土地清理工作组，依法清理闲置土地。对闲置土地分别采取无偿收回、延期开发、有偿收回等方式处置，加大落后产能用地和低效用地处置力度，进一步盘活园区存量土地。通过“腾笼换鸟”，获得园区进一步发展所需要的土地等资源，以此吸引具备核心竞争力的企业或是对园区产业链有带动作用的龙头企业加入园区，从而吸引更多的上游企业进入园区，形成分工协作体系，完成园区产业链的搭建。

（四）培育产业集群创新体系

技术创新需要大量的资金，且风险较大，但受到知识外溢的影响，集群内企业模仿的动机大大超过其自主创新的动机，使得广大中小企业更愿意成为“搭便车者”。政府需要加大对园区技术创新体系建设、知识产权运用以及自主知识产权产业化的支持力度，建立完善创新补偿机制。引导社会资本参与园区内企业的风险投资，促进技术共享和信息交流，保持园区内与外接资源的良性互动。

风投助力企业创新。探索建立政府出资或主导的风险投资公司或风险投资引导基金，重点关注创新型企业天使投资阶段。推动目前的创新投资政策对创新创业失败的包容性，鼓励创新，包容失败，激发创新创业动力。

推动构建“产学研”体系。探索与高校、科研机构、企业开展多种形式的产学研合作，尤其是京津冀地区的高校的成果转化合作，推动有条件的企业在宝坻设立研发机构。积极承接北京部分大专院校、医院、科研和金融机构、企事业单位等非首都功能。

重视人才引进。贯彻落实“海河英才”计划，加大对高素质人才的引进。鼓励企业积极参与“海河工匠”计划，加快技能型人才培养。把握高新技术产业发展对劳动力的需求，深化产教融合、校企合作，培养适应一线实践领域的技术人才，引导推动人才培养链与产业链、创新链的有机衔接。

参考文献：

谢彩梅：《工业园区科技成果转化问题的探索及建议》，《现代工业经济和信息化》2019年第9期。

王丽：《苏州工业园区规划历程及经验》，《中国经贸导刊》2019年第10期。

王斌、王金平：《共建“产业园”，先进带动落后的有效途径——学习江苏南北区域合作经验启迪》，《陕西发展和改革》2019年第5期。

徐峰、汪雅婷、李宪赢等：《中国工业园区生态化发展决策优化方法研究》，《中国环境管理》2019年第4期。

田金平、刘巍、臧娜等：《中国生态工业园区发展现状与展望》，《生态学报》2016年第22期。

西青区现代农业产业园区发展研究
——以大寺镇为例

（天津市经济发展研究院　韩璐）

一、研究背景与意义

一直以来，农业都在我国国民经济中发挥着基础性作用，在推动国民经济快速发展的同时，也制约着国民经济的发展。近年来，随着我国经济的快速发展，农业的基础性地位显著提高，党和国家始终把解决“三农”问题作为工作重点，农业发展已经成为我国国民经济健康发展的保障、社会和谐发展的根基、时代进步的基础。在京津冀协同发展战略背景下，农业的转型发展至关重要，建设现代农业产业园区作为农业城镇化发展过程中的一种高效和符合时代发展的新模式，是现代农业实现高质量发展的必经之路，对带动周边地区经济、社会、生态良性发展具有重要意义。

西青区大寺镇正处于农业改革关键时期，结合当前农业整体发展状况及社会发展对农业经济发展的需求，加大力度发展现代农业已经成为必然趋势，发展现代农业产业园是逐步改善经济结构和农业比重，探寻新思路完善农业产业结构，改善农民生活水平，促进农民增收，调整农村发展特点的重要举措。当前，大寺镇面临前所未有的发展机遇和挑战，大力发展现代农业产业园区，转变传统农业发展模式，充分发挥政策、制度支持作用，不断提升生态文明建设在农业发展中的优势，对于全镇加快实现农业农村现代化、实现赛达新城核心区功能定位和全面建成高质量小康社会具有深远意义。

二、国内外现代农业产业园区发展的启示

(一)国内农业产业园区案例分析——以北京通州国际农业科技园为例

北京通州国际农业科技园处于北京市通州区潞城镇城区东侧,与北京市内城市主干道相连接,内外交通极其便利,具有大量全国最高层次的科学研究院所和高校,拥有获取最先进的科学技术和最快获得农业政策支持的优势条件。园区依托中国农业大学,构建产学研相结合形式,充分利用北京科技、政治、文化中心的优势,着力发展农业科技,打造国际一流科技型园区,从而吸引中外企业入驻,带动园区发展。

在园区建设上,北京通州国际农业科技园以农业科技建设为核心理念,面向国内外市场,利用最新的管理理念,最新的品种、设备、技术、设施促进产学研共同发展,并建立了国际现代农业科技交流平台、农业科研院校先进技术中试平台、国内外先进农业设施装备展示平台、农业先进理念、模式及技术输出平台、农业实用技术推广培训平台。为实现以科技撬动经济的目的,园区以"聚人才,建平台"为目标,聚集国内外先进农业技术、产品和人才;引进国家科研项目,大力发展现代农业高端服务业,建立国际先进水平的产业集群。加强国际技术交流与融合,主要通过与国际机构、驻华使馆、国外研究机构和协会开展交流,举办国外先进科技、机械设备、品种的考察、培训活动来实现。

(二)国外农业产业园区经验借鉴

目前,国外现代农业产业园区建设模式大致分为两种:第一种是园区利用农业科技技术建立高水平示范性园区。例如美国 AILe 示范农场,该农场主要是针对一些家庭式农场而建立,通过集聚私人农场实现资源的整合,以减少成本支出,实现可持续发展。第二种是以建设农业产业园区为契机重点发展农业观光休闲旅游,这类园区一般通过丰富多样的农业活动吸引游客观光,将园

区发展融入现代都市发展过程中。例如美国马里兰州的 Dervood 农业历史园，作为一个综合性的园区占地 0.16 平方千米，其中包括农业生产区域、农业建筑区域和农业活动中心，以及展示历史上农业生产生活的区域，每年都能够吸引数以万计的游客。

现代农业的可持续发展离不开现代农业产业园区的发展建设，我国现代农业产业园区在发展过程中遇到了较多的问题，国外园区建设的成功经验给我国现代农业产业园区的发展规划提供了一些借鉴。

政府扶持引导对园区建设起重要作用。一是在农业产业发展规划中引领园区结构布局，如不断加大对农业产业结构的调整，使农业产业形成特色农业产业布局，其中包括棉花和玉米农业产业特色区域；二是在政策上给予农业最大的优惠支持和力度，如日本政府从农业关税、农产品价格保护、农业产业资金借贷等方面都给予了农业最大的优惠支持力度；三是不断健全法律保障体系，在充分发挥市场调节作用的前提下，使农业产业在生产过程中受到法律保护，使农民利益得到保障。

科技是现代农业园区建设的核心要素，世界上农业产业发展较好的国家都十分重视科技发展。首先是非常注重对农业科研资金的投入，发达国家对于农业科技投入的资金一般比重都较高且基数较大，例如加拿大农业生产总值的资金投入中，农业科技资金的投入占到了 2%。其次，非常重视农业科技人才的培养。一些发达国家的农业科技专业人才的社会地位和收入都具有稳定的保障，足以使其安心服务于农业建设。同时，也非常重视农民素质的提升，发达国家的农民通常都具有一定的农业科技应用能力和生产技术，同时还会接受先进农业技术的培训等。最后，发达国家非常重视对农业科技事业做出的贡献效率，有些发达国家的农业科技贡献率多数已经超过了 75%，如德国和以色列的农业贡献率都已经超过 90%，这些国家的农业科技推广效率非常明显。

因地制宜是园区建设的关键。现代农业产业园区的发展主要采取四种方法：一是劳动集约型，主要适用于地多人少的国家，例如通过农业机械实现现代农业发展，在实施过程中主要以促进劳动生产效率为发展目标；二是技术集约型，适用于人多地少的国家，例如荷兰主要采取农业生物技术进行农业育种；三是节水型农业，主要应用在以色列等水资源匮乏的国家，通过灌溉技术实现节水效果；四是综合性农业技术，主要应用于法国、德国等欧洲国家，通常采用生物技术和机械技术相结合的方式进行园区建设。

较高的农业组织化程度是园区建设的保障。国际上对农业组织进行了分类，具体有如下三种：一是农场主合作组织形式，主要代表国家有加拿大，这种组织形式是直接建立在市场运作基础上的，通过法律手段进行保护，具有较强的法律竞争力；二是通过社区合作形式展开合作，例如日本农业合作协会在农产品生产和加工环节给予了非常大的支持；三是专业化合作组织，以德国和法国应用最为广泛，此种方法的辐射范围十分广泛。以上三种方法的运行管理都是以家庭为基础条件，以合作为原则共同营利，同时都有政府给予政策支持。

三、大寺镇现代农业产业园区发展基础

（一）农业供给侧结构性改革不断深化

空间布局不断优化，形成“一核驱动、三区共融、多园发展、一环添彩”的农业发展格局。“一减三增”产业结构优化调整，都市休闲农业发展良好，制定了《天津市西青区大寺镇都市型现代农业科技园区发展规划》，建成凯润循环农业产业园区、大寺镇绿生园种苗种植高效农业园区、金角设施农业产业园区等7个差异化发展现代农业园区，其中凯润园区成为天津市主要休闲牧业园区之一。生态农业提质增效，中以园项目完成落地。新型农业经营主体发展壮大，培育龙头企业6家，其中市级3家；农民专业合作社43家，其中市级5家，市级示范1家。

（二）农民收入和生活水平显著提高

全面推进“三区”联动发展，示范镇项目建设进程不断加快，积极推进184.89万平方米城镇化建设工作，按期启动村民还迁房项目。实现农村就业

服务体系全覆盖，农民就业稳定增加，科教兴农成果显著。农民收入水平显著提升，收入构成逐步优化，工资性收入对农民增收贡献率明显提高。2018 年，全镇居民人均可支配收入 32295 元，同比增长 5.1%。深入开展农村低收入困难群体帮扶工作，城乡居民收入相对差距缩小。农村社保体系日益完善，2018 年，参加社会医疗保险的农村居民达到 30449 人，基本实现全覆盖，农村居民社会养老保险参保率达到 83%。

（三）农村基础设施建设不断完善

积极推进农村水利工程建设，完成大寺村、张道口村、王庄子村设施农业基地供水计量体系建设、农业用水价格、供水计量、用水定额、精准补贴工作；成立 4 支镇级防汛抢险队伍，积极储备各种应急物资和抢险设备，防汛抗旱能力显著增强；开展农村坑塘沟渠综合整治工作，完成各条河道清理保洁任务；完成大沽排水河堤防加固工程和卫津河河段清淤改造工程；实施池塘节能减排改造工程，全镇77.46%的鱼池完成清淤改造。

（四）农村基本公共服务再上新台阶

开展农业技术培训及科技引导服务，完成天津市农产品质量安全相关法律法规培训 7 人，无公害基地内检员及镇检测员培训 5 人，组织 6 次水产技术培训，累计培训 160 余人次，组建 8 人的水产新型职业农民队伍。持续提高教育水平，大力实施学前教育资源“2 + 2”建设工程。组织开展“书香大寺”全民阅读活动、“传承红色经典、走进新时代”红色文化大寺行活动，完成公共文化设施和公共文化服务体系 2 项验收。

（五）农村面貌和生态条件明显改善

加快推进大绿、快绿工程建设，完成新建造林 0.21 平方千米，提升改造 0.93平方千米。全面推进河长制，综合治理河道 36 千米。开展农村坑塘沟渠综合整治，对 13 个村排水沟进行综合治理，清理拆除一二级河道沿河违章构筑物和违法畜禽养殖点，对黑臭水体开展治理，水生态环境明显提升。开展秸秆荒草治理工作,对全镇约27平方千米、114个点位的荒草秸秆进行清理。开展农村人居环境整治工作,清理村内杂草约27平方千米,整治疏浚村庄河道坑塘、沟渠30余千米,整治非正规生活垃圾堆放点150处。

四、大寺镇现代农业产业园区发展概况

(一)大寺镇现代农业产业园区现状

大寺镇的设施农业最早是以天津市凯润淡水养殖有限公司起步,其园区占地约3.7平方千米,租赁津青农场土地,因在大寺镇域内,属于大寺镇农业项目,一直延续到2009年,由市、区、镇支持建设青凝侯村设施农业至今。目前,以村集体形成的农业园区有王庄子村、张道口村、南口村、大寺村、青凝侯村,以个人投资形成的农业园区有天津凯润生态循环农业产业化示范园、天津金角农业生态园,共计7个园区。

全镇共有农用地约25平方千米,其中,鱼池约12.2平方千米、种植地约12.7平方千米。种植地中包括设施农业园区4.2平方千米、露地4.19平方千米和未利用地4.2平方千米。露地种植以玉米、小麦等农作物为主,设施农业园区以种植蔬菜为主。

(二)大寺镇现代农业园区发展空间结构

近几年大寺镇农业从传统农业进入设施农业阶段后,各园区的经济效益并不乐观,从2015年开始,大寺镇探索多种形式的休闲旅游农业,对全镇农业进行整体规划设计,打造出“一核驱动、三区共融、多园发展、一环添彩”的空间结构图。按照不同特色,将7个园区打造成休闲旅游环线,与核心地块相辅相成、联动发展,形成科技引领、模式示范、辐射带动的发展形态。

其中,“一核”是指以南口地块为主的现代科技展示核心。结合现代都市农业发展阶段,依靠先进生产设备和技术,形成有示范带动作用的园区科学技术核。“三区”则包括东、南、西三个片区,东部片区靠近津南大学城和大寺镇

新家园，针对青少年设置休闲创意板块；南部片区远离城市集散人群，设置为生态循环、种养殖板块；西部片区则结合现有园区蔬菜种植基础，打造果蔬种植板块，保障天津绿色有机菜篮子。“多园”则是指北口、大寺、王庄子等地块，充分利用园区土地空间，布局特色产业，选择名优农产品类型，着力打造农业景观。“一环”为多个特色园区形成的休闲旅游环线。

（三）大寺镇主要现代农业产业园区调研情况

大寺镇农业项目的形成是从 1993 年，以凯润农业园区为起点，一直延续到 2009 年正式建设投资青凝侯设施农业至今，已经发展了 7 个设施农业项目。其中 5 家为以村集体为投资经营主体，即青凝侯村、王庄子村、张道口村、南口村、大寺村；2 个以民营企业为投资建设主体的建设项目，即天津市凯润淡水养殖有限公司、天津赛得大地农业投资有限公司。面积共计 7.31 平方千米，其中南口村及大寺村正在建设中。

1. 天津市凯润淡水养殖有限公司

1993 年以水产养殖为基础，发展成现在占地约 3.67 平方千米，2009 年组建天津凯润生态循环农业产业化示范园区，包括援疆分公司在内共有员工 420 人，设施化农产品种养殖面积 40 余万平方米。产品涉及水产养殖、肉奶牛养殖、畜禽养殖、食用菌种植、果蔬种植、有机肥生产 6 大系列 130 余个品种，年产水产品 3000 余吨，生鲜乳 3900 吨，食用菌及蔬菜 9800 余吨，以回收园区内生产废弃物为主要原料生产的有机肥料 10000 余吨。凯润集团引入现代化农业的发展理念，利用循环经济模式指导现代农业的发展，构建“农、牧、沼、鱼、菌、肥”循环农业链模式，全方位打造一个零污染、零排放、环境友好、可持续发展的现代化的国际一流农畜产品产业项目。

2015 年投资 1.46 亿元建设天津黑牛产业园，经营自主创立品牌“天津黑牛”，兼营生鲜乳等附属产品。园区产品目标定位以欧美系安格斯牛及日本和牛作为受体牛，应用胚胎移植技术，经过三源选育方法的反复筛选确立天津黑牛品系，创建天津的地标性肉用牛种“天津黑牛”，肉质标准全部达到 AAAA 级以上。园区达产后预计年产值3.85亿元、利润6000万元。园区以服务大城市、富裕农民为核心，利用天津黑牛种群优势和技术优势与京津冀等周边地区养殖户建立合作关系，打造“天津黑牛规模化产业化经济核心圈”，肉、奶产品满足西北、华北、东北多省市的消费市场，最终打入欧美日韩市场。天津黑牛的研发填补了我国自主培育的肉牛专用品种少、地方品种选育改良进展滞后、性能退化严重的空白。

园区未来发展将以规模化、标准化创立我市优质高档肉牛自主品牌龙头企业，重点打造100个巴氏奶配送站和4800平方米牛肉精品分割厅，推进肉、奶相关附属商品的开发力度。以科技创新为依托，不断提高产业附加值，以可持续循环经济模式带动休闲旅游农业发展，打响“天津黑牛”品牌。

在调研过程中发现当前该园区在生产设施和管理环节存在明显问题。一是生产设施有待升级改造。部分食用菌生产棚室设施老化，工厂化水平、自动化及标准化程度有待提升，除了工厂化生产车间，其余棚室未实现全季节生产。二是生产、管理环节缺乏标准性、专业性。特别是在设施果蔬方面，缺乏育苗环节；果蔬生产技术、管理水平与标准化生产存在差距，园区因管理人员、劳动力缺乏等原因导致部分设施闲置；产品市场半径小，尚未形成自主果蔬产品品牌及市场优势。

2. 大寺镇绿色农业示范园

大寺镇绿色农业示范园于2011年建成，位于大寺镇青凝侯村，建成占地0.8平方千米的200栋二代节能温室，园区组建“天津青凝侯蔬菜种植专业合作社”，成立“天津乾元顺农产品有限公司”，注册“青凝侯牌”蔬菜商标，取得国家无公害、绿色蔬菜产品产地认证。目前，园区以每年每栋6000元的价格将160栋温室对外出租，年收益96万元，下一步要对园区整体环境和绿化进行清整、改造。

目前园区在发展过程中整体环境较差，虽然不存在私搭乱建现象，但是整体绿地少、道路老化情况严重。另一方面，村民和集体受益小，园区与集体经济间利益分享机制不完善。

3. 大寺镇绿生园种苗种植高效农业园

园区于 2012 年 8 月建成投产使用,坐落于王庄子村南,紧邻鸭淀水库。园区占地面积 0.8 平方千米,先后投资 9000 多万元,建有温室大棚 100 个,8000 平方米展厅一个,以各类型蔬菜种植为主体,以绿化苗木、园林花卉、草坪地被为基础,是我镇都市型农业的示范窗口。自 2010 年初,园区相继成立了天津市绿生园苗圃种植有限公司、天津市盛鑫源蔬菜种植有限公司、天津市康益农蔬菜种植专业合作社,并相继被天津市评为市级农民专业合作社、市级示范合作社、国家农民合作社示范社和市级重点龙头企业。2015 年园区实现销售收入 5600 万元,利润 1100 万元。

目前,该园区规划建设的花漾年华爱情主题公园即将亮相,该主题公园规划占地约 0.2 平方千米,一期新建欧式教堂、埃菲尔铁塔、荷兰风车、经典户外婚礼等 50 多处世界著名景观建筑。二期工程整合农业园现有资源,将全光温室进行提升改造,结合婚嫁行业流行趋势,汇集奢华欧式、极简韩风、法式浪漫、复古中国风等多重流行元素,融入温室花园、小桥流水等自然景象,打造室内实景主题景观。但园区地块较小,规模效应不明显,有条件需向外延伸。

4. 天津金角农业生态园

天津金角农业生态园始建于 2011 年,占地约 0.67 平方千米,现已投资 3000 余万元,建有二代节能温室 114 栋,主要以种植绿色蔬菜和蓝莓为主,辅以休闲采摘、家庭农场、农游体验、原生态养殖等。该园区利用当下流行的互联网团购、会员卡、直供直销进社区等理念经营农业,吸引消费者,打开销售渠道。该园区的主要问题在于所处地性为基本农田,按照要求,园区已经基本停止建设,造成前期投入资金流失。

5. 天津宇泰设施农业产业园

园区于 2012 年 6 月建成投产使用,占地约 0.38 平方千米,总投资 2400 万元,建设二代节能温室 59 栋。目前,园区以每年每栋 1 万元的价格,将 17 栋温室出租种植草莓,其余温室以相同价格租给村民。接下来园区将结合温室东侧的郊野庄园,进一步打造休闲农业。

6. 天津堎大洼生态农业观光园

该园区于2013年1月开始建设，坐落于天津市西青区大寺镇南口村，南接津港公路，东至津南界，天津市重点项目“大寺新家园”位于南口村南，将有10万人入住。园区占地约0.67平方千米，总投资5500万元，是一个集绿色有机农业、商务餐饮、休闲娱乐、农业体验及农耕文化于一体的乡村田园式休闲观光农业园。已建设完成温室50栋，修建了景观桥、人行桥，对园区水系进行河坡护砌的改造。

目前，园区与华夏未来联手打造西青区宏翔瑞嘉特色种养基地建设项目。该项目占地约0.67平方千米，总投资5978万元，至2017年底实现南口村以旅游业带动一产，是解决村民增收难、就业难的重要手段。但该园区地性为基本农田，极大延缓了建设进度。

7. 大寺村君农蔬菜生产基地

园区于2014年开始建设，基地投资2000余万元，建设占地面积约0.33平方千米的二代节能温室76栋，并辅以蔬菜加工车间及贮藏车间。每栋温室以每年2000元的价格一次性签5年合同出租给村民。大寺镇现已聘请中国农业大学规划设计研究院设计园区发展规划；并与韩国爱江山餐饮有限公司合作，打造大寺爱江山休闲农庄，建设融合园艺博览、绿色教育、农事体验、民宿度假、温泉养生、水上休闲的特色休闲农业综合体。在强化民俗体验、异域风情、康体保健功能的基础上，重点突出绿色养生、休闲度假、农事体验、生态美食等多种休闲旅游方式，并结合全市生态旅游发展和客户需求，进一步拓展农业功能，将生态环境美化、民俗文化、农耕文化和产业功能优化有机结合，实现都市休闲农业多功能统一。

五、大寺镇现代农业产业园区发展中存在的不足

（一）土地流转问题仍未解决

由于大寺镇紧邻市区，土地资源紧张，没有存量的建设用地和新增建设用

地指标可以用于支持农村新产业新业态的发展。近年来，大寺镇在进行农业转型升级的过程中，按照《中共中央　国务院关于深入推进农业供给侧结构性改革　加快培育农业农村发展新动能的若干意见》中的要求，走发展休闲旅游农业的路径，积极规划建设 7 个农业园区，但由于土地性质原因，目前已有两个园区（大寺村和金角）无法继续建设，其他园区的建设也进展缓慢，造成了一定的经济损失。

（二）园区建设资金来源不足

据估算大寺镇现代农业产业园区总投入建设资金超过 3.6 亿元（其中包括已停止建设的两个产业园约 8000 万元），在筹集园区建设资金过程中政府财政支持和企业自筹的比例相差悬殊，还存在渠道不通畅的问题，融资效率不高，而且融资规模不大，需要较大的成本，获取外资途径较少。这就直接造成园区建设对行政方式存在较强的依赖性，仅能借助政府机构和管理部门的财政支持来形成产业、获取融通资金，无法利用自身的力量解决资金不足的问题。另外，大寺镇在园区整体建设上对资金的运用缺乏科学合理的规划，不能科学有效分配建设资金，在基础设施建设和先进设备引进、人员投入等方面的资金配比缺乏合理性，可能会造成建设内容过多或者建设失衡，造成投入资金的建设效率不高。

（三）尚未形成系统化标准化的体系结构

目前，大寺镇处于园区建设初期，园区项目较分散，龙头企业带动能力有待提高，尚未形成系统化、标准化的体系结构。有待健全的标准体系已经成为现代农业园区发展的一大阻碍，对农业市场流通、质量监控、农产品质量及规模化发展均有不利影响。更为重要的是，负责园区建设的管理部门没有真正地理解农业标准化的概念，认识到农业竞争实力的提升需要借助农业标准化，没有将农业标准化真正执行到实践工作中，只是简单地对农产品进行外销，没有提高产品的附加价值，致使园区的市场竞争力不强，无法适应农产品市场激烈的竞争环境。

（四）科技创新能力支撑乏力

农业科技和园区管理人才短缺，农业科研院校参与性不强，目前农业园区发展建设，仅是科研院所进行简单研究和论证农业园区的早期项目，产业园的建设其实都是以行政单位为主导。此外，大寺镇在园区建设上缺乏与专业院校的深度合作，在园区管理、发展模式上研究不足，从而导致产业园本身缺乏科技支撑和构建科技支撑体系的可能性，从本质上限制了产业园的发展。园区没有采取较有成效的方式和方法来建立比较完善的体系以引进人才及相关成果转化，忽视了科技对提高农业生产、降低生产耗损及提高园区知名度和市场竞争力的重要作用。园区的日常运作忽视人才和智力对园区发展的重要推动作用，过于关注项目融资和挖掘新项目。

（五）机制运行缺乏创新

园区在建设过程中，牵涉到土地使用、基础设施项目改造等一系列问题，而传统的审批过程烦冗，耗时长，使得项目的建设进度慢，尤其是上下级机构之间缺乏共识，项目在实施过程中遇到阻力较大，有可能出现消极怠工、与当地居民间的纠纷、组织建设热情不高等不利于园区建设的问题。此外综合性农业园区需要聚集大量高科技元素，需要相应的技术、人才引进计划，制定相应的技术、人才引进政策才能够吸引人才来园区落户、发展。

六、促进大寺镇现代农业产业园区发展的建议

（一）做优做强特色优势产业

培育壮大龙头企业，以循环、生态、休闲农业为基础，做特优质园艺种植业、做优高产果蔬种植业、做精农畜产业和生态养殖加工业。坚持“公司＋合作社＋农户”原则，依托科学理念和技术，重点发展凯润肉牛产业园区，不断提升产品质量，实现优质奶、优质肉。提质增效发展蛋鸡养殖，应用蛋鸡养殖新

技术，以西青区万盛畜牧养殖专业合作社为主体，重点发展绿色有机鸡蛋生产。

（二）推进质量强农工程

坚持绿色化、标准化、优质化、品牌化发展，推动农业由增产导向向提质导向转变。推动绿色优质农产品基地建设，加快放心菜基地和放心水产品基地建设力度，增加放心农产品种类。积极引进农业新产业、新业态、新模式，整合镇内优势特色农产品，实现统一品牌、统一包装、统一销售。扎实开展农产品质量安全工作，建立和完善农产品质量检测机构，加大蔬菜药残检测、畜牧出栏检查、畜禽防疫力度，增强农产品检测技术装备和人员配备水平，提高农产品质量监督抽检覆盖面，健全完善农产品质量安全可追溯体系。实施农业品牌提升工程，积极组织开展各类农产品认证和商标注册工作，使品牌效应转为经济效益。

（三）拓展农业产业链价值链

解构重组农业产业链条，推进农业上下游产业、前后环节相联结，开发拓展农业增值功能。围绕蔬菜、粮食、水产、牛奶等主导产业延伸产业链条，大力发展产地加工、精深加工。健全农产品加工企业名录，强化“产加销”全产业链对接。推进农业全产业链标准化，鼓励龙头企业示范引导农民专业合作社和家庭农场从事标准化生产。鼓励特色农产品产区积极发展农业生产资料供给、技术与市场信息咨询、农产品产地初加工和农村特色加工业，推进农业发展方式转变。

（四）培育农村新产业新业态

依托“互联网＋”促进传统生产模式改造提升行动，推动农村新产业新业态健康有序发展。加快推动农业与旅游业、服务业、现代物流业、电子商务等业态相结合，开发拓展农业增值功能，围绕“吃、住、行、游、购、娱”旅游六要素，完善农业产业园区的休闲农业功能。立足“一村一品”和特色资源，引入现代科技和人文元素，深度拓展绿生园种苗种植高效农业园、大寺村君农蔬菜生产基地等园区农业生产、生活和文化传承等多种功能。积极推进农业商业模式创新，发展订单农业，推广“生产基地 + 加工企业 + 商超销售”产销模式。

（五）提升农村金融服务能力

拓宽资金筹集渠道，大力发展乡村普惠金融，积极引导政策性银行、商业银行、村镇银行等金融机构加大对农业生产企业的信贷支持。进一步落实惠农政策，加大财政支持力度，制定金融支农奖励政策，充分运用小额贷款融资、科技创新扶持等多项奖励、补贴和税收优惠政策，为农业企业提供资金支持，培育镇内农业企业不断发展壮大。增强农民房屋、农民家庭财产、农民意外伤害和农业园区温室大棚等方面的保险力度，适度扩大农业保险覆盖面，探索设立满足新型经营主体需求的保险品种。

（六）促进农业农村科技创新

增强农业科技创新能力。瞄准现代农业发展方向，全面加强农业产学研合作，强化与中国农科院、中国农大等农业高等院校、科研院所对接，聚焦农业科技资源，积极引进先进技术，加快推进农业科技成果转化和推广。大力发展智能农业，实施“物联网 + 农业”工程，搭建农业信息网络服务、市场营销服务和质量监管平台。激发农村创新创业活力。鼓励科研人员、管理人员到农村合作社、农业企业以及新型农业经营主体任职兼职，不断提升农村产业发展水平。加大农业科技人才引进和培养激励力度，建立健全科技成果转化收益机制。努力营造农业生产经营良好氛围，激发农民企业家的创新创业激情。开展种植业、畜牧业、养殖业等行业培训和新型职业农民培训，着力提高农民综合素质和职业能力。

北辰区乡村旅游发展研究

（天津市经济发展研究院　朱鹏　袁进阁）

乡村旅游是指利用一定区域范围内的乡村田园景观、自然生态环境、农业生产过程和乡土民俗文化，经过项目可行性论证、主题创意策划、系统规划设计和精心配套建设，达到为游客提供乡村休闲、自然观光、消费购物、农事体验、游乐活动、养生度假等多种服务的新型高效产业形态。

近几年，在天津市委市政府的大力扶持和各区共同努力下，天津乡村旅游业得到了长足的发展。据统计，天津已建成全国乡村旅游与乡村旅游示范县（区）4 个，全国休闲农业与乡村旅游示范点 20 个，中国美丽休闲乡村 7 个，中国乡村旅游模范村 21 个、模范户 20 个、金牌农家乐 121 个，市级旅游特色村（点）200 个，发展中国乡村旅游致富带头人 141 人。市乡村旅游和乡村旅游经营户近 3200 家，直接从业人员超过 6.9 万人，床位 6.2 万张，促进农民就业约 30 万人。

根据途牛网《2018 年乡村旅游分析报告》发布的“2018 年乡村旅游客源地 TOP10 榜单”，天津位列第 3，仅次于上海和广州。另外根据《天津市国民经济和社会发展统计公报》，2018 年天津全年接待入境旅游者 198.31 万人次，其中外国人 175.98 万人次，入境旅游外汇收入 11.10 亿美元。接待国内游客 2.27 亿人次，比上年增长 9.1%；国内旅游收入 3840.89 亿元，增长 16.7%。可以说，无论是客源数量，还是旅游收入，天津大力发展休闲农业与乡村旅游已具备了较好基础，从上到下也已形成了良好的氛围，在天津各级政府的积极推动和大力扶持下，乡村旅游实现了“从无到有”“从小到大”的跨越，已成为旅游产业的新业态，以及拉动居民消费、推动乡村振兴的新动力。

本课题以北辰区为例进行调查研究,有助于我们深入了解天津乡村旅游发展现状及当前存在的问题,对于天津乡村旅游下一步发展、助力乡村振兴具有重要的现实意义。

一、北辰区乡村旅游业发展现状

(一)北辰区乡村旅游业已初具规模

北辰区乡村旅游起步于20世纪90年代末,2007年以后进入快速发展期,随着北辰区产业结构调整优化,服务业与农业的融合日趋紧密,北辰乡村旅游不断提质增效,已成为全区农村经济发展的一大产业,同时已成为旅游产业的重要组成部分和旅游产业的重要增长点,具有良好的发展前景。截至2018年,北辰区共拥有国家3A级旅游景点、全国乡村旅游与乡村旅游5星级企业等农业休闲旅游观光景点4处(A级及以上景区1个),市级乡村旅游特色点6处,乡村旅游企业12个,乡村旅游合作社8个,乡村旅游从业人数450人,年接待游客160万人次,综合旅游收入1.13亿元。

北辰乡村旅游布局较为合理。目前项目已遍及全区,逐步形成以都市渔业园区、益多利水产品为代表的东部生态水产养殖区,以双街现代农业科技园、龙顺庄园为依托的中部精品农业休闲观光区,以岔房子山药、后丁庄无花果种植为代表的西部特色农业区。打造了东中西3条乡村旅游线路,包括东段:鼎牛采摘园—子信垂钓园—名特优淡水养殖有限公司—东海户外俱乐部基地—春田花花柚子园—泉水湾旅游度假区;中段:万源龙顺度假庄园—双街现代农业科技园—双街古街—清水源种养殖基地;西段:后丁庄绿色生态小镇—前丁庄—“小五堡”片区—柳青庄园—森郎农业发展有限公司(含红光鹿苑)—龙源马术俱乐部。

(二)北辰区乡村旅游资源总量丰富

北辰区可开发的乡村旅游资源具体来说有四大类(详见表1)。一是水域资源。辖区有 14 条河道,3 座水库,水域面积大,空气质量好,渔业资源丰富,适合发展观光、垂钓、休闲、运动、养生休假等乡村旅游。二是农业资源。辖区有规模庞大的农业园区,数量众多的生态农庄、养殖基地、2 座特色小镇及以徐堡大枣、岔房子山药、荸荠扁洋葱为代表的特色农产品,适合发展休闲观光、农事体验、特色餐饮、度假游乐等乡村旅游产业。三是历史资源。北辰历史悠久,自金元至明清,纵贯北运河漕运大通道和陆路京华大道,是南粮北运、北货南输的交通要道,形成了特有的运河文化,留下了桃花寺、双街古街、桃花口驿铺等历史文化节点,康熙填词桃花口、乾隆下榻桃花寺的故事广为流传。北辰还拥有一批具有影响力的历史人物,革命先驱安幸生,登高英雄杨连第,教育大家张伯苓、温世霖,体育名将穆成宽、穆祥雄都曾生长于此。四是有着丰富的旅游节庆和民间演艺资源。旅游节庆方面,已举办五届双街葡萄文化旅游节,四届后丁无花果采摘节,四届双口徐堡大枣采摘节,三届后堡虹鳟啤酒节,两届“津门 · 堤头”乡村旅游节和一届农民丰收节暨泉水湾旅游度假区金秋收获旅游节。民间演艺方面,北辰民间民俗文化独特,拥有刘园祥音法鼓(国家级)、刘安庄同心高跷等“非遗”项目 17 个。总体来说,北辰区乡村旅游资源丰富、类型多样,具有较大的开发潜力。

表 1　北辰区乡村旅游资源分类

分类	基本类型	主要乡村旅游资源点
水域资源	江河溪流	北辰区境内及边界河道共 14 条,其中一级河道 7 条(北运河、永定河、子牙河、新开河、永定新河、永金河、北京排污河),总长 115.1 千米;二级河道 7 条,总长 88.18 千米
	湖泊水库	栖凤湖,水库 3 座(华北河废段水库、永金水库、大兴水库)
	养殖基地	西堤头镇都市渔业园区、后堡村热带观赏鱼养殖基地
农业资源	农业园区	中以农业科技合作示范园、梦得奶牛科技园区、双街现代农业科技园等
	生态农庄	万源龙顺庄园、春田花花柚子园、鼎牛农业采摘园等
	特色小镇	双街实力小镇、小淀颐养健康特色小镇
	特色产品	徐堡大枣、岔房子山药、荸荠扁洋葱

续表

分类	基本类型	主要乡村旅游资源点
乡村历史资源和历史人物	乡村历史遗迹和遗址	桃花寺、北仓廒、双街古街、桃花口驿铺、蔺家古渡、陆军第一讲武堂、安幸生烈士故居
	历史人物	赵之符、吴士俊、赵野、杨连弟、穆兴永、衡耀庭 曹克忠、黄金祥、安幸生、张伯苓、穆祥雄、郭振清、张振富
民间演艺及节庆资源	节庆活动	徐堡大枣采摘旅游节、泉水湾丰收节等
	民间演艺	刘园祥音法鼓(国家级"非遗"项目)

资料来源:网络整理

(三)区位优势明显

北辰区位于天津市城北,北运河畔,地处京津之间,在对接京津两地方面有着得天独厚的区位优势。境内拥有便捷的交通,6 条高速公路和 8 条国省干道纵横交错,未来几年将有京滨城际、地铁 4 号线北辰段和 12 号线等 11 条轨道交通、84 个站点逐步落地,北辰区将与市区融为一体。北辰区现有户籍人口 43 万,常住人口 86.5 万;天津常住人口 1500 多万,北京常住人口 2150 多万,这些都是北辰区发展乡村旅游业潜在的旅游人口资源。随着市民生活水平的不断提高和私家车的增多,人们的生活方式也在不断转变,以享受环境、回归自然为主要目的生态旅游、以休闲放松为主要目的度假旅游和参与性旅游需求将大幅度增加,北辰区乡村旅游前景广阔。立足天津,面向京冀,辐射周边,在两小时的车程内有着巨大的客源市场。

二、北辰区乡村旅游业发展的主要问题

(一)统筹推进不力,缺乏专项规划

目前,北辰区乡村旅游发展的工作机制尚不健全。一是缺乏统筹,没有真正形成发展合力。发展乡村旅游的工作,涉及发改委、文旅、农业、国土、规划

等多个部门，这些部门间虽然互有联系，但工作措施仍存在统筹和协调不够的问题，造成乡村旅游发展中的一些困难和问题得不到及时研究解决，乡村旅游资源难以得到整合利用，影响了全区乡村旅游发展进程。二是乡村旅游规划体系不完备。至今北辰区仍没有较为完善的乡村旅游业专项发展规划，在整体布局上缺乏深层次的研究谋划，规划项目也没有经过充分论证，影响了可行性和执行力，导致规划项目大多停留在纸面上，难以落地，在中期评估过程中不得不做出调整。

（二）规模相对较小、项目质量不高

北辰区乡村旅游业虽然有一定的基础，但放在全市特别是环城四区来比较，北辰区乡村旅游业所创造的产值是最低的。据了解，2017 年，东丽区接待国内外游客 872.8 万人次，实现旅游收入 26.8 亿元；津南区接待国内外游客 330 万人次，旅游综合收入 8 亿元；西青区接待游客 3060 万人次，旅游综合收入 16.9 亿元（估算）。均远远高于北辰区 2018 年数据（接待游客 190 万人次，综合旅游收入 1.32 亿元）。此外，北辰区还存在项目质量不高的问题。全区仅有 1 处乡村旅游点为国家 2A 级以上（万源龙顺度假庄园），欠缺龙头示范性乡村旅游项目，与周边各区差距巨大。项目主要是以餐饮、垂钓、果蔬采摘等为主，总体上处在旅游消费的初级阶段。形式单一，乡村民俗、特色餐饮、民间工艺、游学体验、避暑纳凉等特色乡村旅游项目相对较少，也未能真正形成精品线路，游客停留时间短，过夜游客数量不足。据统计，2018 年游客人均消费仅为 70 元，这也从侧面印证了北辰区乡村旅游吸引力严重不足，档次偏低，休闲内容相对单一。

（三）管理水平较低、营销意识不强

经营管理水平偏低。就北辰区乡村旅游项目总体情况看，企业经营者素质普遍不高，缺乏必要的管理知识，服务人员以当地村民为主，多数未受过正规培训，至今仅有万源龙顺度假庄园一处景区引进了专业管理团队，管理水平和人员素质不能适应现代旅游业发展的需要，服务理念落后，不能为游客提供

周到、便利的服务。某些地区甚至出现了恶性竞争、相互压价的现象。营销推广力度不够,北辰区乡村旅游整体形象不鲜明,知名度和美誉度不足,乡村旅游节庆活动人气不高。缺乏专业系统的宣传推介,至今尚未建立全区统一的旅游电子商务平台,缺乏与专业旅行社之间的对接,欠缺与电视、网络、报刊等媒体和专业旅游公司的深度合作,整体宣传效果不佳。

(四)扶持力度不足,发展缺乏资金

北辰区各级部门普遍反映支持乡村旅游发展的资金不足,虽然区政府专门出台支持加快旅游业发展的若干措施,将旅游发展专项资金纳入每年区财政预算,但对于乡村旅游投入资金总数来说微不足道。目前,投入主要靠业主自有资金或区政府出资,而且前期普遍没有盈利,以北辰郊野公园为例,每年区财政投入约3000万元,但基本没有收益,面临入不敷出的窘境,类似的公益景区普遍希望市财政能够给予支持。这些项目大多需要通过其他渠道弥补乡村旅游的亏损,无形中提高了投资乡村旅游门槛,影响了乡村旅游企业做大做强。由于缺少启动资金,优良的乡村旅游资源沉睡乡间,没有起到应有的作用。

三、国内先进地区经验

从20世纪90年代至今,我国乡村旅游已进入全面发展时期。十三五期间,我国乡村旅游发展迅速,消费群体逐渐扩大,不断朝着多层次、综合化、品牌化方向发展。据统计,2018年,全国休闲农业和乡村旅游接待人次达30亿,营业收入达8000亿元。目前,休闲农业和乡村旅游已从零星分布向集群分布转变,空间布局已从城市郊区和景区周边向更多适宜发展的区域拓展。截至2018年底,农业农村部已创建388个全国休闲农业和乡村旅游示范县(市),推介了710个中国美丽休闲乡村。

在中国的乡村旅游发展中,安徽黟县、江西婺源、浙江桐庐等地是较早发展乡村旅游的地区,也是乡村旅游最发达的地区。这些地区依托自然生态环境,围绕特色的文化和产业,将农事活动和农业观光等游客可参与的项目融入

乡村旅游中,开发出独具特色的乡村旅游新产品。乡村旅游已成为这些地区农村产业结构升级、人民生活质量提高、县域经济增长的重要路径。因此,借鉴这些地区发展乡村旅游的成熟经验与做法,对推动北辰区乡村旅游的发展具有促进作用。

(一)安徽黟县

黟县,隶属于安徽省黄山市,是古徽州六县之一,位于安徽省南端、黄山风景区西南麓,距离黄山风景区 30 余千米、黄山机场 61 千米,皖赣铁路、黄祁高速公路穿境而过。黟县地形以山地丘陵为主,属北亚热带湿润季风气候,四季分明,气候温和,是“徽商”和“徽文化”的发祥地之一,也是安徽省省级历史文化名城。黟县境内存有大量的明清民居、祠堂、牌坊、园林,更有世界文化遗产西递、宏村古村落,又被称为“中国画里乡村”“桃花源里人家”。西递、宏村 2000 年入选世界文化遗产名录,2011 年 5 月成功晋升为国家 5A 级景区。2019 年 9 月,入选首批国家全域旅游示范区。2018 年黟县游客接待量 1196.09 万人次,增长 15%,其中:西递景点增长 7.1%,宏村景点增长 10.5%;入境游客 48.98 万人次,增长 10.1%。旅游总收入 98.71 亿元,增长 13.9%,其中:创汇 12198 万美元,增长 13.4%。黟县经验集中体现在以下 4 点:

1. 管理途径创新

黟县成立服务业综合改革试点工作领导小组,建立联席会议制度,研究制定“黟县省级服务业综合改革试点实施意见”等系列文件,每年设立 1000 万元服务业发展奖励资金;设立 870 万元旅游营销基金,从世界文化遗产地门票收入中单列 20% 设立文化遗产保护基金(约 4000 万元)用于遗产地保护、利用;成立黟县民宿发展领导小组,负责民宿发展过程中重大事项的决策及管理过程中涉及全局性、政策性问题的协调和处置;成立黟县民宿协会,在产业发展中发挥引领示范、协调服务作用,为民宿管理人才提供学习交流的平台;建立民宿违法经营查处联动机制,明确法律责任。在此基础上,黟县乡村、体育、摄影、休闲、写生等业态稳步发展,宏村客栈联盟品牌影响力逐步扩大,黟县民宿市场快速发展，游客接待量和旅游总收入增幅达10%以上。黟县服务业稳步发展，招商引资成效显著，目的地居民收入稳定增加，创新活力持续增强。

2. 发展模式创新

率先提出“古村落+新民宿”双轮驱动创新发展模式，串联古村落与民宿，古村落景区为民宿提供引擎，民宿为古村落承担载体，新民宿可持续发展的根本保障就是古村落生态环境的永续发展，而发展新民宿可使古村落获得更好的发展机会，二者相辅相成，互动发展。此外，黟县民宿还按大众、中端、高端有序分层发展。大众民宿以“宿身”为主旨，保持简洁、干净、舒适；中端民宿以“宿心”为主旨，主题化经营；高端民宿以“宿神”为主旨，主题化、规模化、环境美化同步发展。“古村落+新民宿”的创新发展模式可视为古村落型旅游目的地发展模式的先驱。

3. 科学规划

截至2018年底，完成西递、宏村、南屏、屏山、关麓5个国家级历史文化名村保护规划的修编工作，深入推行徽州古建筑保护利用工程，修缮单体古建筑20处，建成省级“非遗”项目传习基地8个。另外，黟县民宿采用双核引领、轴线辐射、集群发展、片区拓展的科学空间布局发展。以西递－宏村民宿集群为双核引领，带动周边古村落、民宿发展；四条轴线串联沿线民宿与古村落，始自城市民宿集群，北至石台县、黄山景区，南至祁门县、齐云山等；基于现有的西递、宏村、南屏、碧山、塔川、美溪6大集群，依托城市景观、功能区等新增黟县城市民宿集群，形成7大民宿集群；黟西北片区依托生态环境发展生态环境依托型民宿，黟县盆地依托西递、宏村、关麓、南屏、屏山、卢村、塔川等典型的中国传统村落资源，发展村落依托型民宿，创新性开拓两大发展片区。从空间维度上的生产、生态、生活视角，科学开发利用旅游资源，创新可持续空间发展规划。

4. 产业融合

黟县民宿旅游成为旅游市场的组成部分，以“民宿+”为主要发展模式，利用产业融合发展模式发展乡村休闲农业旅游产业，黟县“民宿+”发展重点包括民宿与互联网、户外运动、高端民宿深度体验培训、休闲农业、摄影写生、研学旅行等方面的融合发展,其中“民宿 + 互联网”“民宿 + 休闲农业”“民宿 + 户外运动”发展模式日渐成熟。互联网方面,线上消费已经成为旅游市场的主流消费模式,逐步形成互联网线上平台化管理、线上下单运营、匹配目标消费群体的消费习惯,为客户提供定制化、会员制服务;休闲农业方面,黟县为积极响应乡村振兴,出台《黟县乡村振兴战略实施规划》,创建了“五黑”区域品牌,扩大“五黑”特色产业种养规模,建成香榧产业园、黑茶博物馆等,以“五黑”产品为推介物,部分民宿已被打造成农业体验型民宿;户外运动方面,借助多个知名体育赛事,沿线部分民宿发展成具有代表性的运动型民宿。

(二)江西婺源

婺源,位于江西省东北部,皖浙赣交界处。全县 2947 平方千米,人口 36 万。婺源自古文风鼎盛、人杰地灵,是朱熹故里、詹天佑桑梓,享有“书乡”美誉。境内山清水秀、生态优美,森林覆盖率高达 82.5%。近年来,婺源主打文化、生态两张牌,发挥优势、转化劣势,全力发展特色乡村旅游,从无到有、由小到大,建成国家级文化与生态旅游示范县、中国旅游强县,被誉为“中国最美乡村”,在全国树立了乡村游的标杆。2018 年婺源接待游客 2370 万人次,同比增长 8.8%,旅游综合收入 220 亿元,同比增长 30.5%。全县有省 5A 级乡村旅游点 2 家、4A 级乡村旅游点 4 家、3A 级乡村旅游点 9 家,农家乐 4081 户,床位 2.7 万张,餐位 1.8 万个;有精品民宿 600 余家,床位 1.8 万张。其中高端古宅度假民宿 100 余家,全县各类旅游从业人员达 8 万余人。婺源的主要经验包括以下几方面:

1. 注重富民强县

婺源旅游始终紧紧围绕富民强县这个核心任务,策划项目、发展产业,逐渐形成以乡村游为特色产业的良好发展态势。一方面,该县把旅游作为婺源县域经济的主导产业,旅游对国内生产总值(GDP)的贡献率达 40% 以上。另一方面,该县有 6 万多人直接或间接从事旅游业,有大大小小的农家乐 2900 多家,床位上万张、餐位 3 万多个,不仅帮助该县农民实现就地就业,还解决了近万名外地农民的就业。以李坑村为例,全村 275 户人,有 150 多户从事乡村旅游,70 多户从事农家乐,参与户年收入都在 5 万元以上。

2. 注重规划引领

围绕打造“中国最美乡村”这一目标,婺源一切规划围绕旅游转,明确度假休闲、保健疗养等产业发展方向,聘请专家先后编制了《婺源县旅游产业总体规划》《江西婺源·徽州文化生态保护实验区保护规划》、景区开发建设及保护性具体规划、公路沿线乡村建设控制性详细规划四个层次的旅游规划。与此同时,该县还编制出台了《加快旅游发展的若干意见》等十个管理办法,建立了一整套较为规范的产业运行机制。注重保护中开发,在开发旅游产业过程中,婺源坚持优先保护山水生态,优先保护古树、古洞、古建筑、古村落资源,做到保护中开发、开发不忘保护。在生态资源保护方面,该县高标准实施造林绿化“一大四小”“十年禁伐阔叶林”等专项工程。在文化资源保护方面,该县专门成立了婺源文化研究所,配备专职文物保护人员,完善古村落保护的县、乡、村、组四级联控网络,还对全县 13 个省级以上历史文化名村进行专项保护。

3. 注重环境整治

为营造优美的生态环境,婺源扎实推进城乡清洁工程,建成江西省首家县城垃圾处理场,县城污水处理厂也已建成投入使用。同时全面开展水体生态保护工程,严厉打击炸鱼、毒鱼等行为,严禁化肥、渔药养鱼。该县还狠下功夫,搬迁改造了公路沿线 4000 多座坟墓,关闭“五小企业”近 200 家,游客如今穿梭在婺源公路上,道路两旁处处郁郁葱葱,生态景观非常怡人。在生态景观方面,婺源把油菜花从传统的农作物种植上升到观光农业来培育,打造了名声在外的“花海婺源”。

4. 注重文化传承与创新

通过发展旅游,婺源将徽派文化的传承与创新做得淋漓尽致。为有效管理镇村建设,婺源研究出台了系列规范性文件,结合新农村建设,由政府提供几种徽派建筑方案,农户从既定方案中挑选图纸进行建房,让农民自建房能够保持徽派建筑风格。与此同时,该县还投入 8000 万元改造旅游精品线沿线村庄和旅游景点 3000 户非徽派建筑,有力地提升了古村落的建设品位。目前,婺源计划建设 100 个徽派建筑景观村，充分发挥以点带面的示范作用。在发扬、创新文化方面，婺源还善于借势发力，以同属徽派文化为纽带，借用黄山这一名山大川做活婺源乡村游，让婺源主动融入“名山、名镇、名村”国际旅游黄金线路。

5. 注重旅游品牌打造

为做强、打响品牌，婺源确立了“一个集团、一张门票、一大品牌”的思路，成立婺源旅游股份公司对全县旅游资源进行统一整合经营。该县连续多年在高端媒体投入形象广告，积极邀请近 20 部影视剧组到婺源拍摄外景，借助影视传媒扩大婺源旅游影响。与此同时，该县自 2004 年起已连续举办了 7 届“婺源乡村旅游文化节”，每逢国庆、春节等重大节日便举办“民间灯彩巡演”“婺源乡村过大年”等具有浓郁地方特色的主题活动，并在主要客源地城市举办“婺源旅游宣传展示周”等旅游推广活动，取得了强烈反响。依靠多元化的高端营销，婺源乡村游品牌如今已名满天下。

（三）浙江桐庐

桐庐县，是浙江省杭州市下辖县，始建于三国吴黄武四年（225），位于浙江省西北部，地处钱塘江中游；东接诸暨，南连浦江、建德，西邻淳安，东北界富阳，西北依临安。全境东西长约 77 千米，南北宽约 55 千米。总面积 1825 平方千米。桐庐气候属亚热带季风气候，四季分明，日照充足，降水充沛。一年四季光、温、水基本同步增减，配合良好，气候资源丰富，有“中国天然氧吧”的称号。2018 年，桐庐县接待游客达 1720.7 万人次，较上年增长 12.5%，旅游业总收入 190.51 亿元，较上年增长 18.4%。桐庐县在发展乡村旅游中，积累了丰富的“四结合”经验——与生态环境相结合，与农业、农户、农会相结合，与本地传统文化相结合，与项目建设相结合。

1. 与生态环境相结合，顺势发展

桐庐县地处国家级风景名胜区“富春江—新安江—千岛湖”的中心地段，为了和自然生态环境相符合，桐庐县开展森林绿色工程和森林村庄创建等工作，营造一种“采菊东篱下，悠然见南山”的田园意境。在乡村旅游景点中，基本上看不到高层建筑。如在桐庐的环溪村，房屋高度不超过3层，与村周围的环境有机统一；在荻浦村，基本上都是居民房屋和一些低矮、干净整洁的棚舍等。最为典型的就是著名的“牛栏咖啡”和“猪栏茶吧”，与传统的农家乐截然不同，它将本属于城市人的一些品质融入乡村，因此形成了荻浦村独有的“乡土文艺范”，非常符合年轻一代的审美情趣。荻浦村基本上看不到人造景观，有些虽然不得不存在，但它们设计独特，给人一种自然、朴素的感觉。

2. 与农业、农户、农会相结合，引导发展

桐庐很多村落发展乡村旅游都与农业、农户紧密结合，农户发展目的明确，主要是通过乡村旅游取得农业叠加效益，并且为自己增收致富。目前，环溪、荻浦、芦茨等乡村为使村容村貌干净整洁，成立了农家乐休闲农业协会，为确保健康有序发展，要求协会成员自我规范、自我服务和自我管理。政府主要为地方农家乐协会进行一些综合性服务，如培训、品牌、管理、规划、宣传等，为避免各成员之间出现无序、恶性竞争，需对他们进行统一编号，将客源公平合理地分配给各成员，同时，要求各协会成员确保服务质量和食品安全。这使得桐庐县农家乐经营逐步向正规化、规范化方向发展。

3. 与本地传统文化相结合，深度发展

桐庐为提升乡村旅游文化内涵，挖掘了有特色、高品位的地域文化，使之成为桐庐乡村旅游新亮点。在桐庐乡村旅游发展中，逐渐融入备受城市旅游者青睐的本地传统文化。环溪村在发展乡村旅游中实施生态文化传承工程，紧紧围绕《爱莲说》这一主题，对“爱莲文化”进行深度挖掘，建设爱莲文化广场和爱莲长廊，在村内的爱莲堂内创办了爱莲书社，并积极举行一些和“莲”有关的活动，如《爱莲说》朗诵大赛、《清莲颂》主题摄影展等，这些对打造环溪村文化品牌有着积极作用。荻浦村发展乡村旅游主要以优秀传统文化———古孝义文化为核心，深入挖掘家风家训和孝义文化内涵，把家训和孝义融入乡村旅游建设之中，同时，荻浦村也在挖掘古树、古戏曲、古造纸等特色文化，努力打造“古风荻浦”品牌。

4. 与项目建设相结合，扶持发展

政府立项并给予资金扶持是桐庐乡村旅游建设的一个重要环节。乡村旅游的重点项目由政府出面保障项目用地，在不破坏自然生态环境的前提下，对所涉及的一些技术性费用给予一定的优惠，如项目招投标服务费、工程放样费等。政府积极扶持对现有景区（点）提升改造项目，如在完善功能、扩大规模和提升档次等方面进行改造建设，会给予一定的奖励。如一些乡村旅游企业获得了不同等级的奖项，政府也会给予一些奖励；如饭店被评为金叶或银叶绿色饭店，一般予以 5 万或 3 万元的奖励；如有旅行社被评为年度浙江省百强或全国百强的，一般给予 5 万或 10 万元的奖励；如有乡村获得国家级或省级特色旅游村称号的，一般给予 5 万元或 3 万元的奖励。

（四）启示

从黟县、婺源、桐庐等地发展乡村旅游的成功经验来看，先进地区在发展乡村旅游时普遍更重视制定整体规划，注重与本地传统相结合打造文化旅游品牌，并积极进行乡村旅游的市场主体建设，形成由社会力量主导的多元投入格局。

四、对策建议

借鉴黟县、婺源、桐庐等地发展乡村旅游的成功经验，结合北辰区目前存在的问题，要想发展好乡村旅游，给地方经济带来一定收入，需做好以下几点：

（一）理顺管理体制，编制乡村旅游业专项规划

各部门应统一思想认识，把旅游业作为北辰经济发展的重要产业来抓。一是要创新管理体制，逐步建立政府引导、部门联动、市场运作、村级集体或村民参与的乡村旅游管理体制。建立联席会议制度，针对乡村发展中存在的突出问题，各相关部门要共商解决办法，根据职责主动作为，积极化解矛盾和问题。二是要做好乡村旅游发展规划，区政府应将乡村旅游的发展融入地方经

济发展的规划当中，和社会主义新农村建设需求融合，和谐成长、城乡统筹。邀请旅游专家、政府部门、当地行业领先经营户和相关专家予以充分详细的实地勘察，并聘请全国知名的高水平专业设计公司，吸收先进地区经验，依据北辰区乡村旅游的资源禀赋、发展优势等实际，做出正确、科学的乡村旅游发展规划。

（二）打造精品工程，突出北辰特色

充分挖掘项目内涵，围绕现有的优势资源条件，打造精品工程，重点突出北辰区特有文化。一是结合北辰区现有休闲农业和乡村旅游资源禀赋和项目现状，对全区现有10处乡村旅游点位进行精准分析，确定重点扶持项目，重点打造一批功能齐全、发展潜力大、带动能力强的休闲农庄和乡村旅游企业。二是注重与北辰区特有的运河文化、民俗文化相结合。以恢复北仓镇桃花寺为重点，精心打造北运河文化旅游核心区，将运河文化进行整体宣传；充分展示特色民间花会、茶馆相声、八极拳表演、北辰区现代民间绘画和各类宗教文化等特色文化产品，打造独一无二的、有影响力的北辰区旅游文化品牌。三是支持开发特色旅游商品。鼓励企业和个人设计创意旅游纪念品，开发农民画、剪纸等具有北辰特色和景区特点、拥有自主知识产权的旅游商品，扩大旅游购物消费，提高旅游业附加值。依托本地区优质丰富的农副产品资源，对其进行完善整合，联动打造"北辰风味"品牌。传承和弘扬老字号品牌和非物质文化遗产，加大对老字号旅游商品的开发力度。支持在具有地方特色的商业街区、特色餐饮店、主题酒店销售本区旅游商品。

（三）破解政策瓶颈，解决乡村旅游发展用地问题

乡村旅游的发展离不开土地。目前，乡村旅游用地供给严重不足等问题制约了北辰区乡村旅游的进一步发展。要解决北辰区乡村旅游发展用地问题，一是市区两级政府要根据乡村旅游发展需要，在城乡建设规划、土地利用总体规划中合理安排乡村旅游用地指标。二是对乡村旅游发展相对集中区域、重点项目应当优先安排用地指标，简化用地审批流程，缩短审批时限。三是加强监管，明确负面清单，乡村旅游建设用地只能用作与乡村旅游相关的自营性经营房屋及配套设施建设，不能开发住宅商品房，不能炒买炒卖集体建设

用地。四是积极借鉴四川等省份的先进经验，探索实施点状供地。北辰区可在严控设施农业附属设施用地和配套设施用地总指标的基础上，采取点状用地的方法，增加办公用房、小型停车场、餐饮住宿等旅游设施的供给。鼓励建设规划布局合理、科技水平高、使用寿命长，集节地、节水、节能为一体的绿色环保的农业生产和附属、配套设施。五是建议参考农村承包土地经营权流转的方式，使农村集体经营性建设用地指标就近在村内或跨村进行流转，推动指标向资源禀赋较好的地区集中，用于发展休闲观光农业和乡村旅游项目。

（四）培养旅游人才

高素质的旅游业工作人员是乡村旅游良好发展的关键，应该注重对人才的教育与培养。一是加大对全区各级领导干部和基层人员的培训力度，增强全员发展旅游业的意识。建立旅游专业人才培训体系，通过集中办班、现场观摩、外出考察等方式，开展针对乡村旅游主管部门负责人、农庄管理层和服务人员的素质培训，不断增强从业人员的经营理念、服务意识、服务技能，促进北辰区乡村旅游服务品质不断提升。二是建立现代企业管理制度，加大乡村旅游人才引进力度。重点吸引乡村旅游管理和专业人才、旅游职业经理人等群体回北辰区创业，在人才待遇、发展机会等方面给予支持。三是充分利用北辰区的职业教育资源，加强对旅游专业人员的培养，并结合天津特有的科教文化优势，加大对在校大学生的培养，及时有效地选择出一些优秀人才，树立行业标准，提升旅游从业人员的整体素质。

（五）加大推广力度，强化品牌建设

目前北辰区乡村旅游面临知名度不高的局面，应进一步加大推广力度。一是强化旅游宣传营销。将旅游宣传纳入全区对外交往和宣传计划，在招商推介、交流合作等活动中统筹安排旅游宣传活动。依托微信公众号、旅游网站等载体，做好新媒体营销。借助多种形式深度宣传北辰区旅游整体形象。二是要精心组织节庆活动。以传统节假日为契机，高水平办好北辰区旅游文化节庆活动，深挖北辰区文化根脉，立足灵魂指引，推动旅游业快速发展。通过

网络、报纸、电视等新闻媒体和自媒体，凸显北辰文化特色，着力打造“双街葡萄文化旅游节”“双口徐堡大枣采摘节”“泉水湾旅游度假区金秋收获旅游节”等一批节庆品牌，进一步扩大知名度、美誉度。三是强化品牌建设，政府出资编印高质量的图文宣传品，策划制作优秀的旅游风光片和旅游形象标志，制作乡村旅游招商手册，建设全区统一的电商平台。重点开发徐堡大枣、岔房子山药、荸荠扁洋葱等一批有特色的乡村旅游商品，邀请国内有影响的媒体采风，在各类招商洽谈会推介北辰区乡村旅游品牌。

（六）加强政府扶持，吸引多元投入

目前北辰区的乡村旅游发展还不够成熟，资金投入力度也不足，需要各级政府的正确引导与扶持。政府可以通过优惠政策、科学规划等多种方式使乡村旅游朝着一个正确的方向去发展，吸引包括农民在内的社会资本，提高其积极性，从而加大资金投入力度。加强政府引导，一是利用制度创新、模式创新，发挥共享、共融理念，吸引更多资金投入乡村旅游中。二是在政策上予以扶持，财政资金在公共服务、基础设施等投入上向乡村倾斜。三是在政策上对乡村旅游投入的资金给予一定的支持，比如优惠贷款利率、政府利率补贴等。四是创新融资方式，通过土地节约指标的跨地域交易来引导更多的资金投向农村。五是充分发挥政府资金引导作用，设立市级、区级旅游发展专项资金，鼓励有条件的地方结合实际情况设立以社会资本为主体、市场化运作的社会领域相关产业投资基金，以市场化运作方式投资乡村旅游精品建设，使更多的金融资源和社会资源用于乡村旅游，形成一个多元投入的新局面。

参考文献：

徐琪：《我国乡村旅游的发展现状，存在问题与对策》，《贵州农业科学》2009 年第 8 期。

王悦骅：《浙江桐庐乡村旅游的营销策略研究》，《现代商业》2015 年第 25 期。

中共江宁区委党校课题组：《关于南京市江宁区乡村旅游发展的调查与思考——以江宁区“五朵金花”为例》，《中共南京市委党校学报》2013 年第 4 期。

武清区农村电子商务发展研究

（天津市经济发展研究院　秦晓璇）

农村电子商务是大力发展现代都市型农业的重要举措，是提高农业市场化水平的重要标志，是促进农民增收的有效途径。武清区积极培育多元化农村电子商务市场主体，扩大电子商务在农业农村的应用，完善农村电子商务物流快递服务体系，改善农村电子商务发展环境等，全力建设统一开放、竞争有序、诚信守法、安全可靠、绿色环保的农村电子商务市场体系。

一、农村电商的内涵与意义

（一）农村电商的内涵

农村电子商务，通过网络平台嫁接各种服务于农村的资源，拓展农村信息服务业务、服务领域，使之兼而成为遍布县、镇、村的三农信息服务站。作为农村电子商务平台的实体终端直接扎根于农村服务于三农，真正使三农服务落地，使农民成为平台的最大受益者。农村电子商务平台配合密集的乡村连锁网点，以数字化、信息化的手段，通过集约化管理、市场化运作、成体系的跨区域跨行业联合，构筑紧凑而有序的商业联合体，降低农村商业成本、扩大农村商业领域、使农民成为平台的最大获利者，使商家获得新的利润增长。

农村电子商务的核心任务主要包括工业品及服务下行、农产品上行及农村资源开发，业态涉及新零售、生鲜电商、农资电商、农技服务、城乡末端物流配送、乡村旅游等。目前我国农村电子商务普遍偏重市场性需求，即“工业品下行、农产品上行”，而农村更需要的公益性需求是服务下行和农村资源开发，却很少有项目涉及。工业品下行只能给农民带来便利或节省开支，而农民增收需要的是丰富的服务、农产品上行、农村资源开发，如：农技服务、测土配方、农产品在线销售服务，农村优质土地、水源、山林等优势资源引入项目，人才、资金等对接服务。

（二）发展农村电子商务的意义

发展农村电子商务，对助力乡村振兴和精准扶贫，推动农业转型发展，促进产业兴旺和农民增收致富，带动农民创业就业等，都具有重大现实意义。

农村电子商务为农产品销售开辟了“直通车”。长期以来，“买难卖难”是困扰农民的老大难问题。常常一边是许多有机绿色蔬菜瓜果烂在地里没人收卖不出，一边是新鲜优质农产品市民买不起买不到。通过发展电子商务，压缩流通中间环节，促进产销直接联通对接，为农产品打开了便捷销路。农民在家就可以在网上赶集，实现“卖全国、买全国”，使小农户可以低成本地对接大市场，并融入现代产业体系。通过构建畅通、安全、高效的农产品电商销售渠道，培育农产品品牌，提升农产品附加值。

农村电子商务为农业转型升级提供了“加速器”。通过发展电子商务，将供应链、产业链、价值链等现代经营管理理念融入农业，推动农业生产向以市场为导向、以消费为中心转变，向优质高效、绿色生态农业方向发展，助推农业发展方式的根本转变。在电子商务推动下，传统农业生产模式与现代信息技术深度融合，农民不再局限于“锄头 + 镰刀”闷头搞生产，还通过“键盘 + 鼠标”主动找市场，并根据市场反馈不断调整农业种植结构和优化生产布局，推动农业生产经营的产业化、规模化、集约化，并延长产业链、提升价值链、完善利益链，让农民合理分享全产业链增值收益。同时，农村电子商务的蓬勃发展，还会加速互联网意识和现代文明向农村渗透，使农村居民的消费习惯、生活方式以及思维观念发生深刻变革，从而促进乡风文明，推动农村更快融入现代社会，加速城乡一体化进程。

农村电子商务为农民脱贫致富提供了“金钥匙”。我国许多农村贫困的原因是地处偏远、交通和信息闭塞、市场化程度低，但这些地区仍有不少特色农产品和优势资源，发展农村电子商务可以突破购销的时空限制，有效解决贫困地区特色产品市场不畅、渠道闭塞等问题。通过“互联网 +”的电商扶贫开发新模式，可充分挖掘贫困地区优质资源、提升资源价值，打造特色产业，在这个过程中既能增强贫困农户的技能，提高其致富能力，还能带动当地交通、仓储、物流等基础设施发展，实现“造血式扶贫”，有力地助推打赢脱贫攻坚战。

二、武清区农村电子商务发展现状

（一）武清区电商服务中心运营情况

武清区电子商务公共服务中心是区域性电子商务服务实体，采用“政府指导、企业市场化运作”的运营模式。针对区域电子商务发展过程中的政府引导和市场服务需求，围绕农村青年创业就业培训指导、项目孵化咨询服务、农特产品上行全产业链，支持农村电子商务普及应用和武清电商模式宣传推广。

2017—2019 年，武清区电子商务服务中心帮助武清农村电子商务小组整合各种农特产品供应链资源，建设线上线下融合的公共服务体系“武清味道”，包括武清味道淘宝企业店、微信公众号、微店等平台，为农村各类经营主体如大碱厂镇南辛庄村谈玉宝香油、南蔡村镇丁家圈村金河滩面粉厂等提供政策咨询，为陈咀镇艾蒲庄村许连印果仁提供品牌建设，为崔黄口镇陈相庄村西红柿提供营销策划、网销对接及技术支持。为陈咀镇泗村店镇村淘服务站村小二提供孵化培训及运营宣传服务，为当地村民提供金融信用及农业技术服务，协调当地特色农村产品如石各庄镇金果梨、白古屯镇东马坊豆腐丝、王庆坨镇三合炸辣子与电子商务资源与销售渠道对接，畅通城乡销售渠道、挖掘农村网购潜力、促进武清网上消费，为武清电子商务发展提供一站式服务。

2018 年 3 月，武清区农村电子商务小组帮助石各庄镇金果梨上行制定运营方案，为金果梨上行搭建专属的电商团队，统筹制定了“雍贝金果”品牌战略规划，电商小组通过和第三方电商平台对接，包括天猫、农村淘宝等一线平台，本来生活、每日优鲜、俺的农场、农鲜生活、悦农、津农宝、武清味道、轻松筹地道甄选等垂直平台，促进金果梨全线推广。利用新媒体营销渠道，在武清生活网官方公众微信号，为金果梨吸引粉丝做服务和营销活动，对接有赞、微盟、微店等移动端平台，建立官方微博吸引粉丝引流销售。开发大客户营销渠道，电商小组积极联系天津市农产品电子商务协会、武清区各社团、开发企业、机关单位、旅行社团购客户。利用展会营销渠道，参与 2018 中国旅游博览会、环渤海农产品展销会，拓展品牌销售渠道。组织武清味道电商小组开展"结缘扶贫日、携手奔小康"主题活动，引导社会各界人士以实际行动践行社会主义核心价值观，力所能及地为贫困群众做一些实事好事、解决一些实际困难，营造人人关心扶贫、人人支持扶贫、人人参与扶贫的社会氛围，为武清对口帮扶地区做出积极贡献。通过开展此次活动，武清味道电商小组帮扶泾川特产小吃、农家晒制干货、杂粮线上销售，静宁特产苹果、苹果醋、蜂蜜线上销售，帮助泾川湫池村、康家村农户，静宁薛胡村、北关村、胡家沟农户增收近万元。

武清区级电商服务中心率先构建了以"主体培育、孵化支撑、平台建设、营销推广"4 大体系为主的区域性电子商务公共服务平台，自 2018 年运营以来累计为网创青年提供专业咨询 70 余次，开展各类农村电商培训 40 余期，培训网创青年百余人，策划实施各类农村电商活动数十场，不断完善自身模式输出和运营指导服务，成为本地区农村电商的探路者和先行者。

（二）村级电子商务服务站点建设情况

武清区积极加快农村淘宝建设，建成村级服务站和特约服务站 200 余家，实现全域覆盖；建立全市首家天猫优品服务站，针对大件家电提供"送装一体"全方位服务，同时与菜鸟物流合作，打通快递到村服务"最后一公里"。创新农产品销售方式，逐步推动农村淘宝"村小二"组建电商小组，创办"武清味道"淘宝 C 店，对南辛庄香油、东马房豆腐丝等本土特色农产品进行线上销售，目前店铺精选产品 39 种、月销售额 3.5 万元；打通农村淘宝线下站点渠道，通过村淘站点集单形式售卖本土特产，满足消费者个性化需求。推动区域农产品公用品牌建设。着力打造"武清味道"统一品牌，构建"母子品牌"运行模式，推动农业企业严格准入和农产品溯源管理，带动区域"生态精品农业”发展。

目前武清正在营业的有69个村级服务站,4个电器合作店;村点经营范围有代购、导购、代收、代发等服务,同时在农村淘宝服务站和电器合作店也销售快速消费品和电子产品。同时,在镇街市场探索开拓电器合作店,做大做强家电市场;在村域范围内扶持天猫优品服务站。积极推动武清农业上行,进行区域选品,针对有区域特色的产品进行天猫优品线上营销,推广至全国。

(三)武清区京津电商园发展情况

武清区京津电子商务产业园是天津市人民政府于2009年8月批准建立的享受国家级开发区优惠政策的市级重点示范园区,坐落于天津市武清区东北部,是京津冀交汇区域的重要节点。产业园以电子商务、文化创意为主导,着力构建仓储物流、云计算服务中心、第三方支付平台、创意研发、加工制造、服务外包及保税库在内的产业集群。初步形成中国北方规模最大、功能最全的专业型电子商务产业基地。2014年12月,京津电子商务产业园通过国家科学技术部火炬高技术产业开发中心的认定,成为第二批国家火炬特色产业基地之一。2015年6月3日,京津电子商务产业园通过国家商务部认定,成为第二批“国家电子商务示范基地”之一。

武清区京津电子商务产业园以经济发展为核心,以企业服务为定盘星,深挖智能产业,夯实项目储备,加速园区产业聚集。进一步优化园区产业发展规划,明确发展重点,完善扶持政策,做大做强战略性新兴产业和现代服务业,围绕重点项目,打造中小企业产业链闭环。围绕园区主攻的电子商务、科技互联网、智能科技及产业链配套等主导产业进行项目引进,完善园区产业链条,形成以园区重点项目为核心、知识和智力密集的战略新兴产业为辐射的招商引资模式。

在招商引资和服务企业过程中,京津电子商务产业园始终坚持“服务他人就是发展自己”的工作理念,着眼大项目、好项目、高质量项目梳理,合理安排、深化走访。在促进已落户项目自身发展的同时,打破土地、办公资源限制,极大地促进了项目落户进度,引进了一批优质项目,重点包括:在香港主板整体上市的以房地产开发为主营业务的综合性大型企业集团“旭辉集团”，国内知名的户外媒体运营商“如翼传媒”，由多位国内外资深艺术教育专家联合在华成立的国际标准的艺术教育与交流中心“环球艺盟”，集影视投资、创作、开发、运营于一体的平台“华山论剑”，新三板上市的开放式泛娱乐大数据平台“艺恩数据”等。

2019 年以来，武清区京津电子商务产业园抢抓京津冀协同发展战略机遇，紧扣园区转型发展大局，夯实招商基础、创新招商思路、转变招商策略，取得良好成效。截至目前，共引进企业 81 家，其中北京企业 40 家，国家科技型企业 17 家；实现招商引资到位额 13.45 亿元；规模以上服务业销售收入 105.67 亿元；规模以上工业产值 2.77 亿元；实现一般预算收入 2.18 亿元，三级财政收入8.05亿元。

三、武清区农村电商发展存在的问题

（一）农村基础设施不够完善

农村物流效率的落后影响农村电子商务的成长。电商的发展必须依靠物流来提供支持服务。但是，目前武清区农村物流发展相对滞后，制约农村电子商务发展。为促进物流业的发展，政府加大了对物流基础设施建设的投入。加快高铁、各级公路、物流网点建设等，但对农村物流投入的资金和能源不足，因此需要加强物流方面的优化。物流效率是建立在运输和劳动力的基础上的，除一些外国商品外，大部分商品靠陆路运输，主要是公路运输。由于农村地区缺乏道路建设，从根本上阻碍了其物流效率。而且物流过程中的农产品损坏率较高，达 25% 左右。此外，农村物流缺乏行业规范，尚未形成统一的物流运作标准，系统不完善。这些因素影响了农村物流的效率和农村电子商务的发展。

农产品上行是重中之重，农村地区落后的物流体系是农村电商发展最大的阻碍之一。武清区的农村地区地理位置比较偏远，基础设施建设难度大，无法做到辐射每家每户。在电子商务进农村服务体系覆盖的区域,只能抵达村级电子商务服务站。另外,武清区的农村公路总体上仍处于“以通为主”的初级发展阶段,尚难以完全适应电子商务发展的物流需要。农村公路路况较差,通畅问题还未完全解决,受天气影响较大。目前武清区虽实现了贫困村宽带网络的全覆盖、4G 网络全覆盖,但在村一级经常出现宽带网络不稳定且网速慢的问题,上网没有技术保障。物流、信息服务的“最后一公里”问题仍比较突出。

(二)农村电商普及应用程度低

第一,政府对农村电商发展的重视程度不够。一是武清区对不同地区没有建立有针对性的政策措施,也没有相应的标准化服务体系,使得一些已颁布的政策在部分地区无法有效落实。二是电商推广体系并没有相关组织制度的保障,没有跟踪服务管理,使得农村电商政策效果大打折扣。三是作为脱贫攻坚中坚力量的部分乡村干部本身对电子商务了解不多、重视不够。

第二,农村地区接收外界信息能力弱,相对城镇地区来说比较封闭,对互联网的了解和接受程度远不如城市地区。传统思想观念依旧影响农村居民,他们不太能接受线上交易方式。乡间小卖部与传统的集市仍是农民进行买卖的两大渠道。

第三,农村地区教育体系不完善,农村人口受教育程度普遍较低,缺乏农村电商网络人才资源。武清区很多贫困户身处偏远地区,文化程度相对较低,接收的信息有限,缺乏网络基本知识和使用技术,有的对新技术持怀疑态度,对“看得见但是摸不着”的电子商务缺乏信任,阻碍了农村电商的进一步发展。

第四,武清区农村电子商务培训对农村贫困人口覆盖率尚处在较低水平,对帮扶干部、村和社区“两委”缺少全覆盖;培训体系建设有待加强,课程体系有待完善。目前,武清区开展的就业脱贫技能培训存在课程体系泛而不精等问题。

第五,武清区农村地区人口中老年人居多,青年人外出务工的比较多,农村地区有文化的青年人才相对缺乏。而电子商务是新兴的行业,要有基本的计算机网络基础,而当地的青年人很多在外打工,老年人很难上手,外面的人也很难引进,导致农村电商人才缺乏。

(三)农产品上行相对滞后

推动农村电子商务发展,抓手就是推进电商与农村、农业、农民相结合,把电商与农产品市场相结合。但武清区在电商充分融入农产品的生产、加工和销售的过程中,存在着各种制约瓶颈。

第一,农产品优质品牌少。有些农特产品虽在武清区当地有一定知名度,但在全国市场知名度较小,由于农户和小微型企业无法承受大范围推广费用,其销售只能靠口耳相传,这就造成农产品销售上不了规模,甚至导致产品卖不出去。

第二,农产品标准化滞后。其实,农产品很难标准化。农村电商产品主要类目是生鲜产品,而生鲜产品除了对运输的温度和时长有较高的要求外,其自然生长的生物特性,也会不可避免地带来个体间的差异,再加上生产地点不同,喂养施肥差异也会导致产品质量参差不齐。商品标准化程度低,就难以在电商平台上形成规模流通。

第三,农户生产的产品多为初级农产品,且多为食用品。初级农产品需经过简单加工或包装后才能上网销售。但目前,无论是村级站还是农户,大多不具备加工或包装能力。这些农产品往往未经食品生产许可或相关认证,缺少资质和卫生合格检查证明等,难以被终端消费者接受,无法在网上规模化销售。

第四,农村电商服务站点的作用没有得到充分发挥。在农村,乡村淘、邮乐购、供销 e 家等农村电商服务站点以帮助农民代买为主,农产品代卖的数量很少,且总体业务量也偏小。大部分电商服务站点基本没有村民使用,成为摆设。调查发现,一些农村电商交易平台仅在刚建的时候有几笔业务,后来就荒废了,还有的为了完成任务,站主自己刷单,人为制造交易额。

四、武清区农村电商发展的对策及建议

推进武清区农村电子商务发展，应适应信息化要求，以农业流通现代化为目标，紧紧抓住“信息、物流、人才、标准”四个关键要素，抓好补短板、破瓶颈、增能力、建标准四方面重点，实现路通、电通、网通、人通，形成线上线下融合、农产品进城与农资和消费品下乡双向流通格局，更好地实现供需衔接，促进农村产业兴旺和乡风文明，为乡村振兴插上“金翅膀”。

（一）加大电商基础设施建设

只有道路畅通，物流顺畅，才能谈得上农产品的上行。早在 2016 年，国家商务部对农村电商发展提出了“补短板、重上行、促竞争”的工作方向。“补短板”就是要加强基础设施建设，尤其是公共领域的建设，改善农村道路环境。此外，还要完善物流体系，进行农村服务网站全覆盖建设，全面覆盖到每镇、每村、每户，以节约上行成本、提高农产品上行效率。要为农村电商扶贫提供完备的软硬件环境，政府需要做出三方面努力。一是政府要积极主动承担公共领域的基础设施建设，如乡村公路建设、电商服务中心建设等。二是要制定鼓励和支持社会各界投身于农村电商相关基础设施建设的政策，比如新建农村电子商务平台、物流、快递的代投代收点等，这部分是企业或个人愿意参与的环节，是具有附加价值和回报的环节。三是政府应大力扶持涉及电商扶贫的交通运输、物流、金融等企业及部门，实现全程全网的第三方物流服务体系和各类支付工具支持，着力解决农村交通不便、物流进村难和运输成本高等问题。

（二）营造农村电商发展环境

首先，要切实提高当地农民意识。一是要培养农民的电商意识，让他们自觉参与到农产品上行中去。二是要培养农民的职业化意识。要让农民抛开传统的以务农为主的工作内容，拓宽眼界，提高思想境界，努力将自己打造成

现代新农民,充分利用现代科技手段增值创收。三是培养农民的农产品质量安全意识。让农民了解农产品的种植技巧及学会辨别优劣品质,从源头控制农产品质量安全,严禁以次充好,严禁劣质产品流入市场。其次,要加大政府扶持力度。一是鼓励企业加快市场改革,积极培育农村电商市场,积极引导企业入村开店。二是积极开展农村电商试验区,鼓励试验区、试点单位及其他投资商大力投资、发展和研究电子商务,并对试验区制定优惠政策。三是制定激励政策,鼓励农村人才的回流。要促成农村青年人才返乡创业,农村电商的发展离不开他们。四是加强电商培训。建立和引入水平高且能让贫困户们听得懂的电商培训机构,切实提高培训实效;对培养课程体系进行研究,开发培训课程包,使得培训形式更接近农村电商实际;培训对象要有所拓展,除了农户以外,还应对帮扶干部、村和社区"两委"实行全覆盖。

(三)建立电商统计监测体系和电子商务信用体系

建立有效的电商农产品品牌培育和防伪溯源系统,探索建立线上线下农产品追踪溯源体系,实现农产品从源头到销售全过程可跟踪、可追溯,推进县域农特产品品牌建设和发展。当然,除了搭建切实有效、信息共享的农产品追溯公共平台,还需要依托电商服务中心、电商平台、电商企业、物流、商贸等载体,共同实施农村电商统计监测工作,确保产品生产、销售等环节都能进行监督追踪。要构建电子商务信用服务体系。对消费者来说,信用就是口碑;对生产者来说,信用意味着正常的现金流和可预期的经营环境。电商服务平台要建立诚信经营的意识,杜绝以次充好、刷单炒信和滥用经营主体身份等行为。信用评级是衡量电商经营主体、农产品好坏的重要指标,尤其是线上经营主体,一个良好的信用评级是吸引客户的重要因素。

(四)加快农产品标准体系建设

建立健全适应农村电商发展的农产品质量分级、采后处理、包装配送等标准体系,通过电子商务促进农产品的标准化、优质化、科技化发展。加快农产品、农业生产资料产品质量国家、行业标准和生产技术规程的制定修订,加强鲜活农产品和特色农产品标准化、品牌培育和质量保障体系建设。鼓励支持电子商务企业制定适应电子商务的农产品质量、分等分级、分拣包装等标准，推行无公害农产品、绿色食品、有机农产品和地理标志认定和品牌化建设，保证农产品质量安全和信用度。支持农业龙头企业加快生产基地标准化专业化建设、参与相关标准制定、开展农产品质量管理体系认证，引导各类主体执行农产品生产加工、包装储运等标准。

（五）强化农村电商人才培养

农村电商人才的发展可以从两个方面展开。第一，就近原则。即对当地村民进行相关的专业培训和学习，教给他们更专业的农村电商方面的知识，传授更多发展以及运营方面的经验及方法，让他们更加熟悉和了解农村电子商务，实现农村电商的当地化发展，并且可以在培训的过程中选出一些片区负责人，让他们将农村电商知识以及理念方法传递下去，实现知识的覆盖。第二，就远原则。即引进一些农村电商专业的人才，鼓励和引导大学生返乡创业，为实现共同繁荣提供一定的政策和经济支持。另外，可以在村委附近设置农村电商服务站点，村委附近往往是人群集中并且相对繁华的地方，商业集中，流量相对来说更大，另外，服务站点的基础配送服务人员可以从当地村民中选取，这样既有利于降低成本也解决了当地人的就业问题，然后站点服务人员还可以帮助当地村民进行网上购物，提高他们的网上购物意识，进而提高成交率，带动整个武清区的农村电商发展，并且也解决了人才缺乏的问题。

（六）整体优化农村区域的物流建设

提高农村地区物流效率的基础是提高农村地区的互联网普及率，缩小农村和城市之间的差距。加快农村网络基础设施建设，促进智能手机的普及，让村民学会网上购物，网上销售农产品，实现农村智能化。加强对农村地区的交通建设，对服务站以及用地、用电的建设。对于那种相对更加偏远的山区，可以采用无人机配送。无人机配送的特点就在于其携带的包裹不会直接送到用户手中，而是由每个村子的乡村推广员分发，无人机自动返回机场并继续交付。这样,物流效率得到了提高。

参考文献:

魏延安:《农村电商:互联网 + 三农案例与模式》,中国工信出版集团。

郑舒文、吴海端、柳枝:《农村电商运营实战》,人民邮电出版社 2017 年版。

王天宇、申学清:《农村电商平台建设与研究》,机械工业出版社 2018 年版。

付冬玲、李朝辉:《浅谈精准扶贫背景下甘肃农村电商的现状、问题及对策》,《甘肃广播电视大学学报》2019 年第 12 期。

杨慧迪、魏周思宇:《农村电商的现状及发展对策建议》,《现代营销》(下旬刊)2019 年第 11 期。

陈晓琴:《乡村振兴战略下我国农村电商发展存在的问题与对策》,《乡村科技》2019 年第 32 期。

加快蓟州区创建国家生态文明示范区的调查研究

（天津市经济发展研究院　姚晓东）

党的十九大明确把“坚持人与自然和谐共生”作为新时代坚持和发展中国特色社会主义基本方略的重要组成部分，并指出“建设生态文明是中华民族永续发展的千年大计”。天津市委、市政府高度重视生态文明建设，牢固树立“绿水青山就是金山银山”的理念，坚定不移走以生态优先、绿色发展为导向的高质量发展新路子。目前，创建生态文明示范区已成为国家推进生态文明建设的抓手，全国上下形成了特色突出、百花齐放的创建格局。蓟州区是天津市唯一的半山区，也是天津市的“后花园”，被列为全国生态示范区、全国首家绿色食品示范区、第一批国家新型城镇化综合试点地区。本文旨在通过调研蓟州区生态文明建设情况和存在的问题，提出创建国家生态文明示范区的目标、路径和措施，充分发挥生态文明建设示范区的典型引领作用，并对示范区创建工作提出参考性的建议。

一、蓟州区创建生态文明示范区的基础

（一）全面践行“两山”生态理论

创建生态文明示范区是“两山”理论的实践。生态产品是人类赖以生存和发展的自然条件，涵盖了人民群众生产生活的方方面面，关系着民生福祉和民族未来。习近平总书记历来高度重视生态文明建设，提出了一系列关于生态文明建设的重要论述。“绿水青山就是金山银山”重要思想写入党

的十九大报告和新修订的党章，标志着“两山”理论提升到了前所未有的高度。

天津市委、市政府贯彻“绿水青山就是金山银山”理念，将打造一流的生态文明纳入“五个现代化天津”奋斗目标和“十三五”国民经济和社会发展规划纲要，印发实施生态文明先行示范区建设方案，明确目标任务和责任分工，建立健全协同推进工作机制，强化目标管理考核，持续推动经济社会向更高质量发展。2017 年以来，规划保护七里海、北大港、团泊、大黄堡等 875 平方千米湿地，被誉为“华北之肾”；在中心城区和滨海新区之间规划建设了 736 平方千米的绿色生态屏障，为京津冀地区再造一叶“城市绿肺”；科学规划和利用 153 千米海岸线，保护和打造好亲海堤岸；坚持“留白留绿”，把白、绿最古朴的那一面留给后代，让绿色生态屏障为全市高质量发展提供强大的生态环境支撑，也为子孙后代留下宝贵的绿色遗产和与之发展的空间。

蓟州区立足“京津冀生态涵养发展区”和天津市重要水源地功能定位，牢固树立绿色发展理念，全力打好蓝天、碧水、净土保卫战，空气质量综合排名和优良天数位居天津市首位，全国水生态文明城市建设试点通过验收，在 2018 年国家重点生态功能区县域生态环境质量监测评价与考核中位居全国 818 个县域第一，也是唯一一个“明显变好”的县域，被生态环境部命名为“绿水青山就是金山银山”实践创新基地。

（二）营造大绿大美生态格局

蓟州区有丰富的山水资源，是京津生态屏障，在京津冀协同发展大局中被定位为生态涵养发展功能区。近年来，蓟州区全面落实生态文明建设空间布局，严守生态保护红线，完善河湖岸线保护，夯实绿色发展基础，实施生态保护工程，生态文明建设发展的后劲和潜力明显增强。

筑牢绿色生态屏障。历史上，蓟州区内小石矿、采砂场等污染企业有 400 多家，山体被挖得千疮百孔，给区域经济发展和群众生活造成了严重影响。为扭转这种以破坏生态环境为代价的发展模式，蓟州区陆续关停了所有污染企业。对城区周边、景区周围、主要交通干线可视范围内的部分矿山创面进行综合治理，采取绿色生态修复方式，以“梯级平台削坡为主，局部挡墙护坡为辅”，在平台上和贴坡处进行绿化工程、利用新城建筑渣土对矿坑进行堆填、绿化治理等，完成矿山创面治理 126 万平方米，实现荒山铺绿装、沟壑变平川、废地成资源。结合京津风沙源治理、国家生态储备林建设、矿山创面治理等重点工程，狠抓生态修复，在天津北部、京津之间构筑了一道重要的绿色屏障。全区林木绿化率为 53.5%，其中北部山区林木绿化率为 81%。全区共有野生动物 378 种，其中兽类 43 种，鸟类 335 种，国家一级保护动物 12 种，国家二级保护动物 54 种。蓟州区先后荣获“全国绿化模范单位”“全国林业生态建设先进单位”“国家园林单位”等多项荣誉称号。

保护好全市人民水源地。有天津“大水缸”之称的翠屏湖——于桥水库，最大库容量 15.59 亿立方米。蓟州区把保护天津“大水缸”水源水质安全作为重要任务，重点实施了于桥水库水源保护工程，搬迁库区农民，建设蓟州新城，形成了“制度建设 + 水源保护 + 封闭管理 + 生态修复 + 外围治理”的水源地保护模式，探索饮用水水源地保护的特色经验体系。大力调整库区周边农业种植结构，建设文明生态村，改造畜禽养殖技术，实施水库封网管理，使水库水质得到显著改善。为进一步加大水库保护力度，蓟州区在于桥水库二级保护区范围内，建设了 68 个村的污水处理设施，关闭拆除了 18 家规模化养殖场和 176 家养殖专业户，治理 38 条入库沟渠，完成水库南岸 5.5 平方千米土地复垦复绿任务。坚持保护优先、科学精准的原则，编制了于桥水库保护区规划，建立并落实河湖长制、坑长制，健全三级责任体系和责任链条，形成常态化运行机制。全国水生态文明城市建设试点通过验收。

打赢蓝天保卫战。2019 年前 8 个月，蓟州区空气质量综合排名和优良天数一直稳居全市首位。全区强力整治各类环境污染问题，严格落实控尘治污措施，强化重污染天气应急减排，关停“散乱污”企业 780 家，完成 130 余家挥发性有机物整治，施工工地全面落实“六个百分之百”措施，治理裸露地面 1170 余处，强化移动源和非道路移动机械治理，组织开展露天焚烧、餐饮油烟、砂石料配载点等系列专项行动，污染物总量大幅下降。大力调整能源结构，以煤改电、煤改气为重点，强力推进清洁取暖工程，实施热电联产冬季取暖1200万平方米，全面完成燃煤锅炉替代和农村散煤治理，PM2.5浓度逐年下降。

建设山水连通生态区。蓟州古城枕山带河，山水文化沉淀深厚，为挖掘千年古城山水文脉的当代演绎，满足居民多元化的时代需求，蓟州区在新城建设中着力推进水生态、水文化建设，实施州河综合治理工程和州河景观绿化工程，建设人民公园，以水系连通为载体，让水活起来，形成了“一宽（州河）一窄（新开景观内河）一湖（中央大湖）”的水系格局，营造了丰富的亲水空间。修补被破坏的水文地理，构建串联南部城区与北部山区的蓝绿系统网络，打通城区与山区之间的生态通廊，从而形成“城市在自然中，自然在城市里”的生态格局。积极探索出废弃矿山综合整治新模式，通过废地综合开发，做到修复生态，变废为宝，实现生态、经济、社会效益共赢。

树立生态旅游品牌。蓟州区整体打造了“山水蓟州、京津花园”的旅游品牌。一是树立名牌景区、乡村旅游、地理标志产品3大支撑体系，坚持以“旅游+”为引领，抢抓国家级旅游改革创新先行区和全域旅游示范区创建这两个机遇，着力提升旅游品质，基本形成了高品质的景区游、多层次的体验休闲游、正在推进的全季设施游为支撑的全域旅游发展新格局。目前，蓟州区共有景区景点20余处，其中A级以上景区15家。农家院发展到2583户，床位6.1万张，餐位8.1万个，直接从业人员1.2万人，带动农民就业6万人，受益人口18万人。二是实施三场“革命”：交通“革命”，开通京哈高铁蓟州站，建成“津城最美天路”——津围北二线，旅游片区实现公交全覆盖；厕所“革命”，新建改造旅游厕所、市政公厕141座，覆盖景区、城区、车站、旅游村和旅游干线沿途；数字“革命”，建成全域旅游大数据中心，涉旅场所实现免费无线（局域）网、通信信号、视频监控全覆盖。在2017年京津冀198个区县旅游魅力指数中，蓟州区排名第三。2018年，全区接待中外游客2660万人次，旅游直接收入28.4亿元，综合收入142亿元。

（三）实施严格有效生态政策

以生态红线为根本，严格执行管控标准。蓟州区域内，国家生态保护红线和天津市永久生态保护区叠加面积 877.7 平方千米，占全区总面积的 55.2%。坚持以《天津市人大常委会关于进一步加强永久性保护生态区域管理的决议》为准则，用最严格的管控标准实施保护和管理，杜绝有污染的项目在永久性保护生态区域内建设。同时，建立自然保护区监察巡护制度，制定“一区一规一方案”，确保 3 个自然保护区内均无新增违法建设。

以环境质量为核心，坚决打好三大保卫战。深化“五控”治理，加强源头管控，坚持“以时保日，以日保周，以周保月，以月保年”的做法，最大限度减少污染物排放。2018 年，全区年度空气质量综合排名和达标天数位居全市第一。重点保护饮用水水源地，完成千人村饮用水水源地和杨庄水库保护区划定。全面高效落实河长制，着力构建生态健康河网。2019 年上半年，7 个地表水考核断面综合指数为 1.66，同比改善 39.91%，全市排名第一。深入土壤污染防治工作，组织开展农用地详查。严把建设用地准入管理，建立用地标准定期会商机制和疑似污染地块名册，督促责任主体编制对污染地块环境风险管控方案。

以新发展理念为引领，全力推动结构调整。推动经济转型升级。分片划区推动“散乱污”企业原址改造提升，进行“一企一策”指导，3500 余家企业完成环评手续，助推企业提质增效。深入实施“双万双服”活动，全面落实“津八条”“蓟十条”，用足用好政策，提速企业发展。严格项目环保准入。落实国家大气污染物特别排放限值要求，对新、改、扩建项目所需的二氧化硫、氮氧化物和挥发性有机物等污染物排放总量实行倍量替代。

以改革创新为动力，不断提高治理能力。强化京津冀联防联控，深化“平蓟三兴”协同治理，建立“蓟遵玉”联防联控机制，定期会商、信息共享，对环境污染问题实施跨区域联合执法。强化工作落实，深入开展全国第二次污染源普查，健全组织机构、强化培训指导，确保按时完成清查、名称录库等工作。强化改革引领，落实改革方案要求，调整部门职能，在上交环境监察职能和地表水环境质量监测事权的基础上，进一步理顺职能，增加编制，提升环保监测技能和基层环保执法能力，为更好地开展工作提供保障。

二、机遇与挑战

（一）创建机遇

我国已进入生态文明建设的关键期。习近平同志在全国生态环境保护大会上指出，生态文明建设正处于压力叠加、负重前行的关键期。近年来，我国以前所未有的决心和力度落实环保工作，当前生态文明建设面临的严峻挑战，更凸显出树立和践行“绿水青山就是金山银山”理念的重要性。良好生态环境是最公平的公共产品，是最普惠的民生福祉。未来，国家层面将进一步出台加快生态文明建设的政策，增加环境建设投入，形成节约资源和保护环境的空间格局、产业结构、生产方式和生活方式。

天津市已进入京津冀生态协同的攻坚期。在推动京津冀生态协同方面，继续强化生态环境联建联防联治，无论是水源保护林建设、风沙源治理、水库河流治污，还是压减燃煤、控车节油、清洁能源改造等各项减排任务，都取得了丰硕成果。天津市还计划投资 300 多亿元，对七里海、北大港、团泊、大黄堡 4 个总面积 875 平方千米的湿地全面升级保护，实施生态移民、土地流转、退耕还湿、河湖水系联通等重大工程。

蓟州区已进入创建生态示范区的窗口期。在京津冀协同发展中，蓟州被定位为“生态涵养发展区”，与雄安新区白洋淀并称为京津冀两大“绿心”。独特的生态优势是推动生态文明建设的重要物质资源和战略资源，按照习近平同志对天津工作提出的“三个着力”重要要求和李鸿忠书记对蓟州区提出的绿色发展、跨越式发展系列指示要求，立足生态优势，用好生态优势，最大限度地把生态资源转化为经济价值，点绿成金，争创全国创新实践基地。

（二）发展挑战

经济绿色转型压力较大。蓟州区经济总量偏小，不少行业处于价值链的中低端，产业层次整体偏低，传统产业中高污染、高能耗行业仍有一定比重，

“低、小、散”企业存量不少。服务业比重虽逐年上升，但占比仍然较低，旅游业对城市发展的带动效益仍不明显。总体上，离国家生态文明建设示范区 6 个方面、36 项创建指标仍有差距。

资源环境约束下发展动力不足。蓟州区环境红线多，山区、库区发展容余有限，乡村环境治理任务重，破解资源环境约束的创新模式不多。生态建设“争地”难度加大。退耕还林还湖、封山育林的难度越来越大。

环保基础设施亟待完善。受地方财力的影响，在生态建设投入上存在不均衡问题，特别是山、水、林等投入体量大，投入来源有限，经济收益不能体现等，严重制约生态建设的发展。城乡统筹发展不够均衡，环保基础设施水平亟待提升，如城市污水处理厂能力不足、集镇污水处理厂负荷率偏低、农村生活污水处理设施运行效果欠佳。

生态文明机制还不完善。环境产权制度不明晰，生态补偿机制不完善。社会资本参与生态环保投资的积极性不高，企业承担生态文明责任的机制缺乏。环境执法成本高、违法成本低，监管机制不完善。环境与发展综合决策机制不完善，公众参与生态文明建设的机制尚未建立。

三、创建目标与路径

（一）创建目标

以创建国家生态文明建设示范区为目标，以习近平新时代中国特色社会主义思想和生态文明建设的系列重要讲话精神为指引，以人与自然和谐为主线，以提高人民群众的生活质量为根本出发点，明确区域生态功能，构建区域生态安全保障体系，调控与改善城镇人居环境，牢固树立生态文明理念。以发展生态经济、循环经济、低碳经济、绿色经济为重点，推进生态产业体系建设；以节约能源和促进资源永续利用为重点，推进资源保障体系建设；以生态环境保护和治理、污染物减排为重点，推进山川秀美的生态环境体系建设；以城乡环境综合整治为重点，推进人与自然和谐的生态人居体系建设；以创新可持续发展的体制、机制和提升环境保护能力为重点，推进高效、稳定、配套的能力保障体系建设；以提高环境保护和环境道德意识、倡导绿色生产和绿色消费为重点，推进生态文化体系建设。加强生态工业、生态农业、生态旅游业、生态城镇建设，大力发展循环经济和低碳产业，构建经济发展与人口资源环境相协调的具有蓟州区特色的生态文明发展模式，创建国家生态文明建设示范区。

（二）基本原则

因地制宜，突出重点。从蓟州区实际出发，以山、水生态建设为核心，发挥本地资源、环境、区位优势，突出地方特色。合理引导主导产业，优化产业结构，重点发展生态产业，把资源环境优势转化为现实生产力。

统筹兼顾，协调发展。以生态理论统领经济、社会发展全局，充分考虑区域社会、经济与资源、环境的协调发展，全力融入京津冀生态协同发展，促进传统经济与社会的生态转型，构建可持续发展态势与格局，实现生态、经济、社会效益的“共赢”。

科学规划，分步实施。科学指导国家生态文明建设示范区规划，与国民经济和社会发展规划及相关部门的行业规划相衔接，从国家生态文明建设示范区的重点领域和重点区域突破，先行抓好重点乡镇、重点项目、重点工程的建设，循序渐进，分步实施。

政府主导，公众参与。调动各方力量共同推进，加强协调配合，形成政府主导、部门分工协作、全社会共同参与的格局。政府负责建设部署、协调和组织全社会参与，调动全社会的积极性和创造性，建立多元化与多形式投入机制，推动国家生态文明建设示范区建设进程。

（三）发展路径

明确创建指标。根据生态环境部2019年5月印发的《国家生态文明建设示范县、市指标》中的国家生态文明建设示范县指标要求，国家生态文明建设示范县包括生态制度、生态安全、生态空间、生态经济、生态生活、生态文化6个领域，分别设置37项建设指标，其中约束性指标22项，参考性指标15项，该指标是衡量一个地区是否达到国家生态文明建设示范县标准的依据。

划分发展阶段。近期(2020—2021 年),全区形成生态空间山清水秀、生态文化健康文明、生态经济快速发展、生态环境稳步改善、生态人居特色彰显、生态制度基本健全的生态文明建设良好局面。初步建立高效的自然生态体系和文明的社会生态体系,公共服务体系基本完善,节约资源和保护环境的空间格局、产业结构、生产方式、生活方式基本确立,城乡环境显著改善,生态安全得到可靠保障,全社会生态文明意识普遍增强,人民群众对生态环境满意率明显提升。到 2021 年底,各项指标均要达到国家生态文明建设示范区标准,并取得国家生态文明建设示范区称号。

中远期(2022—2025 年),巩固生态文明示范建设在各领域取得的成果,生态文明建设纵深推进。空间开发格局更加优化,城乡人居环境显著改善,城乡区域发展协调性进一步增强;主要污染物排放得到有效控制,生态环境实现良性发展;居民生态意识普遍增强,人与自然和谐的生态理念深入人心,资源特色的生态文化日益繁荣;生态文明制度体系更加完善,生态文明良好社会氛围基本形成,生态文明建设在全国处于领先水平,为全国推进生态文明建设发挥示范作用。

四、创建措施与建议

(一)科学谋划生态空间开发格局

严守生态保护红线。以主体功能区规划为引导,合理划分"三线三区"。统筹推进"多规合一",科学管控生态保护红线、永久基本农田与城镇开发边界控制线。严守生态保护红线,加强对重点生态功能区、生态环境敏感区和脆弱区保护力度,切实维护生态安全。根据"分区管理、分类指导"的原则,有针对性地制定各环境功能区主体环境功能目标,确定相应的水、气、土等专项环境质量管理目标与指标。

优化生态空间结构。构建科学合理的城镇化格局、农业发展格局、生态安全格局，以“山、河、库、城”为纽带，围绕水源地保护、水污染治理、城市供排水、农业节水、水土保持、水生态景观、水资源管理和水文化建设8项重点任务，全面持续推进水生态文明城市建设。

加强重要生态功能区生态节点保护。加大区域水网湿地资源保护力度，强化现有湿地资源保护，严格控制开发占用自然湿地，加快湿地生态系统重建和恢复。大力推进特色鲜明、覆盖城乡的湿地公园建设，同步推进治污治水、环境整治、区域水网绿化美化。充分发挥于桥水库湿地净化水质的功能，全面提升湿地生态服务功能，推广建设与村级排污设施相结合的小型湿地。

（二）做强绿色产业，加快发展生态经济

加快发展绿色农业。规模化发展高效节水灌溉，支撑优势特色农业产业发展。以节水灌溉为支撑，着力推进农业设施化建设和产业化经营，以小型农田水利重点县建设为基础，以农业综合开发土地治理项目为补充，大力开展集中连片农业灌溉节水设施建设，将高效节水灌溉发展与现代农业建设紧密结合起来，通过推广新产品、新技术，促进耕地增值，辐射和带动周边农户和地区积极调整产业结构，带动农民和农民专业合作组织发展优势特色农业产业，加快传统农业向现代农业转型，促进农民增收致富。通过调结构、转方式，努力打造特色产业，形成了东生态、西苗木、南蔬菜、北休闲的4区产业布局，建立一批现代休闲观光农业园区，如马神桥镇蓝莓、下窝头镇生态莲藕、杨津庄镇牡丹园、邦均镇苗木花卉等。

全力发展“全域旅游”。不断强化旅游业的主导地位，确定了“全面推行旅游+，坚持以休闲旅游业为龙头，带动文旅、农旅、商旅、工旅融合，促进三次产业全面融合、产城深度融合、城乡发展融合”的发展路径。规划建设方面，不断强化旅游发展的话语权，在区“十三五”规划和城乡建设、土地利用、基础设施建设等相关规划上，把旅游作为重要阐述内容。在综合性支持政策的制定和重要项目的建设上，要征得旅游部门同意。旅游格局方面，以“1+4+3”规划引领旅游发展，编制1个全域旅游发展总体规划，编制盘山、长城、八仙山、梨木台4个核心景区规划，编制山区、库区、平原3个乡村集聚区的专项旅游

规划,不断强化全域化布局。

鼓励发展低碳循环的生态产业。实施绿色创新驱动发展战略,严格环保准入调控,提高资源利用效率,最大限度地减少污染物排放,引导和倒逼产业结构优化。绿色产品、绿色工厂、绿色园区、绿色供应链为抓手,构建高效清洁、低碳循环的绿色制造体系。综合运用经济、法律、行政手段,引导项目向产业园区集中,规范工业园区产业项目环境管理,积极推进生态工业园区建设。最大限度地为服务业发展提供便利条件,重点支持生态产业、文化创意产业、绿色物流业、绿色生活服务业以及新兴绿色服务业发展,逐步提高服务业在三产中的比重,为特色产业发展增添活力和创新能力。

(三)保护“绿水青山”,加强生态环境修复

坚决打好三大保卫战。一是蓝天保卫战。进一步深化“五控”治理,加强源头管控,坚持“以时保日,以日保周,以周保月,以月保年”的做法,最大限度减少污染物排放,连续保持年度空气质量综合排名和达标天数位居全市第一。二是碧水保卫战。重点保护饮用水水源地,完成千人村饮用水水源地和杨庄水库保护区划定,积极推进于桥水库保护区调整规划和“三水”治理。全面提升水环境质量,完成加油站地下油罐防渗工程、9 项重点水利工程和 18 项水污染防治任务,全部消除建成区黑臭水体,加强污水处理厂和企业排污口监管,全国水生态文明城市建设试点通过验收。三是净土保卫战。深入土壤污染防治工作,组织开展农用地详查,确认土壤污染重点行业企业和工业园区,完成重要点位采样化验和农产品点位采样调查。严把建设用地准入管理,建立用地标准定期会商机制和疑似污染地块名册,督促责任主体编制污染地块环境风险管控方案。

加强生态修复能力。优化城市森林绿地生态系统,扩大和提升湿地生态系统,恢复生物多样性,塑造水陆相拥、陆岛相望的风貌。保护和恢复河岸生态系统,优化地表径流,构成“树枝状”连续的网络结构,维持河流健康。采取河道清淤疏浚、河堤加固、生物湿地处理与生态修复相结合等方式,全面恢复水—陆复合生态系统。建立“绿网 + 绿块”的生态网络,构筑以生态廊道为骨

架，块状绿地为基质的生态格局。借鉴国内外打造废弃矿坑公园的先进经验，利用原始矿区建设以特色植物和水系为主题的室内乐园，并结合文化旅游资源，打造国际化、体验式的旅游集散特色小镇，形成内容丰富、功能完善的旅游目的地。

建立生态补偿机制。建立于桥水库林草湿地生态补贴机制。蓟州区印发实施《于桥水库水源保护工程生态补偿专项资金管理办法》，有效保障库区群众基本收益，为营造库区周边健康水生态环境奠定了基础。推动建立跨省生态补偿机制。加强津冀合作，两省市签订完成《引滦入津上下游横向生态补偿协议》，共同设立引滦入津上下游横向生态补偿资金，用于潘家口、大黑汀流域及引滦输水沿线的生态环境保护和污染防治项目，走出一条上游主动强化保护、下游支持上游发展的互利共赢之路。

（四）利用区位优势，融入京津冀生态共建

优化顶层设计。一是深入与宝坻、平谷、三河、兴隆等周边地区的沟通对接，推动基础设施同规划、产业发展同布局，实现一体化发展。二是找准融入协同发展的切合点，放大区位战略价值，确保各专项课题落地生根。三是抢抓平谷世界休闲大会和北京冬奥会机遇，深化与平谷区合作，以泃河流域为重点，充分整合两地资源优势，加快推进沟域经济发展。四是强化交通与产业发展相融合，深挖邦喜二线沿线乡镇特色产业，重点打造邦均苗木花卉、穿芳峪乡村旅游、马伸桥蓝莓、出头岭食用菌等产业集群。

加强载体建设。一是高标准打造州河科技产业园区，借助中交疏浚集团强大实力，完善园区基础设施和公共服务，提升运营管理水平，做大做强以新型工业为主导的特色产业，盘活闲置地块和厂房，打造产城融合的示范园区。二是高标准打造新城休闲度假服务聚集区，主动联系北京相关部门、高校、医院等单位，争取引进教育医疗、旅游文化、健康养老、文化创意、科研院所和现代金融等项目，全力打造大健康、文创、教育和高新技术 4 大产业基地，生态养生、创新金融和生态旅游 3 大中心以及翠屏湖山水公园。三是高标准打造 B 型保税物流中心，做大做实汽车进出口、汽车零部件进出口和集散分拨、一般

进出口贸易、跨境电商＋第三方互联网平台四大主营业务，打造京津冀汽车集散中心和全产业链物流中心。四是高标准打造高铁蓟州站片区，坚持高标准规划、高水平建设、高效能管理，大力引进北京优质研发、旅游、文创团队和项目，建设绿色生态居住生活示范区，打造生态科技新区。

深化区域合作。一是多举措开展旅游合作，整合区域旅游资源，做大做强京东休闲旅游示范区。二是大力加强生态共建，开展矿产资源、森林资源、大气和水污染联防联控联治工作，让“蓝天”幸福值不断提高。三是全方位优化公共服务，加强京津冀教师交流，推动教育均衡化发展；借助京津冀名院名医管理、人才及技术优势，全面开展点对点合作，提升蓟州区医疗卫生水平；推进“平蓟三兴”区域绿色人才共同体建设，打造京津冀绿色人才集聚高地。

（五）倡导生态生活，进一步改善人居环境

大力推进乡村振兴。发展生态农业，聚焦南部平原低效农业和北部山区低效林果“两低农业”，精准推进产业提升，在京津冀叫响“好山好水好农品”品牌。推进一批农村一二三产融合项目，结合新一轮产业帮扶，确定产业帮扶项目，增加投资总量，夯实农民增收产业支撑。着力优化东南西北四大片区产业布局。东部在于桥水库周边，打造环湖生态经济发展带。南部平原洼区打造现代绿色农业示范区，主要种植优质麦稻和金玉兰菜等高端蔬菜。西部打造花卉苗木休闲观光区。北部山区是果品生态旅游休闲区，重点发展纸皮核桃、红香酥梨等优质果品。加强农村创业创新人才引进培养，农村带富致富人才不断涌现，有力带动村民就业增收。

改善农村人居环境。按照“生产发展、生活宽裕、乡风文明、村容整洁、管理民主”的要求，巩固新农村建设成果，建立健全长效管护机制。优化村庄建设布局。根据乡村的地理区位、资源禀赋、产业发展、历史文化、民俗风情、农民实际需要等要素，科学编制美丽乡村建设规划。合理安排村庄的产业平台、基础设施、农田保护等空间布局，注重空间布局、建筑形式、田园风貌和自然景观的融合。加快建设农村垃圾、污水集中处理系统，实现农村废弃物和人畜粪便无害化处理，促进农村人居环境和村容村貌根本改观。

培育多元繁荣的生态人文。深入开展国家生态文明建设示范区等系列创建活动和绿色细胞工程建设，培育生态道德意识，通过绿色政府机关创建、培育企业生态文化、倡导公众绿色消费意识等措施，提高各级政府、企业、社区和公众的生态道德、环境责任和保护意识。大力倡导勤俭节约、绿色低碳、文明健康的生活方式，广泛开展绿色消费行动，自觉抵制和反对各种形式的奢侈浪费，推进绿色低碳出行。促进资源节约和循环利用，美化社区环境，建设节能、高效、美观的人居环境。

（六）创新体制机制，提高生态文明保障能力

完善生态文明示范区绩效考核体系。以绿色考核制度要求为基础，将生态保护红线、单位生产总值能耗、城镇新建绿色建筑比例、公众绿色出行率、生态文明制度创新等多项绿色发展指标纳入国民经济核算体系，将绿色发展绩效评估结果纳入各级领导干部实绩考核范畴，重点考核各级领导干部加快经济发展方式转变、推进生态文明建设的相关决策部署以及资源环境保护等方面的情况。同时将考核结果严格落实应用，作为干部任用、提拔、奖惩和罢免等多方面的参考依据。

制定绿色经济激励政策。将生态文明建设示范区创建工作纳入政府财政支出计划重点，同时鼓励和支持社会资金参与生态文明建设，形成“政府主导、市场推进、公众参与”的多元化资金投入机制；加强金融信贷、税收等经济手段，划定不同等级企业分类，给予“环境友好型企业”利好贷款和税收条件，通过不同等级企业管理，引导企业向环境友好型方向发展；全面落实国家绿色采购要求，扩大政府绿色采购规模和范围，引导示范群众和企业进行绿色消费行为。

拓宽生态建设投融资渠道。构建多元化投入机制，拓宽投融资渠道。一是完善以政府公共财政为主导，市场化投资为补充的投入机制，形成多元化合力投入建设水生态文明城市的局面。二是在矿山综合治理方面，采用“项目分解、单独授信”和“代理股权融资”方式，取得银行贷款支持。三是以建设项目吸引社会资金投入。在污水处理厂建设方面，采用政府和社会资本合作

(PPP)模式,如天津天沧水务建设有限公司投资建设上仓污水处理厂提标改造工程;在矿山治理项目中,如东后子峪矿区利用矿坑进行改造,引进了伊甸园项目,建设以矿坑公园、商业服务为核心的国际化旅游项目。

完善生态环境法治制度。明晰矿产、水源、森林等自然资源的占有权与使用权,强化自然资源保护和监管。坚持资源公有、物权法定,清晰界定全部国土空间各类自然资源的产权主体,对自然生态空间进行统一确权登记,推进确权登记法制化。

创新驱动篇

南开区科技创新产业发展研究

（天津市经济发展研究院　辛宇）

党的十九大报告明确指出，创新是引领发展的第一动力，是建设现代化经济体系的战略支撑。其中，科技创新对经济社会发展的影响是突破性的、全局性的、根本性的。南开区是天津市重要的科技教育中心城区之一，区域科教资源富集，科技发展设施完善，科技服务机构云集。2019 年，南开区明晰“创新南开”功能定位，充分发挥区位优势，以启航湾创新产业区建设为重点，着力打造创新发展新平台，打通创新成果和产业对接通道，以科技创新带动全方位创新，激发市场主体活力，努力提升城区创新驱动、内生增长能级，为经济社会高质量发展提供了有力支撑。

一、南开区科技创新产业发展分析

（一）发展现状

1. 科技研发能力领先

南开区内有南开大学、天津大学等 8 所高校，国家级和市级科研院所 21 家、国家级重点实验室和工程中心 39 个、市级重点实验室、工程中心 65 个，聚集了 31 位“两院”院士、109 位“长江学者”等一批高端人才。2019 年上半年，全区研发投入占 GDP 比重近 9%，万人发明专利拥有量达 60.6 件。区内有效发明专利达 7132 件。

2. 科技创新产业基础坚实

目前，南开区拥有科技型企业 4936 家，其中中小企业 4774 家，规模过亿的科技型企业 77 家,国家级高新技术企业 184 家,培育出了中环电子、中汽工程等一批行业领先的智能科技企业,南开科技园被纳入天津国家自主创新示范区"一区二十一园","科技南开"优势显著。

横向对比来看,科技型企业认定方面,2019 年 1—10 月,全市有 5863 家企业通过国家科技型中小企业评价入库,南开区有 230 家中小企业入库,在 16 个区当中排名第 7 位;全市共评选出天津市雏鹰企业评价入库企业 1095 家,其中南开区有 43 家,在 16 个区当中排名第 7 位;全市共有 245 家企业通过天津市瞪羚企业评价入库,南开区有 11 家企业入选,在 16 个区当中排名第 8 位。上述 3 个指标,南开区均居市内 6 区首位。

表 1　2019 年 1—10 月各区科技创新企业评价进展情况

地区	国家科技型中小企业	雏鹰企业	瞪羚企业
全市合计	5863	1095	245
滨海新区	1941	396	92
武清区	706	68	15
津南区	454	72	18
西青区	429	198	19
北辰区	426	78	25
东丽区	380	65	16
南开区	230	43	11
红桥区	187	19	3
和平区	179	11	1
宝坻区	174	21	10
河北区	171	19	2
河西区	159	25	3
河东区	158	22	4
静海区	96	20	18
蓟州区	94	26	3
宁河区	79	12	5

资料来源:天津市科学技术局[EB/OL]. http://kxjs.tj.gov.cn/zhengwugongkai/zxgz/kjxzxqy/, 2019-12-09/2019-11-15.

技术交易方面，2019 年 1—10 月，全市共完成技术交易总额 465.9 亿元，其中，南开区完成 49.16 亿元，占全市的 10.55%，居全市第 2 位，仅次于滨海新区，领先优势明显。

表 2　2019 年 1—10 月各区技术交易情况

地区	技术交易金额（万元）
滨海新区	1183000.92
南开区	491603.37
武清区	439054.33
西青区	430383.36
红桥区	392782.20
河北区	337071.69
津南区	312625.91
河东区	281132.37
北辰区	203969.38
河西区	202134.35
和平区	122528.15
蓟州区	104338.59
宁河区	62970.45
东丽区	45913.78
静海区	28105.24
宝坻区	21232.31

资料来源：天津市科学技术局［EB/OL］. http://kxjs.tj.gov.cn/zhengwugongkai/kjtj/jsjy/201911/t20191105_147296.html，2019-12-09/2019-11-05.

3. 产业承载空间广阔

南开区科技楼宇加速智能科技企业集聚。为对接天南大等高校科研院所资源，聚集科技创新产业，2018 年，鞍山西道的启航大厦更名为启航创新大厦，同年，位于白堤路与鞍山西道交口的“万科时代中心”挂牌“启航智能科技大厦”，并面向全国启动招商。启航湾创新产业区把原有的毗邻南开大学的创新创业十字街区、环天津大学的青年湖片区和以启迪协信南开科技城为重点的西营门核心区连点成带。这一区域以智能科技为主导产业，同时涵盖产业链上下游的设计咨询、商务服务等产业，旨在打造高品质产业办公基地与智能科技创新产业聚集地。启航创新大厦主要承接天南大成果转化及创业项目，搭建创业孵化平台。目前，入驻企业 50 家，其中科技企业 31 家，科技企业租赁面积共计 10669. 8 平方米，科技企业数量占比 62% 、租赁面积占比 41% 。启航智能科技大厦重点引入大数据、云计算、互联网信息技术等高新技术的科技研发、产品设计、运营服务等产业。截至 2019 年上半年，已签约出租面积 12365. 76 平方米，入驻企业 17 家，签约量、客户到访量持续位居全市前列。其中科技类企业 12 家，出租面积 7800 平方米，占签约面积的 63% 。项目内的产业集聚效应明显，到访客户中科技类企业占比提高至 90% ，并有 8 家企业（含扩租）签约，共计 6349. 35 平方米，全部为科技类企业。

4. 创新创业氛围浓厚

南开区拥有国家和市级众创空间 15 个，建成了中汽智能制造机器人众创空间等一批智能科技载体，以金融街为代表的海光寺科技金融服务中心服务功能日益完善，创新创业氛围浓郁。2018 年，南开区支持立项 37 项科技重点项目、13 项贷款贴息项目，开展创新创业载体项目征集并支持立项项目 38 个，项目带动企业创新的作用明显；推荐 13 家区级众创空间进行市级众创空间备案，推荐 20 家区内中介服务企业获得市初创企业服务资格，高端创业孵化服务平台扩容增量。

5. 协同创新机制健全

2019 年，南开区在天津市范围内设立首个协同创新办公室，加强顶层设计和统筹谋划，打通体制机制障碍，推动创新产业发展，加快成果转化交易，提升政府配套服务，激发新旧动能转换，助推高质量发展。南开区持续发力整合高校、科研院所资源优势，全面推进大学校区、科技园区、公共社区“三区联动”，逐步实现学城、创城、产城“三城融合”。建立校区对接和共建共促工作机制，在推动产学研结合、培养创新型人才、深化科技创新合作、加速科技成果转化等方面深化合作。同时，搭建创新要素集合、科技成果转化交易、项目落地载体 3 个创新服务平台，完善创新服务链条引进和培育专业化科技服务机构，推动在全国有影响力的科研成果和产业化项目转化，吸引知名投资机构和投资人设立投资基金。

6. 科技企业融资渠道多样

南开区积极拓宽融资渠道，初步建立区级信用贷款风险补偿机制。优化创业孵化金融服务平台，鼓励企业走向资本市场，开辟直接融资新渠道，加大融资资本投入，与商业银行合作，为科技型中小企业提供信用贷款。引导各类商业性创业投资基金，如天使投资引导基金、创业投资引导基金、产业并购引导基金等入驻，通过市场化方式吸引各类投资机构参股科技企业，促进科技型中小企业快速发展。

7. 知识产权服务工作到位

南开区不断深入对区域内企业的知识产权服务工作。开展专利试点工作，重点围绕科技型中小企业进行专利布局，引导培育知识产权优势企业，提升企业知识产权创造和运用水平。深入驻区众创空间、孵化器、重点高校及科研院所等单位进行培训。加快知识产权服务平台发展，发挥综合服务优势，整合专利代理人、专利工程师、律师、咨询师、商标代理人等资源，为企业提供国内外专利、商标、版权等方面于一体的综合性知识产权服务。

（二）存在不足

1. 禀赋资源挖潜不够

丰厚的创业土壤、良好的产业基础、不可复制的土地资源，以及作为中心城区在文化、教育、医疗、法律服务等方面具有的综合优势，使南开成为智能科技创新产业发展的重要承载地。然而，日益发达的网络空间将原有的区位、科教资源、人才资源的禀赋优势逐渐弱化，资源整合、辐射带动、创新引领必将成为一个区域核心竞争力的关键。南开区在促进科研成果转化，真正把资源优势转化为发展优势方面还存在不足。

2. 高校创新资源发挥不足

坐落于南开区的天津大学和南开大学承担了大量国家“十三五”重点研发计划的重点项目，超过1000万研究经费的有30多个，拥有40余个天津市重点实验室、教育部重点实验室和国家重点实验室，然而天津市企业中的各级别重点实验室稀缺，南开区企业中仅有一个天津市重点实验室，企业创新源头力量不足，经济转型困难。

3. 科技创新产业生态不健全

科技创新产业内部有效衔接仍显不足，企业间缺乏联动发展，上下游串联效应尚不明显，缺少链条带动的应用场景。同时，缺少具有影响力的龙头企业，企业多集中在科技行业下游，距离进入国家战略视野，参与国际竞争还有一定差距。企业科技创新应用场景的深度还不够，目前大多数企业仍处于自动化向数字化过渡的层次和阶段，整体智能化应用水平不高。

4. 产业承载空间尚待整理

作为天津重要的老工业基地，南开区西部片区总面积9.8平方千米，区内沉积大量的工业老厂房，可开发土地面积2.97平方千米，是中心城区可开发利用面积最大的区域。然而，当前南开区内科技创新产业承载空间集聚程度仍然不高，科技创新的研发资源和制造资源较疏离。

5. 科技企业融资渠道有待拓宽

科技企业普遍具有高投入、高风险的特点，银行对此比较慎重，特别是中小型科技企业的贷款难度更大，多数企业都面临银行信贷和社会其他资金筹集的渠道不畅的问题。南开区对科技的财政投入有待加大，区级信用贷款风险补偿机制尚未完善，各类商业性创业投资基金入驻不多，市场化方式吸引各类投资机构参股科技企业的引导措施不够。

6. 总体发展水平与先进地区仍有差距

南开区作为天津市科技创新资源集聚的地区，从天津市整体的角度看，与先发地区相比，科技投入力度和创新产出仍显不足。以北京市为例，在科技投入上，2017 年，北京全社会研究与试验发展经费投入规模增至 1579.7 亿元，是同年天津市 458.7 亿元的 3.44 倍；在创新产出上，2018 年北京技术合同成交额 4957.8 亿元，是同年天津市成交额 725.2 亿元的 6.84 倍。南开区科技主导产业和科技领军企业的引领优势还不明显，产业聚集效应尚未显现。

二、国内先进地区发展经验借鉴

（一）北京市激发协同创新势能

北京市全力打造具有全球影响力的科技创新中心，通过强化央地协同、区域协同，形成创新"凝聚力"，通过一手抓基础研究布局，一手抓高精尖产业，提升科技"支撑力"。同时，深化科技领域"放管服"改革，打造创新人才高地，释放创新"新活力"。北京市鼓励建立实验室专注于智能科技研发，培养产业高端人才，加快两化融合，现已创建 3 家国家级制造业创新中心、11 家市级产业创新中心、28 家国家技术创新示范企业、92 家国家级企业技术中心，国家级高新技术企业累计达 2.5 万家。2012 年以来，在京单位主持完成的国家科学技术奖累计达 500 余项，约占全国三分之一。在新动能培育上，2018 年，北京新经济增加值占地区生产总值的比重达三分之一，知识密集型服务业增加值占比达46.8%，北京全员劳动生产率达 24 万元/人，排名全国第一。在创新生态方面，2018 年，北京平均日增科技型企业约 200 家，创业投资额占全国比重约三成，位居全国第一，独角兽企业 82 家，占全国近一半，全市国家级高新技术企业累计达 2.5 万家。

（二）上海市以金融助推科技创新

上海市利用其人才、资本、市场、产业、环境优势，积极打造智能科技高地，对尖端人工智能领域人才形成巨大虹吸效应。上海市科技金融创新走在全国前列，特别是区域性股权市场设置科技创新专板和基于"六专机制"的科技型企业全生命周期金融综合服务，列入国务院办公厅印发的《关于推广第二批支持创新相关改革举措的通知》当中，将在更大范围内复制推广。截至 2018 年末，上海股交中心科技创新板挂牌企业总数达 223 家。其中，科技型企业 208 家，创新型企业 15 家，分布于先进制造、信息技术、节能环保、生物医疗等 20 个新兴行业，已有 130 家次挂牌企业实现股权融资额 17.95 亿元。经过数年的探索，上海银行业科技金融专业化机制已初步建立。截至 2019 年 6 月，上海辖内科技型企业贷款余额 2611.86 亿元，较年初增加 187.55 亿元，增长 7.74%；科技型企业贷款存量客户 6973 户，较年初增加 982 户，增长 16.39%。2015 年 7 月，上海银行在全国首创"远期共赢利息"业务模式。截至 2018 年末，上海银行以"远期共赢利息"业务共支持了 222 户科创企业，累计授信 16.57亿元，户均 746 万元。

（三）深圳市推出特色人才和金融政策

深圳市结合产业结构特色，注重智能科技创新产业与制造业的融合发展，着力打造全国智能制造发展示范引领区。深圳市在科技创新人才激励、科技金融产业发展等方面十分有特色。人才激励方面，一是资金支持，深圳市对引入的海外高层次人才团队给予最高 8000 万元的专项资助；二是人才绿卡，深圳前海新区率先开展海外高层次人才绿卡（永久居留权）集中办理试点，同时允许大学应届毕业生直接落户，往届生和有工作经验的人才实行弹性积分制落户；三是生活配套激励，深圳给予人才安家补贴、人才公寓和住房补贴、子女入学、培训补贴、个税激励、医疗服务、社会保障补贴和职称评定等方面的配套政策。科技金融方面，一是对接企业投融资需求，主动提供政府主导的投融资服务，例如"投、贷、保"联动的"深创投""高新投"等融资服务模式，培育上市公司百余家，以小微企业集合担保信贷解决中小微企业融资难融资贵的问题，以资金池为依托，提供打包投融资对接服务的科技金融服务中心模式，同时，积极对接企业上市融资需求，对中小企业在改制、辅导、上市的不同阶段给予资金资助；二是广泛提供财税政策支持，对科技创新企业提供一次性落户激励、新购置和租赁自用办公用房一次性补贴、连续三年租房补贴、创业投资风险补助等政策。

（四）苏州市加快布局战略新兴产业

2018 年，苏州研发投入占 GDP 比重达 2.82%，科技进步贡献率达到 63.5%，科技创新综合实力连续 9 年位居江苏省第一。苏州市加快发展战略性新兴产业，紧密跟踪国际科技创新发展的最新趋势，加强前瞻布局，大力开展科研攻关和科技成果转化，加速占领技术制高点，加快形成一批具有自主品牌的重大产品，着力培育未来主导产业，切实提升产业技术创新能力和竞争力。2018 年，战略性新兴产业和高新技术产业产值占规上工业总产值比重分别为 52.4% 和 47.7%。苏州市建立了世界级人工智能产业园区，发展仿真机器人、生产型机器人等顶级智能产业，加快智能科技与优势产业领域融合发展，围绕园区合理布局产业结构，并面向全球延揽人才。目前，苏州工业园区纳米技术产业、苏州高新区生物医药及医疗器械产业、昆山高新区机器人和智能装备产业等均已初具规模。苏州市注重强化创新型企业梯队建设，实施雏鹰计划、瞪羚计划，建立覆盖企业初创、成长、发展等不同阶段的政策支持体系，推创新要素向企业集聚，创新政策、科技服务、科技平台向企业集成。截至 2018 年底，累计 1665 家企业入选江苏省培育库，1901 家企业进入苏州市培育库，省级以上企业研发机构超 1200 家，国家高新技术企业 4464 家、省级民营科技企业 14828 家。

（五）杭州市打造特色科创平台

杭州市双创生态、科技创新平台布局全国领先。建成了一批以人工智能为特色的众创空间、孵化器、特色小镇。之江实验室、北京大学信息技术高等研究院、阿里达摩院等创新重器，重点布局人工智能领域。杭州市还打造特色小镇作为大众创新创业的新空间，着力打造云栖小镇、梦想小镇、基金小镇和云谷、西溪谷、传感谷“三镇三谷”，各具产业特色，降低创业成本，注重保留人文情怀，集聚新兴业态。为了帮助创业者充分利用公共技术平台，杭州市还向创业者派发免费使用公共技术平台大仪器的“创新券”。此外，杭州市土地供应和管理创新业极具特色。杭州高新区优化创新项目用地保障机制，支持企业做大做强。支持政府产城融合开发建设，土地容积率上升到3.0，为成长型企业、领军企业预留发展用地空间。

（六）先进地区科技创新产业发展经验启示

总体来看，先发地区结合本地资源禀赋，立足本地产业特点，出台相应的培育科技创新产业发展支持政策，对科技创新产业与传统产业深度融合、科技金融政策创新、高端人才引育结合等方面尤为重视。

对比来看，南开区科研资源区位优势明显，但在科技创新产业人才引育，特别是发挥天津大学、南开大学等科技创新潜力方面亟待提升。鉴于南开区区内企业关键支撑技术和核心基础部件掌握不足，科技创新产业与相关产业融合度不够，科技创新产业链、科技创新产业聚集带仍需规范建立，全区科技创新产业的创新提升、做大做强仍然任重道远。下一步，南开区应在吸引培育科技创新产业高端人才等方面加大力度，进一步优化产业布局。

一是加快科技创新产业与高校科研深度融合。围绕南开区高质量发展需要，将南开大学优势学科和人才聚集优势与南开区属地服务以及区域发展生态优势紧密结合，助推南开大学世界一流大学建设，促进科技成果在南开区的转化和产业化发展，加快高层次人才的聚集和培养，营造创新创业良好氛围，实现“大学校区、科技园区、公共社区”三区联动发展。

二是加大政策、资金、项目支持力度。在推进启航湾创新产业区三城融合发展、升级科技成果转移转化服务平台、支持建立特色创投基金集群、完善创新型企业梯度培育体系4个方面加快步伐。

三是加强与先进地区学习交流。积极引入北京、上海、广东、浙江等地优势科研力量、先进科技创新产业，吸引先进地区智能科技领域的全链条科技服务平台落户南开，加快搭建一站式科技服务中心。

三、新时代南开区科技创新产业发展重点

（一）积极推动重点传统产业转型升级

拓展科技创新产业应用场景，推进科技创新成果在智能医疗、智能制造等行业设施互联、系统互通、数据共享、产业互融，打造覆盖生产全流程、管理全方位、产品全生命周期的智能工厂，形成有影响力、有带动作用的智能制造示范企业。以传统产业智能化改造为重点，依托九安电子、南大生命科学院、中国医学科学院生物医学工程研究所等知名企业和机构，开展以可穿戴设备为代表的智能医疗终端产品研发，推广“智能医疗”应用示范，打造移动医疗智能终端设备研发基地和“智能医疗”服务基地。依托中环电子、中国汽车工业工程公司等优势企业，以智能制造装备组件为重点，积极开展智能仪器仪表和集成电路设计研发，着力培育机器人产业，打造智能制造装备组件研发基地。

（二）加快培育新兴智能科技研发

充分发挥天津大学、南开大学等高校、科研院所及创新平台的科研优势，积极布局智能科技前沿基础理论研究，重点突破大数据智能、跨媒体感知计算、人机混合智能、群体智能等基础理论。承接好国家新一代人工智能重大科技项目，前瞻布局高级机器学习、类脑智能计算、量子智能计算等前沿技术。推动人工智能与神经科学、经济学、社会学等基础学科的交叉融合，加强引领人工智能算法、模型发展的数学基础理论研究。

（三）打造科技创新综合体

按照“高端聚集、城产融合”的思路，甄选南开区内率先开发的地块区域建设顶级制造业载体空间，加快规划设计，引入社会资本，推动开发建设。借鉴深圳科技园区建设经验，与央企合作开发，探索“工业上楼”产业载体新模式，规划打造规模化的研发孵化、智能制造园区，培育集研发、生产、办公于一体的

地标性制造业总部楼宇，让"摩天大楼里机器响动"，着力提高土地集约化利用效率，破解中心城区发展的空间瓶颈。同时，推进老工业厂房提升改造，将一些有利用价值的工业厂房智能升级，推出一批"老厂房转型 + 新经济集聚"的改造项目，打造样板车间、样板工厂，为快速成长期的企业提供加速器转化。

四、南开区科技创新产业发展路径

（一）加大政策扶持力度

加快设立具有一定规模的政府引导基金，通过市场化的运作模式撬动更多社会资本，重点支持智能科技创新产业发展、传统产业智能化改造、智能应用等方向，引进一批知名创投机构和产业资本落户南开区。大力培育科技型中小企业，引进和培育一批智能科技领域的"独角兽""专精特新"企业，推动智能科技创新产业形成规模化效应。

（二）探索成立环天南大创新创业孵化器园区

以南开区启航大厦为起点，盘活周边呆、闲置办公楼宇，打造孵化器办公、共有产权公寓，形成产业聚集区。建立高校—企业创新合作中心，发挥天津市科研经费的作用，改变申报项目资助方式，以低价租金形式支持博士和导师、博士后在人工智能、健康医疗、新材料、新能源等重点支持领域进行创新创业。

（三）积极培育高技能人才

依托企业培训资源，加快构建名师带徒、大师引领、项目定制的梯次式培养体系。鼓励企业公共实训基地开展高技能人才培养，遴选师资力量雄厚、具有行业影响力的企业公共实训基地，建设一批高技能人才基地。

（四）加大引进高端人才力度

抓住实施"海河英才"行动计划机遇，建立南开创新创业服务中心，搭建人才服务交流平台，制定高端人才引进培养政策，通过专项资助、子女教育、住房等优惠待遇，为各类高端人才提供精准化、定制式服务，吸引人工智能领域高端人才、智能科技创新产业专业技能人才、高学历复合型人才聚集南开。学习先进地区经验，提供长租人才公寓，服务落户南开的创新创业高层次人才。探索在津创新创业的外籍人士申报天津市各类科技奖励机制，为其提供科技创新国民待遇。

（五）完善科技金融服务体系

金融是科技创新的强力支撑，要围绕做强科技金融高端服务，进一步完善以银行、保险、证券为主的金融服务体系，拓展服务功能，更好服务智能科技创新产业发展。推动将串联起小白楼、滨江道、海光寺等重要商圈的南京路向西拓展，打造长江道创意商务新干线。发挥南京路品牌效应和辐射带动作用，在长江道沿线加快布局一批高端金融楼宇，促进大型金融机构和创新型金融机构聚集。同时，主动融入全市金融创新运营示范区建设，对接滨海新区政策体系，在区域内进一步开放融资租赁、保理等金融产业政策，解决企业差异化融资需求，增强科技企业融资能力，推动海光寺科技金融服务中心成为天津自贸区合作拓展区。借鉴先进地区经验，大力培育互联网金融、供应链金融、征信服务、移动支付新业态，推动金融科技融合发展。

（六）营造优良营商环境

持续深化“放管服”改革，放宽市场准入条件，加快建设“政务一网通”平台，实现企业群众办事“最多跑一次”、投资兴业“成本可预计”。以开展“双万双服促发展”活动为契机，深入实践“产业第一，企业家老大”理念，当好“店小二”，切实清除制约发展的“痛点”和“堵点”。着力解决政策体系分散化、碎片化问题，深化政策解读，推进政策公开和精准推送，为企业家提供全面、及时、便捷的政策服务。

滨海 - 中关村科技园创新体制机制研究

（天津市经济发展研究院 周腾飞）

区际合作产业园区是跨区域产业协作的一种重要形式，不仅能有效整合合作双方各自的优势，形成共赢的协同效果，也能深化和完善跨区域合作，促进区际协调可持续发展。天津滨海 - 中关村科技园作为京津合作的标志性平台，自挂牌以来取得显著成效，但也存在一系列内部和外部问题。在京津冀协同发展持续推动的背景下，对天津滨海 - 中关村科技园科技创新体制进行深入研究，对理顺园区发展面临的深层次问题，建设符合京津资源禀赋、聚集高端创新要素、产业特色鲜明的国际一流科技研发及成果转化示范园区具有重要意义。

一、科技园基本概况和建设成效

（一）基本概况

滨海 - 中关村科技园位于滨海新区北塘地区，占地面积 10.3 平方千米。其前身是 2009 年启动建设的北塘经济区，2014 年，北塘经济区划归天津经济技术开发区管理，更名为北塘企业总部园区。2016 年 9 月 18 日，李鸿忠书记到北塘企业总部园区视察，做出建设滨海 - 中关村科技园的重大决策。2016 年 9 月 28 日，京津两市政府签署了加快建设天津滨海 - 中关村科技园合作协议，中关村管委会和滨海新区政府签署了共建天津滨海 - 中关村科技园协议。2016 年 10 月，根据共建协议，北塘企业总部园区更名为天津滨海 - 中关村科技园，并成立科技园管委会。2016 年 11 月 22 日，天津滨海 - 中关村科技园管委会正式揭牌。

科技园规划人口 8 万人，目前常住人口 3 万人。从区域位置来看，北临中新天津生态城，南至天津经济技术开发区，西临滨海高新区。从交通优势来看，距离市中心约 150 千米，距离滨海国际机场 35 千米，距离京滨城际铁路滨海高铁站 10 千米，距离京津城际铁路于家堡高铁站 10 千米，周边拥有京津高速、京津塘高速两条高速公路，与滨海新区核心区、天津市区和北京形成便利的交通体系。2020 年，Z2、Z4 两条轻轨线（地铁）将经过科技园，可直达滨海高铁站、于家堡高铁站和滨海国际机场。从生态环境来看，东临渤海湾，是蓟运河、永定新河、潮白河三河交汇入海处，生态环境优美。从产业定位上看，科技园作为“零工业”城区，将重点发展新一代信息技术、生物与生命科技两大主导产业，积极构筑科技金融与科技服务业高地。

（二）建设成效

突出体制协同，建立了“共管共建共运营”的创新管理机制与工作机制。京津两地政府成立了天津滨海 - 中关村科技园领导小组，由两市常务副市长任组长。由滨海新区政府与中关村管委会作为滨海 - 中关村科技园合作主体，共同设立天津滨海 - 中关村科技园管理委员会，管委会设双主任。由天津中关村科技园运营服务有限公司作为园区市场化运营的主体平台。“共建共管共运营”的管理机制使京津对话机制更有效，从源头上打破思维束缚。

突出政策协同，推动中关村和滨海新区先行先试政策交叉覆盖、叠加发力。京津两市政府、中关村管委会与滨海新区始终在探索通过两市创新政策叠加覆盖，建立一个双自联动政策先行先试、探索建立跨区域协同发展利益共享机制。印发了《关于支持天津滨海 - 中关村科技园创新发展的若干措施》，从政策支持、产业布局、人才聚集、金融服务等十个方面制定了具体支持政策，京津冀市场要素配置更加有效。

突出产业协同，积极承接北京非首都功能疏解。园区主动承接北京非首都核心功能转移，园区揭牌以来至 2019 年 3 月，注册企业 1061 家，注册资金 110.96亿元，其中科学研究和技术服务业、信息服务业两大行业企业占比近

50.2%，北京企业占比近25%。重点落地了天津滨海－中关村协同创新示范基地、中关村智造大街、中关村军民科技协同创新孵化中心等中关村平台项目，中创信测、威努特、致导科技、太和智胜、卡雷尔、科芯等一批北京高质量项目均已入驻。

突出发展模式和服务方式创新，做好中关村科技服务链的延伸拓展。努力打造类中关村创新创业生态系统，天津（滨海）海外人才离岸创新创业基地在科技园挂牌，着力吸引海外人才、聚集高新技术项目。中国（滨海新区）知识产权保护中心落地，将面向天津市的高端装备制造、生物医药产业等企业打造集知识产权申报、保护、运用、管理等于一体的全链条服务支撑。同时，引进了北京凯文国际学校、北京蓝天幼儿园、天津市昆明路小学等优质教育资源，启动建设了科技园商业街，引进了一批书吧、餐饮等生活配套项目，白领公寓、文体中心等优质生活配套逐渐完善，宜居、宜业、宜创的科技产业新城正在形成。

二、科技园发展困境分析

（一）科技园发展面临的外部问题

一是与津冀相似园区存在激烈竞争。北京中关村作为中国第一个国家自主创新示范区和国家级高新技术产业开发区，在国内外具有领先的技术创新能力，被称为“中国硅谷”，是各地政府争相合作的对象。据不完全统计，当前与北京中关村园区管理委员会签订合作协议的地方政府已经超过40个，合作区域分散在全国各地。在津冀两地，截至2018年底，中关村国家自主创新示范区与津冀共建的协同创新共同体共有11个，其中天津2个，分别是宝坻京津中关村科技城以及滨海－中关村科技园；河北共9个，包括最新成立的雄安新区中关村科技园。这些园区的产业发展方向基本上都是高端装备制造、新能源、新材料、生物医药等新兴产业，园区之间产业同质化程度高，相互之间存在着竞争。

表1　津冀与北京中关村共建园区情况

序号	园区名称	重点发展产业	地点	面积（km^2）	协议签署时间
1	宝坻京津中关村科技城	能源互联网、新材料、生物工程、先进装备制造	宝坻	14.5	2013.11
2	中关村海淀园秦皇岛分园	节能环保、高端制造、生物工程及新医药、电子信息	秦皇岛	128	2013.11
3	中关村（曹妃甸）高新技术成果转化基地	海工装备、新能源、高端装备、新材料、海水淡化	曹妃甸	0.127	2014.7
4	天津滨海－中关村科技园	移动互联网、生物医药、集成电路、高端制造业	滨海新区	10.3	2014.8
5	张家口（张北）云计算产业园	云计算、智慧产业	张北	5	2014.8
6	中关村丰台园保定满城分园	新能源、新材料、生物制药、高端装备制造、轨道交通	满城	24.37	2014.9
7	石家庄（正定）中关村集成电路产业基地	集成电路设计、制造和封装测试及装备制造	正定	30	2014.12
8	中关村昌平园怀来分园	电子信息、生物医药	怀来	2	2015.1
9	保定中关村创新中心	智能电网、智慧能源、新一代信息技术、高端装备研发	保定高新区	0.062	2015.4
10	京津冀大数据走廊	大数据、节能环保、大健康	承德	5	2015.8
11	雄安新区中关村科技园	节能环保、智慧城市（与相关企业签署战略合作协议）	雄安新区	待定	2017.12

二是区域性相关制度抑制中关村企业转移。企业转移导致迁出地政府税收流失成为迁出地政府不愿进行企业转移的一个较大制度因素，特别是在利益分享和成本分担机制未建立健全之前。目前，现有的京津冀区域税收分项的规定为财政部和国家税务总局2015年发布的《京津冀协同发展产业转移对

接企业税收收入分享办法》。该办法确定的企业门槛过高，适用的企业为由迁出地区政府主导、符合迁入地区产业布局条件、且迁出前 3 年内年均缴纳“三税”大于或等于 2000 万元的企业，对有意向转移的中小企业不适用。另外，该办法并没有具体实施细则，导致政策落地困难。

三是北京周边郊区发展诉求挤压了包括科技园等在内的京津、京冀合作园区的发展空间。北京市各区之间存在非均衡发展现象，以 2017 年为例，海淀、朝阳、东城和西城四区经济总量占全市 16 个区的三分之二，海淀区的产值是延庆区的 40 多倍。因此，客观分析，北京较落后的区存在巨大的发展压力和潜力，需要吸引北京核心区域的产业来加以支撑。另外，北京中关村国家自主创新示范区“1 区 16 园”的区域布局及建设均需要优质企业进驻和带动。在这种情况下，北京市更有动力将其核心优势产业转移至北京周边各区，而非进行跨行政区划的省际转移。

四是国家重大战略实施导致中关村企业处于观望状态。北京副中心建设促使北京发展重点向东转移，这不仅是人员的转移，也是产业发展中心的转移。按照北京规划，到 2025 年，通州区将建成包括信息软件、智能制造等在内的七大千亿级产业集群。另外，雄安新区作为重点打造的国家级新区，必然作为北京非首都核心功能疏解的集中承载地，越来越多的优质企业、知名大学及科研机构都希望入驻雄安新区。北京城市新布局和雄安新区建设预期使中关村相关企业处于等待和观望中。因此，天津滨海 - 中关村科技园作为承接平台之一，吸引中关村创新资源入驻的难度较大。

（二）科技园自身存在的问题

一是科技园行政归属不确定、功能定位不明确。科技园在行政归属上变动频繁，早先归属开发区，后又划归中新生态城，现由中新生态城代管，未来归属仍面临调整。2016 年京津两市签署的《北京市人民政府、天津市人民政府加快建设天津滨海 - 中关村科技园合作协议》将科技园定位为“京津冀全面创新改革的引领区、吸引聚集全球创新资源的高地、京津冀协同创新共同体建设的示范区”，定位宏大，但实际行政管理层级较低，与定位不匹配。由此导致以下两个方面的问题:第一,政策延续性不够、兑现滞后甚至难以兑现。科技园归属不定,相关领导变更频繁,加之科技园没有独立财政,导致企业入驻科技园后,税收返还等相关政策兑现困难,随着时间推移,其负面影响日益显现:已经入驻的企业存在迁出风险;孵化器在招商过程中不敢承诺,给招商引资带来负面影响。第二,科技园管委会政策构建权限及能力不足。在制定相关政策措施实施细则、推动现有先行先试政策交叉延伸覆盖、探索跨区域利益共享机制创新试点等方面权限不足。在实际执行层面,缺少个性化产业优惠政策,项目吸引力优势不足。科技园目前只是执行天津市、滨海新区的普惠政策。北京中关村多项创新发展政策和试点政策在科技园难以落地并缺乏配套细化政策。

二是缺乏清晰的功能定位和产业定位。科技园之前为北塘经济区,主打生态旅游,制造业基础相对薄弱,园区内没有规划工业用地,调研中发现部分企业研发成熟后需要将生产基地设立到科技园之外。例如智能硬件、生物医药是科技园规划的主导产业,但由于没有工业用地,智能硬件企业无法在科技园进行生产,大部分从事生物医药产业的企业由于环保、土地规划等限制也无法落户科技园。科技园与开发区、保税区、高新区、中新生态城等功能区缺乏联动产业承接规划及实施方案,科技园外溢企业难以保障留在滨海新区,有的外溢企业甚至落户到其他省市。

三是利益共享和风险共担的长效合作机制尚未完善,制约园区合作向深层次推进。目前,科技园已经建立了宏观决策层面的科技园领导小组、中观实施层面的管委会和微观运营层面的开发公司的组织架构,但具体合作相关的利益共享和风险共担的机制较少涉及。合作双方利益共享风险共担的长效合作机制是区际合作成功的制度保障,特别是天津滨海－中关村科技园对北京中关村需求远大于后者对前者需求。在这种情况下更需要建立一个符合滨海－中关村科技园实际情况的长效合作机制,如明确京津双方资本投入数额和比例、后续的税收和利益分配、合作退出方式及相应的争端解决机制等。

四是科技园产业承接能力较弱影响中关村企业转移。从产业承接的硬环境来看，科技园基础设施建设和社会配套相对较好，但从产业角度看，科技园成立时间较短，之前主打发展生态旅游，在滨海新区内属于发展欠佳和准备发展的新兴区域，产业发展基础较弱，相关产业发展处于起步阶段，希望引进北京企业发展自身，与北京中关村产业依赖性低，上下游关联度弱，无法通过产业合作、资源共享、产业融合的方式形成良好的产业互动。统计数据表明，北京技术转移更多地流向产业配套能力更强的长三角和珠三角地区，而非物理距离更近的津冀地区。从承接的软环境来看，科技园与北京产业政策上协同性不够，主要体现在企业部分资质尚未完全互认。以国家高新技术企业为例，在北京市取得国家高新技术企业资质的企业，在将其企业注销整体迁移至天津后，可在天津直接确认国家高新技术企业资质，不需另行报批。但在未注销的情况下在天津设立子公司，需要在一年后申请相关资质，对项目经营造成一定影响。

五是营商环境仍需进一步优化。制度性交易成本仍然存在。由于科技园行政归属不定且部分行政审批事项未下放至科技园，企业申请部分资质和奖励找不到对口管理部门，办理时限长、效率低。交通等基础设施配套不完善。科技园尚未开通地铁，公交车线路较少，发车频次较长；电车只差三千米未通到科技园，没能通过电车实现与地铁 9 号线的接驳。没能解决引进的北京高层次人才子女教育问题，与上学、买房相关的个税及社保缴纳证明与北京不能互认，入学依然与户口、住房挂钩。

三、国内先进园区发展经验借鉴

（一）北京中关村

供给端和需求端出台惠及创新创业、服务科技创新的先行先试政策。从便利国际人才出入境、开放国际人才引进使用、支持国际人才兴业发展、加强国际人才服务保障 4 个方面提出了 20 条人才政策。出台了全国首个地方性支持促进人工智能产业发展的政策——《中关村国家自主创新示范区人工智能产业培育行动计划(2017—2020年)》,着力打造具有国际影响力的领军企业和具有技术主导权的产业集群。促进创新资源融通发展,将原有的几十个资金政策进行整合,形成了“1+4”政策体系。

持续打造原始创新策源地。加强企业、高校科研院所间的融通创新,推动中关村企业与在京高校瞄准前沿尖端领域共同筹建国家工程实验室。探索建立新型研发平台,支持北京大数据研究院建设大数据研究平台,推进中国科学技术大学“1+2”协同创新平台建设,设立北京量子信息科学研究院,打破科研单位人员编制化、工资额定化的模式,实行与国际科研机构接轨的人员聘用制、薪酬灵活化模式。

产业驱动。中关村以科技创新引领高精尖产业发展,以互联网、智能制造为标志的高精尖产业发展势头强劲,对区域经济发展的带动作用更加显著。中关村作为北京科技创新的排头兵,着力在构建以“高精尖”为特征的经济结构上下功夫,大力发展与功能定位相适宜的战略性新兴产业,在人工智能、新一代信息技术、集成电路、生物医药、智能装备、新能源智能汽车、新材料、软件和信息服务业等领域形成了一批科技含量高、发展潜力好、带动作用强、战略意义大的领军企业,成为构成北京“高精尖”产业发展的创新引擎。

(二)上海张江

大力推进体制机制创新。2011年,张江示范区就制定了《关于推进张江核心园区建设国家自主创新示范区的若干配套政策》(简称“张江创新十条”)。“张江创新十条”是对上海市示范区政策的有效叠加和补充,也是张江核心园区政策创新的亮点和突破口。围绕“张江创新十条”,张江核心园区在股权激励机制、人才建设、科技金融改革等方面进行了一系列的先行先试,取得了一系列突破,进一步优化了创新创业环境。

着力聚集高端人才。张江示范区着力聚集高端人才,2018年上海市人力资源和社会保障局与浦东新区人民政府签署了《关于支持张江和自贸区人才工作合作备忘录》,提出一系列人才培养和引进的政策。积极支持外国高端人才服务“一卡通”制度在浦东新区张江和自贸区先行试点；简化浦东新区张江和自贸区外资研发中心聘用外籍人才的申请条件、材料和流程；开通张江核心区域重点机构人才引进绿色通道；积极支持海外人才招聘、组团赴境外培训、高层次人才培养选拔以及高技能人才培养基地建设等工作；积极盘活存量用房资源，打造集中面向张江地区博士后和青年人才的市级示范性博士后公寓。

支持战略新兴产业发展。张江示范区已形成科技创新和新兴产业的战略高地。通过支持企业或相关单位研发和转化国际领先的科技成果，引进跨国公司的研发中心和功能总部；支持构建产学研用战略性新兴产业的创新联盟；支持符合张江示范区新兴产业发展规划的特色产业基地建设，为引进重要企业或机构实施开展配套服务等措施，张江已形成新一代信息技术、集成电路、高端装备制造、生物医药、节能环保、新材料、新能源汽车等战略性新兴产业集群，文化创意产业也取得长足发展。

加强国际技术合作。张江示范区整合利用国际科技创新资源和市场的现实需要，依托国际技术转移功能集聚区，与美中合作发展委员会达成战略合作备忘录，建设张江示范区波士顿园。同时，在硅谷设立了“中国上海－张江国家自主创新示范区硅谷微技术产业园”，加强与国际先进技术的互联互通。另外，通过张江高新区欧盟联络处等渠道，与法、英、德、丹麦等欧盟国家，新加坡、泰国等东盟国家以及俄罗斯、以色列、南非等政府部门和机构建立了稳定关系，促成了一批项目的落地。

（三）武汉东湖

营造创新创业环境。一是完善法制环境，颁布实施《东湖国家自主创新示范区条例》，以法规形式保护改革者，激励创新者。二是优化政策环境，前后出台“黄金十条”“创业十条”“互联网＋十条”“对外开放十条”等政策，形成人才、资本、产业等 6 大政策体系。三是改革政务服务环境，设置了行政服务局，一个章管审批，从头到尾。四是培育创新文化环境，弘扬“鼓励创新，宽容失败”的文化，形成了“创业—成功—再创业”“创业—失败—再创业”的光谷文化和潮流。

聚集全球创新要素。一是集聚人才，研究出台建设“光谷人才特区”专项政策，深入实施“新九条”“黄金十条”“创业十条”等政策，出台《武汉东湖新技术开发区“3551 光谷人才计划”暂行办法》。二是集聚资本，推动设立区域要素市场、股权投资、风险投资机构完善创新链资金链。三是集聚创新平台，依托武汉大学、华中科技大学等多所国内外知名高校和中国航空研究院 610 所、航天化学动力技术研究院等科研院所，联合建立产业技术研究院，每个研究院均建立科技成果项目挖掘机制和工程化开发平台，并设立相应的孵化机构和投资基金，加强与市场、人才、资本对接。

重点打造新兴产业集群。武汉东湖走出了一条具有光谷特色的创新驱动发展之路，集聚了 1800 多家高科技企业。强化“一芯引领”，持续重点支持光通信、集成电路等领域核心技术攻关，始终坚持发展特色产业；紧扣光电子信息、生物医药及医疗器械“两大集群”，高起点培育新兴产业；互联网 + 领域发展势头良好，人工智能和工业机器人领域，中高档数控系统、超重型数控机床、三维打印、工业机器人等方面形成一定竞争优势；“芯—屏—端—网”万亿产业集群加速崛起。

四、科技园未来发展建议

（一）坚持招商引资和本土培育双轮发展思路

精准对接北京科技创新的主体和机构，有效衔接科技园移动互联网、生物医药、集成电路等产业发展方向。超越现有的产业园和科技园区，积极吸引总部在北京的大企业和一些大院大所的分支机构等高端项目，在合作方式、机制设计等方面营造独特的吸引力。把天津本土企业的培育与发展壮大作为滨海中关村科技园的内源驱动，夯实产业基础，在相关产业形成一批融入京津冀产业链条的实力企业。针对产业承接能力较弱的问题，推动科技园与其他功能区联动发展，研究制定天津滨海 – 中关村科技园“四区联动”产业承接规划及实施方案,在招商引资中保障项目引进和落地,在技术创新的具体应用中实现联动发展。

(二)合理确定科技园的行政归属

调研过程中企业反馈的许多问题,如相关领导变更频繁、科技园行政层级与定位不匹配导致企业入驻后体验有落差、业务办理和人员组织关系归口管理部门不确定、政策兑现困难等,其根源都在于科技园行政归属不定、提高了科技园企业的制度性交易成本。因此,建议尽快明确科技园的行政归属。具体实施中有两种路径选择:一是由滨海新区直管。围绕协同发展、创新改革等方面进行先行先试,探索在京津冀协同发展方面形成可复制可推广的经验。二是将科技园纳入某一功能区管辖,并在一定时期内保持稳定的管辖关系,使企业了解业务找谁办、去哪儿办,确保政府奖励能申请、政府政策能兑现,使引进和孵化的企业留得住、发展好。

(三)构建利益成本相匹配的多层次长效合作机制

在科技园和中关村需求程度不对等的情况下,制定滨海新区和北京市双方均能接受的合作机制是当务之急。京津合作双方应根据各自的合作目标和利益需求点,根据科技园自身发展状况,构建包含合作双方权利、责任、收益、风险以及退出方式等在内的较为详细的制度框架和协调机制。另外,科技园作为两地地方政府示范性合作项目,存在着非市场性特点。因此,科技园应积极建立跨地区的行业协会联盟或新的行业协会组织,共同参与制定区域行业发展规划和区域共同市场规则,探索京津地区各类市场资源的对接与整合。

(四)积极推动京津政策协同

一是探索政策先行先试,打造科技创新的制度高地与政策洼地。建议市政府或滨海新区政府与北京加强沟通,在更高层次上推动北京中关村和滨海新区先行先试政策在科技园交叉延伸覆盖。提升科技园管委会在跨区域利益共享机制探索、运营管理、资金投入、招商引资等方面的政策构建权限。二是积极推动京津企业资质在更广层次互认。对于国家高新技术企业等国家认定的资质,企业在科技园设立子公司的,设立相对便利的资质申请条件,乃至直接确认国家高新技术企业资质;对于由北京向天津疏解的企业,经备案后,允许保留原有工商注册名称。三是着力解决科技园与北京中关村产业配套关联度不足、现有产业链互动支持不足的现实问题。聚焦新一代信息技术、生物与生命科技等重点领域,有针对性地开展定向招商,鼓励北京中关村技术领先企业通过京津冀众创联盟等产业联盟,参与制定我市行业技术标准,增强对承接项目的吸引力;搭建金融等领域服务平台,完善产业创新配套体系,有效支撑落地企业的可持续发展。

(五)加强政务诚信建设,确保政府承诺兑现

招商部门向企业做出的政策承诺要严格依法依规,不得违法违规承诺优惠条件,对合法合规的政策要严格兑现,不得以政府换届、相关责任人更替等理由不执行。对于因特殊原因暂时无法执行的承诺,及时向企业解释原因,并明确政策兑现时间表。积极做好政府诚信维护工作,营造良好投资环境,保障企业合法权益。

(六)加快完善公共服务体系

进一步优化创新创业的营商环境,持续聘任国内外一流的双创导师,加强与德国、芬兰等国家建立国际创新孵化合作。加快完善交通配套设施,增加公交车线路并提高发车频次,推动现代电车接入科技园实现与地铁 9 号线接驳。放宽高层次创新型人才随迁子女入学限制。加快实现科技园内京津教育资源、人才认证、社会保障机制共享互通,逐步实现随迁子女入学与户口、住房脱钩。对具有北京户籍或学籍的随迁中小学生,可在津就近入学,并根据本人意愿保留北京学籍。

参考文献：

薄文广、刘仪梅、张亚舒:《区际合作产业园区可持续发展思考——以滨海-中关村科技园为例》,《天津大学学报》(社会科学版)2019 年第 2 期。

谢毅梅:《国家自主创新示范区发展经验借鉴》,《发展研究》2018 年第 3 期。

石书玲、韩振波:《国家自主创新示范区管理体制创新模式比较研究》,《创新科技》2018 年第 6 期。

毛振芹、李建玲、张瑶:《科技平台扶持中小企业发展模式的探索与实践:以首都科技条件平台为例》,《实验技术与管理》2019 年第 8 期。

宁河区未来科技城产业发展对策研究

（天津市经济发展研究院　李 李）

创建未来科技城，是新时期为引进海外高层次人才、实施创新驱动发展战略的重大抉择。为强化国家自主创新能力，加快转变发展方式，配合国家的“千人战略”，中组部、国资委提出在北京、天津、武汉、杭州四地建设未来科技城的重大战略部署，代表着国内海归创业基地和科技创新中心的最高水平。未来科技城拓展区由宁河区自主开发，约 40 平方千米。这表明，在未来科技城的建设中宁河区将有更多的自主权，对宁河区域经济发展将有更大的推动力量。

一、科技城的概念及分类

（一）科技城的概念

科技城这一概念起源于 20 世纪 40 年代，以苏联的科技城建设为开端。卡斯特斯提出科技城是严格意义上的科学研究综合体，并对其进行了四重分类，包括：科学院、科学城、技术带和高技术中心，它创建的意义是通过其在独立的科研环境中产生协同作用，成为世界一流科研企业及机构的聚集带。随着科技城的发展，四种科研综合体在发展过程中存在很多交叉和重叠功能。

根据米勒 · 柯慈尼斯基和吉布森的定义，科技城即通过日益增长的全球竞争连接科技和经济发展的现代化城市。同其他高科技中心相比，科技城在规模上较大，常常与基础设施及新城各项公共设施的发展相联系。一个科技城的要素主要有7个,分别为大学、大中小型科技公司、地方政府、地方社团和科研院所等。从这一定义来看,科技城的概念包含着城市发展和科学技术两个方面。

就目前对科技城的研究而言,在研究对象方面,以往研究或是基于国外著名科技城的发展实践如日本筑波科技城,或是基于我国某一未来科技城的实践提出的科技城发展模式;在研究结构方面,以往研究大多从单一科技城区出发,分析影响科技城发展模式的关键因素及相应的优化机理。

(二)科技城的分类

根据主导方的不同,科技城可以分为三个类型。

1. 以政府为主设立的高科技园区

由中央或地方政府根据当地的基础设施、智力技术资源、发展规划等综合因素,划定某一区域,以政府或国有投资公司为主体,投资建设配套基础设施和公共技术平台,同时提供土地、税收等多方面的优惠支持政策,鼓励科研机构和高新技术企业入驻发展。如日本筑波科学城、我国实施"火炬计划"形成的"高新技术产业开发区"就属于此类。其特点是以政府为主导制定发展战略,占地规模相对较大,以引进、聚集高新技术企业,形成规模化生产为主。政府对企业的支持力度较大,对入驻企业的产业类别、技术水平、规模实力等方面的要求较高。

2. 以大学为主设立的科技园区

以著名大学或高校群为主体或核心载体,主要围绕大学自身的重点科研领域进行成果的产业转化,引进、聚集与其密切相关的高科技企业实现科研与产业的密切联系。如深圳南山科技园等。其主要特点是以产学研结合为重点突破口,以实现高校科研成果产业转化并逐步形成相关产业链条为主要方向。这类科技园的产业方向、管理体制、支持政策、配套服务等与所依托的大学关系密切。主要的入驻企业也以高校教学科研人员自身创建的企业或依赖该科研成果的科技型企业为主。

3. 以企业为主设立的科技园区

一般是由专业化公司通过与地方政府合作，采取工业地产或商业地产形式建立的科技园区。如国内的恒生科技园、创智天地等。这类园区的创办者一般专业性较强，对某一产业领域了解深入，或在某一产业拥有较强的组织力和影响力。通过与地方政府的合作，这类科技园能够帮助入驻企业取得较为优惠的政策和税收支持。同时，基于其对相关产业的了解，在园区规划、配套服务等方面能够更好地满足企业需求，帮助企业实现快速发展。但这类园区规模相对偏小，且以办公科研楼宇为主，更加适合电子信息、生物医药等占地面积小、知识密集型的产业，大规模产业化项目落户难度较大。

4. 宁河区未来科技城特征

宁河区未来科技城属于以政府为主设立的高科技园区。主要有三个特征：一是重视引进海外高层次人才，尤其重视“带项目、带技术、带资金”的高端人才和创新创业团队的引进；二是鼓励海归人才与民营企业和资本的合作；三是注重发挥政策优势，通过创新创业相关政策和体制，引领各大央企、民企构建平台。

二、宁河区未来科技城发展意义

（一）全球科技竞争日趋激烈，未来科技城面临全新发展环境

未来国际竞争更加激烈，科技创新已成为国家主要的战略核心，新一代互联网、智能电网等新兴产业出现，推进新技术革命引领全球经济新发展。德国、日本等发达国家纷纷提出“再工业化”战略，重视制造业发展，布局新的战略性产业，以此作为重塑竞争优势的新途径。宁河区未来科技城要抓住新兴产业蓬勃发展的机遇，培育发展战略性新兴产业。

（二）国际创新资源加快流动，未来科技城成为国家战略基点

在经济全球化推动下，以知识、技术、人才等为核心的创新要素在全球范

围快速流动.全球人才流动更加频繁,海外高端人才不断回流。跨国研发迅速扩张,外资在华研发日趋活跃。国家布局北京、天津、武汉、杭州 4 大人才基地,未来科技城成为国家战略基点。宁河区未来科技城要抓住全球创新资源转移的机遇,成为人才强国战略的重要引擎。

(三)我国着力推进自主创新,将为未来科技城形成重要支撑

根据中共中央、国务院印发的《国家创新驱动发展战略纲要》以及其他建设创新型国家的具体举措,我国将着力提高自主创新能力,全面推进实施制造强国战略,加快推进以智能制造为主的未来科技产业,大力发展战略性新兴产业。宁河区未来科技城要结合自身优势,加快培育智能制造产业,在新一轮科技革命和产业变革中占据主动地位。

(四)区域转型升级步伐加快,未来科技城承载重要使命

在国家层面,京津冀城市群在全国率先转型发展,协同推进产业同质化、发展资源不均等问题;在天津市层面,天津经济转型迫在眉睫,亟须科技引领;在宁河区层面,区域发展能级有待进一步提升,经济发展需要高地支撑。宁河区未来科技城应积极担当区域科技创新的龙头,发挥科技引领和示范作用,带动区域整体创新能力的提高,并推动天津的经济转型发展。

三、宁河区未来科技城基本情况

(一)未来科技城具备良好的区位条件和土地资源

宁河区未来科技城由宁河区和滨海高新区共同打造,位于宁河区七里海湿地西南部,规划范围 136.45 平方千米。南部紧邻东丽湖,距中心城区 25 千米,距滨海新区核心区 35 千米。交通便利,且中心城区、天津机场都在半小时通勤圈内,津宁、滨保、塘承、京津 4 条高速环绕,津宁高速在园区附近设有专

用出口，七里海大道、海清公路两条省级干路紧邻项目区，规划的轨道交通Z7、Z8线贯穿园区。

（二）未来科技城具有先行先试的政策优势

宁河区未来科技城总体定位是"智慧经济城、创新先导城"，规划提出了"三基地、三新城"的发展定位，即首都功能疏解的承接基地，国内外高端人才的创新创业基地，产业链完整的高端制造业研发转化基地，链接全球创新要素资源的高端产业新城，展现宜居乐业新城、凸显生态特色的文化旅游新城。未来科技城按照先行先试的原则，可以充分利用滨海新区综合配套改革政策的优势，促进人才资源集聚。

（三）独有的生态优势可转化为招商优势和产业优势

未来科技城北侧距离七里海湿地核心区一路之隔，是距离七里海保护区可进行综合性利用的最近区域。七里海古海岸和湿地自然保护区被誉为"京津绿肺"，是面积最大、原始生态保护最好的区域，也是世界上仅有的3处具有古海岸性质的湿地资源之一；西侧紧邻未来科技城中央生态廊道及天津市双城管控规划的736平方千米的绿色生态屏障；南侧为东丽郊野公园。潮白新河、永定新河两条一级河道环抱，水系密集、景色秀丽。

（四）未来科技城产业定位瞄准新兴产业

未来科技城面临五大国家战略机遇，与北京互动发展，制造业具备迈向工业4.0的外部条件。未来科技城定位为人工智能制造产业基地、国内外高端人才的创新创业基地和产业链完整的高端制造业研发转化基地，主动适应全球技术经济正在发生的全方位的变革，围绕新能源和新能源汽车、生物医药、新一代信息技术、航空航天、高端装备等战略性新兴产业，引进了一批具有国内外一流水平的好项目、大企业。

四、宁河区未来科技城的发展目标及空间布局

（一）产业发展目标

依托天津市产业发展基础，以发展战略性新兴产业为导向，以探索新的产业组织方式推进重大科技成果产业化为宗旨，积极引进一批知识技术密集、物质资源消耗少、成长潜力大、综合效益好、具有重大引领带动作用的项目，重点培育和发展战略性新兴产业，同时加大力度关注、挖掘和培育一批新业态，加快形成支撑地区经济社会可持续发展的支柱性和先导性产业，打造面向未来的产业园区。

主导产业：新能源产业、新能源汽车及相关高端装备制造、新一代信息技术、节能环保、新材料、生物医药、文化旅游和生产性服务业等战略性新兴产业。

发展规模：至 2030 年规划期末，实现工业总产值 3000 亿元，规划常住人口 70 万人，提供就业岗位 50 万个。

（二）总体布局

未来科技城空间布局为“一心、一廊、两区、六组团”。

“一心”是指在永定新河北岸，与七里海联系的通道上设置整个区域的公共服务中心，集行政办公、商业金融、会议接待、科研办公等多种服务功能于一体，为区域提供大型配套公共服务。“一廊”是中央生态共享绿廊。北侧连接七里海湿地，南侧对接东丽郊野公园，是大七里海“爪状放射”生态系统的重要廊道。“两区”是指以制造业和研发为主的西部产业区，结合七里海和潮白新河比较好的生态环境形成的东部城市生活区。“六组团”是指结合现状和已有规划，根据不同功能划分为潘庄工业区组团、现代产业区组团、滨海高新区西组团、滨海高新区东组团、北淮淀组团、清河农场组团。

五、国外科技城发展经验

国外科技城在建设实践中拥有很多成功的范例，例如法国的安蒂波利斯科技城、日本的筑波科学城等。这些成功的例子为宁河区未来科技城的建设和产业发展提供了大量可借鉴的经验，很多做法值得我们思考并运用到实际的管理工作中。

（一）法国安蒂波利斯科技城

1. 基本情况

位于法国尼斯和科达苏尔附近的安蒂波利斯科技城，是法国科学园区中一个成功的典范。该园区占地23平方千米，如今已接纳1300多个企业，创造3万多个就业岗位，其中约有70%是高科技公司，并间接地为地区创造25000个就业机会。该园区具有很强的国际性，技术人员来自70多个国家。该科技城是法国乃至欧洲最大的科技园区，被誉为欧洲的“硅谷”。经历了40余年的发展，安蒂波利斯科技城从无到有、从小到大，凭借超前的建设理念、管理体制等，成功实现了从单一高技术研发基地向国际化、多元化科技产业新城的转变，树立了欧洲乃至全球科技新城建设的典范。

2. 主导产业

作为区域科技产业发展的重要载体，安蒂波利斯科技城在阿尔卑斯滨海省经济发展中的地位不容小觑，尤其是电子信息和生物技术相关产业。如今的安蒂波利斯科技城拥有大量的科技资源，除了私人企业的研发中心外，多家高校和著名研究机构在科技城设立了研发中心或实验室，包括法国国家科学研究院、法国国立农业研究院、法国国立计算机及自动化研究院、法国国家健康与医学研究院、巴黎高科国立高等矿业学校研究中心。这些研发中心或实验室的研发活动主要围绕3大领域：数字控制、信息科学与工程，应用生物学，地球科学。

3. 经济贡献

2011 年该科技城主导产业中信息技术相关企业(或机构)数量达 399 家,占全省信息技术相关企业总数的 28.8%;就业人口 11790 人,占全省信息技术相关产业就业总人口的 57.7%;实现营业收入 20.3 亿欧元,占全省信息技术相关产业营业收入的 54.0%。而生命科学相关企业(或机构)就业人口、营业额各达到 2030 人和 6.9 亿欧元,也分别占到阿尔卑斯滨海省的 21.8% 和 28.6%。

表 1　2011 年安蒂波利斯科技城主导产业情况

	信息技术		生命科学	
	安蒂波利斯科技城	阿尔卑斯滨海省	安蒂波利斯科技城	阿尔卑斯滨海省
企业数量	399	1387	47	246
就业人口	11790	20440	2030	9305
营业额(百万欧元)	2031	3760	687	2400

数据来源:中商国际管理数据库

4. 发展因素

安蒂波利斯科技城的发展有三个关键推动力。一是高等学府如科学学院、周边大学以及科研机构为园区提供创新动力;二是民间力量的推动,创建科学园区的设想得到了当地科研人员、工程师和其他有关部门的大力支持;三是区域经济发展需求,当地政府基于旅游与科技并重的“双脚理论”,大力支持科学园区发展。总结安蒂波利斯科技城发展经验,可以得出五个关键成功要素:基础设施建设及技术、量身定做的公共政策、便利的交通、良好的生活品质、完善的生活服务体系。

(二)日本筑波科学城

1. 基本情况

筑波科学城成立于1960年,历经多年发展,致力于形成一个科学研究的中心和一个功能完备、自给自足的核心城市,并成为与周边乡村环境和自然协调发展的生态模范城市。筑波科学城,是日本政府为实现“技术立国”目标而建立的科学工业园区。日本在战后恢复时期,越来越重视技术在发展中的作用,逐渐将“技术立国”作为基本国策,并采取了一系列政策措施。筑波科学城就是其中的重要一项。1963年9月,日本内阁批准了筑波科学城建设计划。

2. 主导产业

筑波科学城的兴建,使日本在智能机器人、微电子、光电子、超导体、新材料技术、生化技术等高技术产业领域处于世界领先地位。根据筑波科学城的发展需要,日本政府将所属的9个部(厅)的多个研究机构搬迁到该地,围绕国立试验研究机构和筑波大学,形成了国家级科研中心和高水平的教育中心。目前筑波科学城集中了48家国家级科研机构,包括民间研究所在内,研究机构总数达到300家,代表了日本最尖端的科学研发水平,研究领域涵盖教育、建筑、物理科学、生物、农业、环境、安全等,并在多个领域取得了创造性突破,培养了四位诺贝尔奖获得者。

3. 经济贡献

20世纪60年代,日本意识到科技创新的重要性,开始从“贸易立国”向“技术立国”,从“最佳模仿者”向“创造者”的转型。筑波科学城就是在这样的背景下规划建设的科学工业园,并且在20世纪80年代名噪全球。日本全国30%的科研机构、40%的科研人员、50%的政府科研投入都集中在筑波,筑波也是全球人才、资金、技术的高度密集之地,代表日本从模仿到创新的历史转型,更追求高精尖的科研功能和科研成果。

日本政府把筑波定位为科学技术的中枢城市。围绕电子学、生物工程技术、纳米和半导体、机电一体化、新材料、信息工学、宇宙科学、环境科学、新能源、现代农业等优势领域，筑波科学城每年会产生大量具有国际先进水平的科技成果，成为新知识、新创造、新发明的诞生地，同时依托每年举办的国际科技博览会、成果展示会和科学技术周，向日本大企业集中展示和转移转化最前沿的科技成果，保持日本科技创新的领先地位。

4. 发展因素

筑波科学城的发展有三个关键影响因素。一是政府主导的建设模式，政府制定决策与法律保障，协调发展计划，通过规划、土地开发、配套建设，确定建设研究教育机构和政府公屋，开发公共服务设施；二是筑波科学城定位侧重于基础理论研究，主要发展研究教育机构，其中有着 46 个国家级研究机构与教育院所；三是中介机构网络，大量非官方信息交流协会诞生，促进筑波科技园区的技术创新活动。

（三）科技城产业发展的成功要素

一是人才储备。为了长远发展战略，在准确把握战略目标和人力资源规划后，通过对人才从层次、数量、结构上进行设计优化，并实行长期性、持久性、针对性的人才储备与培养，从而保证人才能够满足长远发展目标需求。

二是技术基础。良好的基础设施、网络框架、通信设备等技术基础构建是吸引企业投资、拉动产业发展的物质基础。

三是创新氛围。创新是一个企业生存和发展的灵魂，技术创新能提高生产力，体制创新能加强管理，思想创新能增强企业凝聚力。科技城产业发展需要创新的氛围，鼓励创新、容忍失败、政策灵活都是建立创新氛围的良好手段。

四是管理模式。良好的内部环境是科技城产业健康发展的必备要素，例如景观方面，科技城需要完整的景观规划；政策方面，科技城需要政府的大力支持；招商引资方面，科技城需要管理者的合理统筹。

六、存在问题

（一）产业集群效应尚不明显

宁河区未来科技城五大主导产业中具有重大带动作用的领军企业不够多，龙头企业辐射带动作用不够明显，特色产业不够鲜明；集聚的大项目相对较多，与产业相配套的技术优势突出的中小企业数量较少，产业链条不完整，产业集聚度不高；有的项目建设进度慢，投产周期比较长，不能迅速形成规模效应。存在这些问题主要原因在于三个方面：一是目前行业龙头企业大部分已在国内完成区域布局，自主培育的企业因发展周期等因素尚未发挥领军作用，致使产业影响力和带动力不够明显；二是由于宁河区未来科技城处于开发建设的前期阶段，产业招商以大规模企业为主，配套条件和运营成本对中小企业相对较高，从而出现企业大小不平衡的现象；三是受全球整体经济形势影响，市场需求不旺，影响了个别企业的建设进度。

（二）创新资源不够丰富

宁河区未来科技城由于建设时间较短，大部分企业和项目目前还都处于建设发展的初期阶段，相当一部分企业、项目的工作重心还围绕着项目的顺利平稳运营和自身人才团队的组建。因此，其科技研发投入比例相对较小，创新活力还未得到充分的发挥。而未来科技城的行政管理部门也正处于由以市政基础设施开发建设为主导的前期建设阶段向以完善公共配套服务设施，提升创新创业环境为重点的成熟管理阶段过渡的过程中。无论是在行政管理体制和人员结构的调整上，还是在财政支出的调配上，都需要一定的过渡时间。因此，在建立区域性公共研发平台、高端人才创业孵化器等科研设施和完善研发服务体系等方面还存在着较大的差距。同时，由于缺乏世界顶尖研发机构的引领作用，高端研发机构的聚集效应尚不明显。因此，目前产出的具有引领性的科技成果数量还不多，原发性创新资源有所不足。同时,宁河区未来科技城还存在着高校和科研院所所属研发机构比例高于企业研发机构的状况,尚未真正发挥出企业对科技创新的支撑作用。而政府财政支持的相对有限,也成为创新主体和平台不够丰富、创新活力不强的重要原因。

(三)生活配套服务设施尚不完善

商业商务气氛不浓厚,交通出行不便捷,基础教育还不具备,医疗卫生和文化、体育、娱乐设施缺乏,企业用人成本和人才生活成本偏高,在不同程度上成为制约发展的瓶颈问题。这主要是因为,宁河区未来科技城离中心城区有一定距离,是从无到有建起的新城,区域空间比较大,建设时间比较短,居民和职工比较少,人气不足以支撑相关配套的市场化运营成本,尽管政府有一定的财政补贴,但过度配置也会产生资源浪费。政府适度超前建设和定制服务是解决问题的重要方式,但涵养人气并形成规模尚需过程。

(四)政府职能定位有待优化

宁河区未来科技城按照精简高效的原则,在不同的发展时期,采取不同的管理机制,在已经进入跨越发展的新时期,如何更好发挥未来科技城综合服务办公室的功能,进一步提高职能部门的管理水平,优化部门设置,清晰界定权责范围,提高服务企业和人才的专业化水平,是需要认真研究的问题。目前,宁河区及高新区各行政职能部门办公地与未来科技城物理空间较远。未来科技城综合服务办公室作为地处区域的综合部门,偏重协调服务,缺少行政功能,在直接面对企业和职工时,高效解决有关问题的功能较弱。特别是随着入驻企业项目和职工居民数量的增加,各类群体的需求也会更加多元,对行政管理体制、行政效能、行政服务等方面都将提出更高要求。

(五)政策机制仍需创新

宁河区未来科技城的鼓励政策在全国都是比较优越的,但优惠政策对项目和人才的吸引力还有一定的局限性,无法实现政策机制创新对高层次人才的吸引作用。因为全国大部分地区都以优惠条件吸引人才,实际上普遍偏重于采取直接资金资助的方式鼓励人才发展。但从实践来看,真正的人才绝不单纯以政府资助多少来选择创业地,而是综合考虑发展环境和政策条件。从全国来看,目前对人才最有集聚效应的政策已不再是直接资金资助,而是影响人才发展的科技体制和人才体制等方面的创新政策。在不改变大的科技和人才体制的前提下,贴近人才需求和创新创业发展需要,可以在自身机制改革方面进行探索突破。

七、对策建议

(一)打造国际性人才创新创业基地

一是建设宁河区未来科技城人才市场,以国际人才交流服务中心为核心,以市场配置为导向,培育人才市场主体,引进人才专业服务机构,设立人才联络处,实施人才服务外包,提升人才工作的专业化水平。二是建设高端人才创业园,采取政府指导、国资所有、专业团队运营的方式,尽快聚集一批高端人才创新创业团队。三是建立政府引导、多方投入、共同参与的人才促进机制,通过设立人才引导资金等方式,以有效的政策、较少的资金撬动社会资本,激发用人单位对人才投入的动力和人才工作活力。四是坚持引才与树才相结合,引导企业实施人才发展计划,充分挖掘企业内、外人才资源,形成引用结合、自主培养、梯队合理的人才模式。五是推进院士工作站、博士后工作站建设,加大高端人才的自主培养力度,建立和完善高层次人才信息管理系统。六是开展创业综合服务,邀请企业家、投融资专家、市场营销专家、科技研究和管理专家组成专业团队,为人才提供创业讲座、政策咨询、技术服务和业务指导。七是加强人才政策体系建设,探索建立十大人才政策,主要包括人才对等认定政策、人才奖励鼓励政策、"中端"人才政策、人才培育政策、人才交流合作政策、人才考核评价政策、职称优先评定政策、人才绿卡政策、人才评级奖励累进政策和引才奖励政策。

(二)加强科技与产业的互动发展

一是实施企业创新发展战略。坚持把企业作为创新的主体,积极搭建面向科技和产业创新的公共技术服务平台,支持企业建设各类技术和产品研发中心,在未来科技城形成开放共享的公共实验室。针对不同产业和领域建设科技企业孵化器,优化解决科技型中小企业发展中的问题和需求。推动未来科技城技术转移和成果转化,以国家知识产权示范区为载体,扶持科技型企业实施知识产权和品牌发展战略。积极构建产业联盟、技术联盟、行业协会,推进区域内技术交流与合作,形成高效务实的协同创新网络。激发创新创业活力,探索科研成果与市场的无缝对接机制,建立直接面向市场的多元化研发服务,承接国际研发外包业务转移。鼓励企业间建立外部联合研发、创新网络等新形式智力合作关系,全面推动各领域间的合作交流和技术扩散。

二是组建战略新兴产业联盟。探索市场导向、产业拉动的天津特色发展之路。构建区域创新协作体系,建立健全京津冀创新发展一体化合作机制,围绕未来科技城战略定位和产业方向,承接科技创新资源,开展技术与产品的输出与服务,在分工协作中发挥产业创新优势,推进产业发展。组建战略性新兴产业联盟,通过政府的积极引导和鼓励,充分发挥龙头企业在产业发展中的主导和核心作用,整合聚集行业内的中小企业、研发机构和服务机构,建立政产学研用联合的长效机制。同时,推动与相关行业、上下游产业形成发展共同体,基于共同的目标和标准,建立技术、产业、市场等各类联盟组织,注重发展模式的多样化和研发领域的不断更新,适时调整研发方向,实现从企业内部创新走向外部联合创新。探索科研成果产业化加速器,从知识产权成果转化为起点,进行针对产业化过程技术瓶颈的攻关,并在相关产业集群中进行推广。

(三)营造生态宜居的载体环境

不同于普通工业园区,宁河区未来科技城的主要建设目标之一就是打造宜居乐业的科技新城。要实现入驻企业和各类人才的宜居乐业,除了需要政府部门给予充分的政策支持,具备完善的市政基础设施之外,还需要配备完善的生活配套服务设施,为企业、人才创造一个舒适、便捷的工作、生活环境。未来科技城起步时间相对较短,在教育、医疗、交通、商业等诸多方面存在着许多配套短板,从而使未来科技城在与其他科技城及周边成熟园区的竞争中处于相对劣势。因此,宁河区未来科技城必须将完善配套设施,尤其是生活服务设施作为一项核心工作。

在规划建设上,首先应坚持筑巢引凤,适度超前的原则。区域发展过程中,肯定会面临“先有蛋还是先有鸡”的问题,即是先完善配套,再招商,还是先招商,再根据需求完善配套。良好的配套服务设施是顺利开展招商引智工作的重要基础,在当前激烈的竞争形势下,只有先打好基础,练好内功,才有可能取得满意的招商成果。同时,配套服务设施建设周期较长,而招商过程中企业、人才的需求缓急难以把控,必须做好预判,适度超前做好准备。其次,要坚持以人为本,分清轻重缓急,制定合理的实施计划。完善生活配套服务设施投资大,周期长,不可能全面铺开。必须根据落户企业和人才的实际需求,分清主次轻重,有计划、有步骤地加以推进。再次,要充分借重社会资源,形成合力。园区开发建设投资巨大,仅靠地方政府的投入见效较慢。而社会资本和第三方专业机构具有投资效率高、专业性强等优势,因此,应该在未来科技城配套服务设施的建设和运营中积极引入市场化运作,将有限资金投入公益性配套设施的建设运营中,发挥引导基金的作用。

(四)创造更加优越的政策环境

宁河区未来科技城的功能定位主要是以智能科技产业、汽车制造等高新技术产业为主的经济功能区域,但是其更加重视一些高产值高税收的大型企业,而对于一些仍处于起步阶段的中小型企业,在政策和基础设施配套等方面都明显滞后，因此需要对其政策进行适当修正。在招商方面，应降低对 GDP、工业产值等指标的限制，加大对于科技研发实力强、潜力较大的研发机构的需求。加速实现人才和项目的聚集，为落户企业和人才创造更有利于其发展的环境。在土地政策方面，坚持节约利用土地。未来科技城土地资源较为丰富，但建成率相对较低，仅为 22.8%，且城市建设用地主要以居住用地和工业用地为主，生产性用地相对匮乏。未来科技城的土地供应规模占规划区面积的 29.2%。总体来看，未来科技城的土地利用潜力较大。因此，应探索“节约用地、集约用地、有效用地、统筹用地”四位一体的土地利用政策，严格控制土地的粗放利用，以达到高效、集约、紧凑的发展模式。

（五）加强生态与产业协同发展

党的十九大报告提出，我们要建设的现代化是人与自然和谐共生的现代化，既要创造更多物质财富和精神财富以满足人民日益增长的美好生活需要，也要提供更多优质生态产品以满足人民日益增长的优美生态环境需要。这一精神与未来科技城的建设发展理念高度一致，都强调了生态环境建设在社会经济可持续发展中所发挥的重要作用。因此，宁河区未来科技城应当积极肩负起建设“美丽中国”“美丽天津”的责任。首先，要借鉴国内先进区域经验，在项目引进过程中，结合科技城的产业定位，严格执行环保一票否决制度，防止污染性企业进驻对区域整体环境造成不利影响。在项目建设、运营中，也要严格执行环保审批监控机制，加强政策引导，力争使入区企业项目实现趋零排放。其次，是要充分利用东丽湖、滨海湖和渤龙湖等内外部优质自然资源，大力提升科技城的环境，按照国家生态示范园区的标准，加快推进主题公园、生态绿色廊道、景观河道等公共市政绿化的建设，将未来科技城建设成为花园型城市。再次，要继续坚持大胆使用光伏太阳能、风电等各类绿色能源技术，发挥对绿色能源等高新技术的推广示范作用，将宁河区未来科技城打造成为低碳示范生态园区，为入驻企业和人才创造一个更加清新、优美的生态环境。

参考文献：

徐斌:《政府治理下绵阳科技城高新技术产业发展策略研究》,电子科技大学 2010 年硕士学位论文,第 7 页。

沈明羿:《基于 SWOT 分析的互联网产业发展策略研究——以杭州未来科技城为例》,《经济研究导刊》2017 年第 21 期。

尹继辉:《天津未来科技城开发建设对策研究》,天津大学 2014 年硕士学位论文,第 15 页。

孙文豪:《科技城建设发展研究》,西华大学 2016 年硕士学位论文,第 21 页。

东丽区生物医药产业发展研究

（天津市经济发展研究院　王子会）

生物医药产业作为战略性新兴产业，已成为天津市推进京津冀协同发展、实施创新驱动发展战略和建设全国先进研发制造基地的重要支撑。近年来生物医药产业已成长为天津市新的千亿级产业，在天津市经济“转方式、调结构、换动力”发展过程中起到重要作用。

生物医药产业是目前世界各国竞争较为激烈的产业之一，也是重要战略产业之一。当前生物技术以全新速度掀起新一轮产业革命的浪潮，全球生物经济每 5 年翻一番，是世界经济增长率的 10 倍，正成为重塑全球经济版图的变革力量。生物经济成为我国继信息经济后新的国家战略，也是各主要城市新的经济增长点。经过多年积累，作为生物经济最重要组成部分的生物医药产业已进入快速发展的黄金时期。

一、国内外生物医药产业发展现状

（一）发达国家已形成生物医药产业密集区

在生物技术产业迅猛发展的浪潮推动下，经过多年的发展和市场竞争，加上政府不失时机地加以引导，许多发达国家在技术、人才、资金密集的区域，已逐步形成了生物产业聚集区，由此形成了比较完善的生物医药产业链和产业集群。英国的剑桥基因组园、法国巴黎南郊的基因谷、德国的生物技术示范区等，聚集了包括生物公司、研究、技术转移中心、银行、投资、服务等在内的大量机构，提供了大量的就业机会和大部分产值。这些生物医药产业集群已在这些国家和地区产业结构中崭露头角，对扩大产业规模、增强产业竞争力做出了重要贡献。

（二）各国政府高度重视生物医药产业发展

许多国家都把生物医药产业作为21世纪优先发展的战略性产业，作为提高本国竞争力的重要手段，纷纷制定发展计划，加大对生物医药产业的政策扶持与资金投入。例如，日本制定的“生物产业立国”战略；欧盟科技发展第6个框架将45%的研究开发经费用于生物医药及相关领域，英国政府早在1981年就设立了“生物技术协调指导委员会”，采取措施促进工业界、大学和科研机构加大对生物医药开发研究的投入；新加坡制定了“五年跻身生物技术顶尖行列”规划，5年内将拨款30亿新元资助生命科学和生物医药产业；印度成立了生物技术部，每年投入6000万~7000万美元用于生物技术和医药研究；20世纪90年代古巴在经济十分困难的情况下，实施“生物技术投资计划”，投入10亿美元发展生物医药产业，10年来已取得400多项专利，生物医药产品出口到英国等20多个国家，直接促进了古巴经济的繁荣。

（三）我国生物医药市场进入快速发展的黄金时期

生物技术的迅速发展，打破生物医药产业的路径依赖格局，我国正缩短与发达国家创新药研发上市的时间差，迎来了从跟跑、并跑到超越的时间窗口。特别是随着近年大量海外人才的回归，我国生物医药产业也积淀了创新突破的巨大动能。2017年全球生物医药市场规模为2080亿美元，而我国的生物医药市场2011年时尚不足600亿，至2018年已达到1800亿，同比增速达17.99%，按此增速预估到2021年将超过3000亿。2014—2019年我国生物医药领域企业从59.9万家增长到207.6万家，中小企业日益成为产业发展的主力军。此外，随着我国数据驱动产业升级，生物医药产业的资源汇聚效率提升，推动产业资源重组与生态格局重构，构建以数据驱动的产业发展模式成为中国生物医药产业实现换道超车和高质量发展的唯一路径。

从世界生物医药产业发展趋势来看，目前正处于生物医药技术大规模产业化的初始阶段，预计 2020 年之后将进入快速发展期，并逐步成为世界经济的主导产业。

二、生物医药产业发展特征及趋势

（一）生物医药产业化进程明显加快

近 20 年来，以基因工程、细胞工程、酶工程为代表的现代生物技术迅猛发展，人类基因组计划等重大技术相继取得突破，现代生物技术在医学治疗方面广泛应用，生物医药产业化进程明显加快。全球研制中的生物技术药物超过 2200 种，其中 1700 余种进入临床试验。生物技术药品数量的迅速增加表明，21 世纪世界医药生物技术产业正逐步进入投资收获期，全球生物医药产业快速增长。20 世纪 90 年代以来，全球生物药品销售额以年均 30% 以上的速度增长，大大高于全球医药行业年均不到 10% 的增长速度。生物医药产业正由最具发展潜力的高技术产业向高技术支柱产业发展。

（二）生物医药发展呈现集中化的显著趋势

一是少数发达国家在全球生物医药市场中占有绝对比重，处于产业主导地位。在世界药品市场中，三大药品市场的份额超过了 80%。从生物技术产业看，全球生物技术公司总数已达 4362 家，其中生物技术公司总数主要集中在欧美，占全球总数的 76%，欧美公司的销售额占全球生物技术公司销售额的 93%，而亚太地区的销售额仅占全球的 3% 左右。二是大的跨国公司主导了世界专利药市场，跨国企业在全球医药市场中的地位日益攀升，所占比重不断增长，现代医药产业的集中度逐年上升，跨国企业的垄断程度不断加大。三是在产品市场领域，单品种销售的市场集中度也呈现不断增高趋势。

（三）生物技术制药和天然药物前景广阔

由于不少重量级产品的带动，抗生素的需求仍呈现增长态势，总体上讲，未来10年传统化学药物市场依然庞大,约占整个医药市场的70%左右。由于生物技术的迅猛发展、人们医药消费结构的变化以及药物本身的安全性能要求,化学药品在药物市场中的统治地位正受到严重挑战,生物类新兴药物将在药品市场中迅速崛起,生物药物已成为药物研发的重中之重,越来越多的高新技术和生物技术将应用于天然药材的种植改良当中,天然药物将获得更为快速的增长。

(四)生物医药产业研发投入不断增强

生物医药产业具有高投入、高收益、高风险、长周期的特征,需要高额投入作为产业进入和持续发展的条件。为应对科技创新瞬息万变和国际科技竞争日趋激烈的局势,各大型跨国医药企业争相加大科研投入。据统计,全球大型制药公司研发投入占销售额的比重在9%~18%之间,而著名生物技术公司的研发投入占销售额的比重则在20%以上,对于纯粹的生物技术公司,研发投入比重更大。为建立全球性的生产与销售网络,最大限度降低成本,也为了获取新药或是直接掌握新技术,生物技术公司之间、生物技术公司与大型制药企业以及大型制药企业之间在全球范围内的兼并重组非常活跃。全球范围内生物医药行业的并购和重组,大大提高了发达国家及跨国公司抢占市场、垄断技术、获取超额利润的能力。

三、天津市生物医药产业发展现状

当前我市经济社会发展正处于历史性窗口期,面临由高速增长向高质量发展转变的关键时刻。在新时代,我市生物医药产业将继续朝着“高精尖”目标迈进,为全市经济社会发展增添强劲动力。根据《天津市生物医药产业发展三年行动计划(2018—2020年)》,天津将建设全国重要的生物医药产业创新基地、具有全球影响力的生物制药研发转化基地。

（一）产业规模高速增长

2018 年天津市工业增加值 6962.71 亿元，比上年增长 2.6%；医药制造业增长 8.8%，比工业增加值增幅高 6%。根据《天津市生物医药产业发展三年行动计划（2018—2020 年）》，到 2020 年，天津市生物医药产业规模将达到 1500 亿元左右。其中，制造业主营业务收入达到 800 亿元左右，全市药品物流配送能力达到 600 亿元左右，研发服务收入达到 100 亿元左右，成为全国重要的生物医药产业创新基地、具有全球影响力的生物制药研发转化基地。

（二）产业活力持续激发

天津市现有医药制造规上企业 90 家，医药工业企业 500 强 14 家，医药工业百强企业 4 家，上市公司 24 家，聚集了天津医药集团、天士力、中新药业、红日药业、凯莱英等一批领军企业，以及汉康医药、赛诺医疗、天堰医教、康希诺生物等一大批科技小巨人企业，成为天津市生物医药领域的中坚力量，在化学药和中药领域形成了优势。

（三）产业集群逐渐形成

经过多年发展，天津生物产业已逐渐形成滨海新区核心区和武清医疗健康产业集群、北辰现代中药产业集群、西青现代医药产业集群、东丽医疗器械产业集群以及静海医药研发产业集群 5 个地区产业集群，构成产业发展“1 + 5”总体布局，形成了涵盖化学药、生物药、医疗器械、医疗外包（研发、生产）、医药流通、数字医疗、中药等主要门类的完整产业体系，成为全市发展速度较快、创新能力较强的产业之一，医药制造业产值增长 15.8%。

（四）产业体系日趋完善

天津市充分发挥海河产业基金作用，研究发布海河产业基金生物医药产业投向目录，为海河基金生物产业母基金的成立提供依法合规、便捷高效的制度保障，撬动社会资本投向生物产业，签署了天津中科海河生物产业基金合作框架协议，基金规模为 20 亿元。加快推动科技和金融结合工作，搭建了科技金融服务平台，设立了天士力基金、天以红日基金、银宏基金、瑞普基金 4 支生物领域专业风险投资基金，有效引导金融机构、创业风险投资、担保机构等社会资本对生物企业的融资支持。

四、东丽区生物医药产业发展现状

天津市东丽区地处津滨发展主轴，东接滨海新区核心区，西连中心城区，总面积 477.34 平方千米。交通便利，拥有滨海国际机场和军粮城货运码头，京山、北环铁路横穿东西，海河贯穿全境，津滨轻轨、多条公路构成经纬。东丽开发区、华明 - 东丽湖地区是天津自主创新示范区“一区二十一园”区县分园，享受自创区政策优势。东丽区政府制定了《东丽区关于落实进一步加快建设全国先进制造研发基地实施意见的实施方案》，全力打造国内一流的生物医药创新和研发中心。

（一）产业规模不断扩大

东丽区按照“科技引领，创新驱动”的发展思路，走高新技术产业的发展道路，生物医药产业成为重点发展方向之一。东丽区瞄准医疗数据分析、基因检测、远程互联医疗、健康产品、医药物流、精准医疗、智能穿戴、康复养老、精密医疗器械等细分产业，借助中国医师协会、中国医疗器械行业协会等渠道积极对接项目，促进生物医药产业集聚发展。截至目前，东丽区全区规模以上生物医药企业 5 家，2018 年完成产值 20.5 亿元，占全区规上产值总量的 2.6%。生物医药产业项目 15 个，投资额 3 亿元，主要有中核安科锐项目、凯莱英医药、迈迪速能医学等。

（二）产业支撑不断增强

东丽区政府、发改委等部门组建了“医疗器械创新发展基金”，基金规模将达到 2.5 亿,为园区企业提供资金保障。用好开发区医疗器械园、东丽湖健康产业园的载体优势,对接了一批优质产业项目,完善产业链条,促进产业集聚,东丽区面向生物医药和康体理疗领域,打造集生物医药研发、中试、产业化于一体的专业化载体、综合公共服务平台,建立现代大医药产业体系。目前已相继引进了瑞普生物、哈娜好、博奥赛斯、国医华科、伊瑞雅生物技术等 20 余家生物医药企业,中科院苏州医工所、今日天鸿、迈迪速能、康普森、中科院过程所、东丰科林、恩泽生、东颖等项目已经签约入驻。

(三)产业布局不断优化

在园区建设方面,东丽区打造东丽国际医疗器械产业园和东丽湖健康产业园。东丽国际医疗器械园成立于 2016 年,根据规划,产业园将呈现 9 大特色,包括展示交易中心、海关监管仓库、现代物流中心、产业公共服务平台、人才培训平台、研发及孵化平台、工业设计等。目前,东丽国际医疗器械产业园一期建成,重点引进大院大所科技创新资源,打造集研发、孵化、转化、产业化于一体的医疗器械产业园。中科院苏州医工所天津工程技术研究院、天津胰腺肿瘤工程技术中心等 10 个项目陆续入驻园区。东丽湖健康产业园面向生物医药和康体理疗领域,打造集生物医药研发、中试、产业化于一体的专业化载体、综合公共服务平台。主要建设分子生物学、细胞生物学、免疫学、分析测试台、微生物技 5 个专业技术服务平台,为企业提供一站式全方位的双创平台,将形成保健品、医药器械以及前期药剂诊断等产业集群。

(四)创新能力不断增强

东丽区依托研发机构促进生物医药产业发展,以中科院苏州医工所天津研究院为例,中科院苏州医工所天津研究院是一家专业从事医疗器械工程技术研究与服务、高端技术人才培养、成果转移转化和产业孵化的研发机构,也是中科院医工所在国内的唯一一家分支机构。建立医疗器械产品研发、工程化技术和服务平台,形成以高端工程技术服务为特色的技术转移转化综合服务模式，为来自全球范围的高技术成果提供专业的孵化育成服务，重点开展工程化技术和成果转化机制创新研究，不断推出先进医疗器械产品、孵化医疗器械企业，在天津市建成我国医疗器械成果转化和产业孵化基地、我国医疗器械产业人才培养基地。

（五）信息化程度不断提高

建立智能医疗与健康服务体系，建立健康信息化基础设施体系。推进区内医疗卫生机构在运行和拟新建系统迁移至东丽华为云平台。目前卫生计生系统所有单位全部通过联通专线连接到东丽护卫运输局中心，完成公共卫生前置服务器、医保二次报销服务器和系统复制、迁移。推进智慧医疗建设项目，东丽医院建成医疗信息管理系统、影像报告管理系统、实验室管理系统、电子病历系统等10个业务系统。开展智能健康服务，实现健康监测数据在居民电子健康档案连续记录，实现个性化健康管理。完成“一站式”结算服务网络搭建和系统建设，患者低保及残疾证信息核实已完成。拓展专业心理卫生服务技术支撑平台，规范心理“守门人”应用程序运行。

五、武汉光谷生物城经验借鉴

近年来武汉光谷生物医药产业以近30%的年均复合增长率高速发展，发展模式成为行业典范。根据科技部中国生物技术发展中心发布的《2018年中国生物医药产业园区发展现状分析报告》，武汉光谷生物城跻身国家生物医药产业园区综合竞争力第3位，仅次于北京中关村和上海张江，其中人才竞争力高居全国第一。

（一）人才集聚

武汉光谷生物城拥有4位诺贝尔奖得主、27位院士、23位国家“千人”、67位湖北“百人”、19位“武汉城市合伙人”、537个光谷“3551”高层次生物人才团队,其中具有海外留学背景的超过 80%,为光谷生物城源源不断释放出创新活力。靠着人才加创新,武汉光谷生物城目前已集聚各类生物企业 2000 多家,吸引了 6 万多人就业。截至目前,光谷生物城有 4000 多个新药在研,其中 26 个重磅一类新药进入临床。

(二)制度创新

武汉光谷生物城突破功能要素,探索制度、技术和管理的机制创新。湖北省药监局、省医疗器械检测中心、省食品药品监督检验中心、武汉口岸药品检验所等行政审批及服务机构就在园区附近,可就地办理新药检验、检测、申报等业务,无论资金还是服务,都能"一站式"解决。截至目前,光谷生物城已打造了生物技术研究院仪器共享中心等 40 个研发服务平台、省食品药品安全评价中心等 2 个安全评价服务平台、省食品药品监督管理局东湖分局等 8 个行政服务平台、生物药物合同加工外包基地等 5 个中试生产平台、同济医院光谷院区等多家三甲医院、中国医药集团华中物流中心等 4 大物流平台。从药物筛选、药理评估、临床研究、中试放大、注册认证到量产上市,新药开发的每个环节,生物城均有平台提供服务。政策链、基金链、人才链、创新链、产业链"五链"并行,重点打造生物产业研发创新体系和总部聚集区。

(三)资金支撑

除了打通产业链和创新链,武汉光谷生物城在政策资金保障上,计划每年投入 10 亿元财政资金,并设立 50 亿元规模的武汉光谷生命健康产业母基金,投入产业发展。在光谷生物城的各路资本机构已有 80 多家,管理资金规模达 500 亿元。此外,武汉东湖高新区修订发布《武汉东湖新技术开发区管委会关于支持生物产业经济发展的实施意见》,简称"生物 17 条",年设 10 亿元生物产业发展专项资金。经过 10 年建设,2017 年光谷生物产业总收入突破 1200 亿元,成为仅次于光电子信息的第二大战略性支柱产业。

六、东丽区生物医药产业发展不足

(一)缺乏领军企业和核心技术

东丽区生物医药产业依托少数企业形成了初始规模的产业集聚,但总体来看,领军企业数量还比较少,产业规模相比先进地区还有一定差距。此外,生物医药领域的核心技术也较为缺乏,目前生物医药企业有一大部分停留在对传统工艺的改良,在中药饮片、中成药上进行简单重复的生产,先进的生物技术企业较少落户园区,传统的生物医药急需转换升级。

(二)产业链有待扩展

生物医药产业分为上、中、下游三个环节,上游是药物研发包含基础研究和药物发现,中游是药物开发包含临床前试验和临床研究,下游是药物生产和市场化,上游的药物研发成果因缺少通畅的转化平台导致产业化速度减慢。目前东丽区生物医药产业还主要集中于医药制造,医疗产业融合发展程度较低,且与支撑产业互动不足,没有形成完整的产业链。东丽区应适度拓宽产业链,以生物医药产业为基础,形成完整的大健康产业是未来发展的重要方向。

(三)集聚效应弱,高校科研院所互动少

从发展的空间布局来看,生物医药产业集聚地以及工业园区还没有围绕高校或者科研院所形成产学研一体的模式,生物医药产业集群基本是不同类型的制药企业简单积聚,企业间较少有信息交流和资源共享,龙头企业较少,无法形成有效的产业联盟,还处在地理集聚的初级阶段。而武汉光谷生物医药集群地则是以大学和科研院所为中心关联企业向此涌入从而集聚效应明显。

（四）投入严重不足，投入渠道单一

生物医药产业是技术密集型产业，是高投入、高风险和高回报的产业，因此，资金短缺是首先要解决的问题。在加大生物医药产业投资力度的同时，还要充分利用银行贷款以及尚待健全的风险资金市场，寻找各种资金渠道。政府应制定优惠政策，鼓励企业参与生物技术的研究与开发。此外相关机制不够完善，科研创新、医药卫生、投融资、药品评价、药品定价、转基因市场准入、政府采购等方面的机制改革比较滞后，难以适应大规模产业化的需要。

七、东丽区生物医药产业发展对策建议

（一）强化政策服务功能，资金支持到位

提高政策服务功能的有效性，切实解决初创企业的困境，在国家政策允许的范围内，探索多种方式减少企业初期成本和降低企业入驻门槛，以扶持和助力企业发展。落实资金扶持到位情况，每年安排重大产业发展引导资金，用于引导和扶持生物医药产业项目建设，促进产业发展。同时对中小微企业的各类政策资金申请、金融信贷提供全方位帮扶，强化信息畅通。设立一站式服务平台，解决各类企业申办手续政策审批问题，提高政策服务效果。

（二）深化科技创新体制机制改革

推进知识产权综合管理改革，借鉴全国改革试点先进地区经验，开展知识产权综合管理改革规划设计并出台我区实施方案，进一步优化知识产权对供给侧结构性改革的制度供给和技术供给。继续完善知识产权服务体系，依托华明高新区知识产权示范作用，与北京高校院所的合作，实现生物医药产业的集聚，推进知识产权服务业集聚发展试验区建设。推进科技成果转化服务体系改革，建设科技成果转化服务系统，完善科技创新服务体

系、构建科技中介服务体系、健全科技政策支撑体系和设立科技成果转化基金。

(三)支持科技创新,提升自主创新能力

加强基础研究和原始创新,支持南开大学、天津大学、天津医科大学、天津中医药大学等有关重点学科建设。加大技术攻关力度,掌握一批医药产业发展核心技术、重大疾病防治关键技术。加快医学科研平台建设,组建一批市级重点实验室、工程中心、临床医学研究中心和体育科研机构。加强生物医药企业与高校、科研院所的合作成立技术创新联盟组织,形成网络型技术创新体系。加大产业链内关联企业合作创新和协同创新,实现跨区域、跨国界的合作,以研发外包开发与创新,充分利用优质资源,不断创新新药研发模式。

(四)引进创新型和复合型专业人才

着力培养一批基础研究类、产业开发类及成果转化类的战略人才、领军人才、创新创业人才、青年科技人才和高技能人才。整合人才资源,大力引进生物医药领域领军人才和创新团队,引进国内外优秀科研专家,采用灵活的人才管理政策和激励机制。支持生物医药产业园区与国内外园区开展合作,实现生物医药产业模式复制、管理输出和产业梯度转移;支持产业国际间合作,为引入海外优秀项目及团队,本土企业在国外开展临床研究、市场拓展等提供服务。

(五)提升京津冀科技协同创新水平

把推动京津冀科技协同创新作为重要工作,以清华校地合作基地、中科院北京分院天津创新产业园区建设为抓手,大力引进北京优质科技资源。支持新型研发机构和重大创新成果落地转化。注重引进优质科技型企业,着力引进和培育一批具有“杀手锏”产品的生物医药公司。加强与北京、河北卫生健康领域合作,推进京津冀区域医疗卫生协同发展,进一步提升中科院苏州医工

所天津研究院等的功能水平。

参考文献：

王义汉:《关于大力发展生物医药产业的建议》,《国际人才交流》2019 年第 8 期。

天津市发展改革委:《天津市生物医药产业发展三年行动计划(2018—2020 年)》。

天津市科学技术信息研究所:《天津市生物医药产业发展报告 2017》。

但长春:《武汉光谷生物城构建区域创新体系的探索》,湖北日报 2016 年 11 月 2 日。

河西区设计产业研究

（天津市经济发展研究院　郑宇）

设计产业是专业性强、知识技术密集、服务领域广、产业关联度大、附加价值高，与生产、流通、消费、城市建设、生态治理、社会发展密切相关的现代服务业，具有驱动技术创新、促进产业转型升级、集成优化资源利用、提升经济、社会、生态效益的综合功能。经济社会发展的设计化推动设计产业市场不断扩张、服务领域不断拓展细分、关联带动效应不断显现，设计产业培育经济增长新动能、增强社会活力、促进经济高质量发展的作用日益凸显，成为经济发达地区，特别是中心城市产业转型升级的新增长点。

河西区是天津市设计产业的主要集聚区，近 30 家中央直属、天津市属和外省市驻津的大型研发设计企业和工程建设公司，形成了以工程勘察设计为主，主要包括港口设计、建筑设计、市政设计、水利水电设计、工程施工总承包等领域的设计产业集群，技术水平在国内居于前列，在国内国际市场上具有较强的竞争力和行业领导力。

2017 年 5 月，中国共产党天津市第十一次代表大会报告提出打造“北方设计之都”，设计产业发展上升至全市发展战略层面。2019 年 2 月，《天津市人民政府办公厅关于促进市内 6 区高端服务业集聚发展的指导意见》中明确了河西区陈塘科技商务区“北方设计之都”核心区的功能定位。

为推进“北方设计之都”战略构想的实施和中心城区产业高质量发展，服务河西区发展设计产业的决策需求，本文对河西区设计产业发展进行系统分析，并提出相关政策建议。

一、河西区设计产业发展基础

河西区设计企业技术力量雄厚,产业基础良好,具有突出的行业领导力,竞争优势显著,业务和项目遍及国内外。河西区及天津中心城区区域优势显著,发展条件优越,综合配套完善。总体来看,河西区具备设计产业发展的良好条件和综合优势。

(一)技术力量雄厚,产业基础良好

河西区是天津市设计产业的主要集聚区域,聚集了中交一航院、中水北方、中国市政工程华北院、天津市建筑设计院等近30家中央直属、天津市属和外省市驻津的大型研发设计企业以及中交天津航道局、中交一航局、天津水利工程等涵盖设计、施工全产业链的工程公司,拥有3名院士、16位国家级大师和超过4600名副高级以上专业技术人员。河西区设计产业以工程勘察设计为主,主要包括港口设计、建筑设计、市政设计、水利水电设计、工程施工总承包等领域,技术水平在国内居于前列。

中交第一航务工程勘察设计院有限公司是我国海岸工程建设领域的骨干力量,连续多年入选中国勘察设计百强企业,获得省部级以上奖励270多项,其中,国家级科技进步成果奖25项,国家优秀工程咨询成果奖21项,詹天佑土木工程大奖8项,百年百项杰出土木工程奖2项。天津市建筑设计院是天津地区最大、国内一流的综合性建筑设计单位,2018年国内建筑设计研究院十强中名列第五,500余项工程设计、科研和标准设计、规范编制获国家优秀设计奖、市部级以上优秀设计奖及科研成果奖等。中水北方勘测设计研究有限责任公司是我国水利水电行业中享有盛誉的甲级勘测设计科研单位,全国水利设计单位唯一的咨询评估单位,获省部级以上科技奖励200余项,其中国家级金奖10余项,拥有各类专利100余项,在混凝土筑坝、深孔钻探等技术领域创造了多个行业之最。中国市政工程华北设计研究总院有限公司,是我国最早的城市煤气和给排水设计院,集工程规划、工程咨询、工程设计、工程总承包、运营等多项业务于一体的综合甲级

设计院。中交第一航务工程局有限公司(中交一航局)是新中国第一支筑港队伍,我国规模最大的航务工程施工企业,获省部级以上奖励500余项,其中国家优质工程奖59项、鲁班奖19项、詹天佑奖25项,国家级、省部级科技进步奖185项;国家专利925项;8项工程被评为新中国成立60周年百项经典工程。产业、人才的高度集聚和雄厚的技术力量是河西区设计产业发展的坚实基础。

(二)辐射国内国际,竞争优势显著

河西区设计产业具有突出的行业领导力,在国内国际市场上具有很强的竞争力。中交一航院完成4000多个项目的勘察设计工作,足迹遍及世界各地,受商务部委托,中交一航院连续多年与天津泰达共同承办非洲国家港口规划与建设培训班;中水北方先后承担了40余个国家的100余项水利水电、市政、建筑工程设计、咨询、监理任务。中国市政工程华北设计研究总院有限公司为30多个省区市的数百个城市、县镇完成了上万项市政工程的设计、建设任务,拥有良好的品牌优势;天津市园林规划设计院,设计成果辐射全国20多个省区市;中交一航局施工项目涉及国内30多个省区市,并在天津、上海、青岛、大连、秦皇岛、南京、武汉、广州、香港等地设有分支机构;筑土统合建筑设计顾问(天津)有限公司在新加坡、丹麦和中国北京、天津、南京等地设有分支机构。

凭借雄厚的技术实力和产业基础,河西区设计和工程企业参与了众多国内重大工程项目建设。中交第一航务工程局先后承揽了神华黄骅港系列工程、长江口深水航道整治、京沪高铁、港珠澳大桥、深中通道等一系列国家重点工程,在港珠澳大桥建设中,中交一航局完成了整个工程中难度最大的沉管隧道浮运安装工程,创造了0.8毫米的最高对接精度。华北设计研究总院先后完成了"引滦入津""西气东输""陕气进京""南水北调(东线)"等一大批有影响的国家重大战略工程项目。中交一航院参与设计世界上最长的跨海大桥——港珠澳大桥,完成了亚洲第一个真正意义上的全自动集装箱码头——青岛港全自动化集装箱码头的设计。青岛港自动化集装箱码头综合采用了物联网感知、通信导航、模糊控制、信息网络、大数据、云计算和安全防范等先进技术,深度融合了码头操作、设备控制、闸口控制、电子数据交换、网站预约查

询等系统，机械设备全部实现无人驾驶，集装箱装卸、运输、堆存、收发全过程实现无人作业，在实现未来港口智能化、无人化进程中开创了成功的先例。中交天津航道局发挥产业联动优势，服务雄安建设，承担了“千年秀林”项目，探索出我国首例平原地区大面积的异龄、复层、混交样式的近自然森林建设方案，运用信息化手段管林护林，逐步创建数字森林。

近年来，河西区设计企业融入“一带一路”，深度参与或主导了众多海外重点工程项目设计。中水北方公司较早步入国际设计市场，先后承担了 40 余个国家的 100 余项水利水电、市政、建筑工程设计、咨询、监理任务。作为“一带一路”先行者，先后承担了阿根廷、巴基斯坦、刚果（布）、刚果（金）、喀麦隆等国家最大的水电站勘测设计任务，为中国水电行业“中国标准”走向国际做出了有益探索。中交一航院的国际项目遍及 50 个国家和地区。中交一航局的海外项目涉及亚洲、非洲、欧洲、大洋洲、拉丁美洲、南极洲的 30 多个国家和地区，承接了以毛里塔尼亚友谊港、赤道几内亚巴塔港、肯尼亚蒙内铁路、马来西亚东部沿海铁路等为代表的海外重点工程。蒙内铁路连接肯尼亚首都内罗毕和东非第一大港蒙巴萨港，全长 480 千米，全部采用中国标准、中国技术、中国装备，是肯尼亚独立以来最大的民生工程。中国市政华北院参与设计了中白合作共建丝绸之路经济带的标志性工程——白俄罗斯明斯克州的中白工业园。河西区设计企业通过海外工程建设，将中国标准、中国技术输出到世界各地，有效提升了天津在国际工程建设上的参与度、影响力和竞争力。

（三）区域平台优越，综合配套完善

河西区及天津市中心城区具备支撑设计产业良好发展的优越区位、综合配套和营商环境。天津市中心城区叠加了地处天津市域中心地域、京滨发展主轴带、未来的津雄（安）发展轴带和“一带一路”重要枢纽城市的四重区位优势，具有内引外联的门户优势和广阔的腹地支撑，人才流、商品流、资金流、信息流、项目流的汇聚集散，为设计产业发展提供了广阔的机遇和便利。

河西区是天津市行政中心、文化中心、商务办公中心、对外交流的重要窗口，也是全国文明城区、国家卫生区、国家公共文化服务体系示范区、全国社会

治安综合治理先进区、国家知识产权试点城区，集聚了60余家中央、市属科研院所、高等院校和全市总量近45%的总部级金融机构，商务、医疗、教育等配套设施齐全，轨道交通网络不断完善，对外交通联系便捷。优质的公共资源和较低的商务成本，为设计产业发展提供了高质量、低成本的基础条件。2018年北京市甲级写字楼平均租金为每月13.4元/平方米，约为河西区的4.5倍。根据中国建筑设计院测算，北京总院的房租、水电成本占企业总产值的9%，而在天津第二总部占比仅为1%。运营成本降低，使企业有更多的投入专注于新技术、新市场的研发和推广，拓宽了发展空间。

二、河西区设计产业发展态势

河西区初步形成了以工程和建筑设计为主导、产业链较为完整的设计产业集群，并向多元化的设计产业体系拓展。设计产业已成为河西区新兴的支柱产业，产生了较为显著的经济效益。受益于京津冀协同发展战略，来自北京的设计产业迁移成为河西区设计产业发展的重要促进力量。河西区充分发挥设计产业发展的内外综合优势，通过设立"北方设计联盟"、出台产业扶持政策、筹建高质量的产业载体等方式，有效地提升了河西区设计产业的品牌影响力，为河西区设计产业的持续发展营造了良好的发展环境。

（一）产业集群已具规模，增长动能效应显著

2016年12月北方设计联盟成立，区内外设计企业以联盟为平台，以技术链、产业链、服务链为纽带，不断向河西区集聚，形成了一定规模和功能结构的产业集群。

联盟成立3年来，会员单位数量增长迅速，中国建筑设计研究院有限公司、中国建筑第五工程局有限公司、中铁第六勘察设计院集团有限公司以及两家子公司、天津市勘察院、天津市市政工程设计研究总院、天津勘察设计协会、天津大学建筑设计研究院、天津大学城市规划设计研究院等多家中央直属、天津市属的设计行业龙头企业先后加入联盟。目前联盟拥有会员单位152家，

比成立初增长 11.7 倍。注册在河西区的会员单位有 65 家,比 2018 年增加了 17 家,比成立初增加了 1 倍以上。

表 1　北方设计联盟会员单位和河西区注册单位数量变化(2016—2019 年上半年)

	2016 年	2017 年	2018 年	2019 年上半年
联盟会员单位数	13	37	81	152
在河西区注册单位数	近 30		48	65

资料来源:根据调研资料整理

会员单位主要分布在工程设计、建筑设计、设计关联领域。在细分行业上,工程设计和建筑设计覆盖了海岸工程、水利、电力、市政、园林、生态、景观、冶金工程、地质工程、交通、城市规划等多个领域;设计关联企业主要涉及施工、监理、工程造价咨询、地产评估、工程咨询、招标、房地产、环保科技、数字科技、画社、品牌管理、文化传播、广告、创意策划等不同行业。在工程、建筑设计及关联领域之外,联盟积极拓展工业设计和创意设计领域,先后吸引天津七一二通信广播股份有限公司(国家级工业设计中心)、天津角度科技有限公司(天津市级工业设计中心)、天津爱谷工业设计等工业设计龙头企业加入,完善了联盟设计产业版块。总体上,形成了以工程、建筑设计和关联领域为主体,拓展工业设计、创意设计的完整产业布局,一个由技术链—产业链—服务链构建的设计产业生态闭环已具雏形。

表 2　北方设计联盟会员企业数量及业务领域

	企业数量	覆盖领域
工程设计	72	海岸工程、市政、园林、水利、生态、电力、景观、冶金、地质、交通、城市规划等
建筑设计	11	建筑设计
设计关联	60	施工、监理、工程造价咨询、招标、房地产、地产评估、工程咨询、环保科技、数字科技、画社、品牌管理、文化传播、广告、创意策划等
工业设计	6	产品设计、品牌设计
创意设计	3	动漫设计、平面设计、媒体设计、企业形象策划、展览展示、服饰形象设计等

资料来源:根据调研资料整理

设计产业集群已经成长为河西区重要的支柱产业和引领河西区产业转型升级的新动能。2015 年以来,以研发设计为核心的科学研究和技术服务业增加值占河西区生产总值的比重保持在 7% 以上,区域产业排名一直保持在第 3 位。2018 年河西区设计产业实现销售收入 170.28 亿元,全口径税收 7.15 亿元,留区税收 1.99 亿元,占河西区税收的 4.37%,占一般公共预算收入的 3.93%。2019 年上半年,河西区设计产业实现销售收入 113.4 亿元。陈塘科技商务区作为承载设计产业的核心区域,2017 年,以设计产业为支撑的科学技术与研究服务业销售收入达到 56.27 亿元,比 2016 年增长 87%;2018 年达到 65.74 亿元,同比增长 16.8%。

(二)京津协同发展是设计产业成长的重要推动因素

北方设计联盟首先凝聚和整合了河西区和天津市设计类企业的力量,并积极吸引区外设计类企业加入。目前,152 家会员企业中,天津本地企业 135 家,占全部会员企业的88.8%。外省市企业 17 家,占全部会员企业的11.2%。外省市会员企业以北京企业为主,其中北京 9 家,上海、广东(深圳)各 2 家,河南、辽宁(沈阳)、甘肃(兰州)、河北(唐山)各 1 家。来自北京的设计企业转移成为河西区设计产业发展和“北方设计之都”建设的重要推动力量。

河西区陈塘自创区借势京津冀协同发展,以“产业 + 地产”的工作思路,重点吸引北京的央企、总部型企业及其二、三级子公司聚集。近三年来,引进了中交京津冀总部、中交智运有限公司、中国建筑设计院有限公司第二总部、中能建新能源有限公司、中国电子科技集团等企业。设计及相关领域央企在项目策划、规划设计、投融资、建设运营管理等方面具有显著优势,能够有效推动区内设计、工程等相关领域企业融合发展,带动金融、投资、科研、城市基础设施等相关产业在区内集聚发展,促进了天津市及河西区与外部设计、工程市场的对接。

(三)北方设计联盟平台功能有效发挥

北方设计联盟作为设计企业组团开拓市场、展示能力、合作共赢、学习交流的平台，有效发挥中介、整合、提升功能，促进企业、高校、科研机构联合，多方拓展企业产业链、价值链，推动了设计产业开放发展、集群发展。

1.促进专业人才和技术资源集聚

北方设计联盟已发展成为设计行业高端人才集聚的平台。截至2019年上半年，联盟成员单位拥有5位院士、39位国家级大师，308位享受国务院津贴专家和超过12000名副高级以上专业技术人员。与2016年成立时相比，院士、国家级大师、副高级以上专业技术人才数量分别增长了66.7%、143.8%、160.9%。同时联盟集聚了各级各类资质，形成了全资质设计产业平台。目前，联盟内企业资质等级已达365项，其中特级资质8项、壹级资质33项，甲级资质174项（工程设计综合甲级资质4项）。联盟企业注重创新发展，多个项目获得国家科技进步一等奖，发明专利达4797项。雄厚的人才和技术资源为设计产业高质量发展奠定了坚实的基础。

2.促进设计资源及关联资源跨界整合

北方设计联盟通过加强平台建设，完善协作机制，以多种方式引导和促进政府、企业、高校、科研机构、行业协会跨界合作、优势互补、资源共享，有效地推动了区域内外设计资源的优化配置和集成利用。

3.促进市场整合与开拓

在北方设计联盟的平台上，企业不再仅是沿着原有产业边界进行简单聚集，而是围绕为客户创造价值的目标，逐步打破原有的专业化分工、央企和地方企业的边界，通过在联盟内寻找具有相关性的伙伴，通过各自资源的交互重组，实现优势互补，共同构建起互利共赢的产业生态系统。据不完全统计，2018年，联盟内企业间跨界合作达20多项，合作金额超100亿元。天津水利工程公司主业主要集中在天津及周边地区，在北方设计联盟的助力下，依托联盟企业中水北方的渠道，将业务范围拓展到辽宁、海南等地区，公司的营业收入从2016年的5.82亿元，猛增到2018年的22.8亿元，极大地促进了企业的发展；天津建筑设计院，借助中水北方长期深植“一带一路”国家的优势，承接了安哥拉罗安达安置房及基础设施的设计工作，开始走向国际市场，拓展了业务空间。

(四)产业政策支持有力

河西区委、区政府先后出台了《关于推进"北方设计之都"建设的实施意见》《关于加快推动"北方设计之都"建设的扶持办法》两个政策文件,从依托京津冀协同发展、推动产业聚集,推动"一带一路"建设和国际化发展、整合行业资源、推动多元发展、助推创新发展、加强人才建设5个方面,在设计产业的集群发展、开放发展、联动发展、资源共享、市场开拓、科技研发、人才引进、宣传推广等方面均给予一定资金支持,进一步增强了河西区现有的设计产业集聚优势。

由于设计产业高端人才密集,人才是设计产业高质量发展的关键因素,河西区重点加大对高端人才个人所得税奖励。2017年,联盟为11家发起单位兑现2016年度复合型高端人才个人所得税奖励,共计1384万元。2018年,为29家联盟单位兑现政策扶持资金,共计1941万余元。2019年,为联盟企业兑现2018年度复合型高端人才奖励,共计2074万余元;同时兑现高质量发展政策扶持资金293万余元。3年来,兑现高端人才奖励总计达到5399万元,相当于2018年设计产业留区税收的27.1%。

联盟内部分科技型企业相继获得市、区两级科技创新资金的资助。中交天津航道局有限公司、津电供电设计所有限公司等5家联盟内规模过亿元科技型企业获155万元奖励资金;天津市热电设计院有限公司等2家国家级高新技术企业获50万元奖励资金;中水北方勘测设计研究有限公司申报市级工程中心和科技"小巨人"领军企业培育重大项目,共获得400万元资金支持。3年来,联盟内企业累计获得政策扶持资金近6300万元,有效地推动了设计产业的发展和"北方设计之都"的建设。

(五)筹建高质量的产业载体

一是利用颐航大厦、陈塘服务中心等现有商务楼宇,打造北方设计中心。颐航大厦建筑面积4万平方米,是中交第一航务勘察设计研究院有限公司建设的商务楼宇，北方设计联盟积极引进设计企业入驻该楼宇，打造北方国际设计中心。2018 年，中国建筑设计研究院有限公司天津分公司正式进驻运营。陈塘服务中心位于洞庭路，建筑面积 2.4 万平方米，经联盟积极洽谈，已引进天津市勘察设计协会，中国市政工程西北设计院有限公司天津分院、中国工艺美术协会地毯专业委员会。二是策划在陈塘科技商务区内打造北方创意设计产业园，现已完成初步策划方案。三是筹划建设北方设计联盟总部大楼。总部大楼是联盟自持楼宇，规划总用地面积 8100 余平方米，建筑面积 7600 余平方米，目前已完成设计方案征集。大楼建成后，将用于提供孵化基地、人才聚集、资源共享、扩大设计创新力量，吸引更多人才和企业入驻大楼，集聚陈塘科技商务区。同时，以大楼为新的辐射基准点，向周边拓展设计市场。

（六）设计产业的品牌影响力逐步提升

河西区通过申请国家火炬特色产业基地立项、参与天津市申请联合国教科文组织“设计之都”工作、发挥“北方设计联盟”产业平台功能，使河西区设计产业的品牌影响力不断提升、扩大。

国家火炬计划产业基地是在国家鼓励发展的产业领域和一定的地域范围内，通过制定发展规划、优化发展环境、提供科技服务、促进企业集聚等方式，实现高新技术产业化和培育战略性新兴产业的重要载体。2017 年，河西区陈塘科技商务区获评国家火炬工程设计特色产业基地，提升了河西区设计产业在行业内的知名度，增强了河西区设计产业在国内的示范、带动和集聚效应。

“设计之都”是联合国教科文组织创办的“创意城市网络”中的一部分。入选城市须符合多项标准，如形成一定规模和水平的设计产业，具有成功举办国际级设计交易会、活动和展览的经验，具有设计特色的城市形象等。作为天津市设计产业的主要集聚功能区，河西区承担了申请“设计之都”的重要任务。申请“设计之都”提升了河西区和天津设计产业的国际影响力，为设计产业创新发展注入了新的动力。

北方设计联盟发挥平台宣介功能，以多种方式加大宣传推广力度，将河西区设计产业及联盟的品牌影响力拓展到全国范围。据不完全统计，近两年联盟主办、承办 19 次各类专业学术论坛、交流会、推介会、国际设计大赛。此外，联盟在现有品牌宣传媒介基础上，对接微信、抖音等新媒体平台，进行联盟信息表达、品牌视频、内容聚合等方面的宣传推广工作，取得良好效果。抖音平台粉丝量已超 1.5 万，联盟微信公众号粉丝数已超 2 万，已产生一定的影响力。

三、河西区设计企业问卷调查

企业是产业发展的主体，也是政策制定和扶持的主要对象。本文从设计产业集聚情况、设计产业平台功能发挥、设计产业联动效应、产业扶持政策有效性、设计产业发展趋势五方面设计了调查问卷，从企业层面深入了解设计产业发展情况。

（一）调查企业基本情况

根据对北方设计联盟的实地调研，联盟现有 152 家会员企业。通过北方设计联盟对会员企业进行了调查问卷的发放，有 10 家企业予以反馈。从主营业务看，10 家企业均分布在工程与建筑设计领域。按照国家统计局《统计上大中小微型企业划分办法（2017）》的标准，大型企业有 2 家，其员工数量分别为 3737 人、1300 人；中型企业有 5 家，其员工数量分别为 290 人、209 人、203 人、180 人、127 人；小型企业有 2 家，其员工数量分别为 58 人、38 人；微型企业有 1 家，员工数量仅有 4 人。

反馈调查问卷的企业中，企业 1 是工程设计领域的代表性企业，2018 年营业收入 818638 万元，拥有国家级企业技术中心 1 个、省部级企业技术中心 4 个、省部级企业重点实验室 1 个、涵盖设计、科研、综合类勘测等业务的设计研究院 1 家。企业 2 是天津地区最大的综合性建筑设计单位，也是全国综合性建筑设计单位 10 强之一，2018 年上缴税款 8000 万元。企业 6 是来自新加坡的跨国公司，企业 5 是国内异地企业。企业 1、企业 2、企业 4、企业 5、企业 9 是国有企业，其余均是民营或外资企业。

总体看，调查企业覆盖了大、中、小、微等不同规模，国有、民营、外资等不同所有制类型，工程和建筑等主要业务领域，具有比较全面的代表性。

表 3　调查企业基本情况

序号	企业来源地	主营业务	员工数（人）	营业收入（万元）	税收（万元）
1	河西区	港口航道施工、水工建筑勘察测量等	3737	818638	
2	河西区	民用建筑设计	1300		8000
3	河西区	建筑工程设计、城市规划设计、景观设计、园林绿化工程设计及技术咨询服务	209	11391	689
4	河西区	水运工程、建筑工程	203	13570	1438
5	上海市	环境岩土工程技术研发与服务	290		
6	新加坡	城市规划、建筑设计、景观设计、施工图设计	180		
7	天津市	建筑工程设计、规划设计、电力工程设计、园林景观工程设计	127	4000	
8	河西区	建筑工程设计、规划设计；工程管理服务；工业智能制造装备系统设计；机器人工作站系统设计；电控系统设计	58	3954	130
9	河西区	土木工程建筑、地基基础工程施工、港口码头施工	38		
10	河西区	建筑装饰装修工程设计、施工及承包；工程技术咨询服务；环境艺术设计	4	1.45	0.0143

资料来源：根据问卷调查数据整理

（二）关于产业集聚情况的调查

河西区是“北方设计之都”功能的主要承载区域，也是未来吸引设计企业集聚的首要功能地域。影响设计企业在河西区集聚的因素是政策和规划制定的重要依据。

在河西区注册的 8 家调查企业中，均把“政府机构和公共资源集中，生活配套便利”列为企业选择在河西区发展的主要因素，在各因素中位居第1。第2位是“同业集聚的氛围，有利于合作”，有6家企业选择了这一因素。“营商环境良好”“政府出台产业扶持政策”并列第3位，有5家企业均选择了这一因素。“高素质专业人才易得”是第4位，有4家企业选择了这一因素。“天津联通国内国外、汇聚资源的区位地缘优势”是第5位，有3家企业选择了这一因素。“金融机构集中，融资便利”是第6位，有1家企业选择了这一因素。

从各因素的排位看，包括政府机构在内的社会公共设施的功能完善配套情况，即区域整体的资源集聚和发展水平，亦即区域整体的平台功能效应，对吸引企业集聚具有最重要的影响。可以说，如果具有这样条件的区域，最初即使没有设计产业，它本身的优势也会内在地吸引设计产业前来发展。这与全球范围内设计产业向大都市地区集中的趋势是一致的。企业的选择表明河西区在该方面的优势是非常显著的。

同业集聚居第2位，表明在社会集聚的基础上，已有的产业集聚是影响企业是否前来发展的最重要因素，河西区设计产业集聚形成的交流、合作氛围对企业有较强的吸引力，是河西区推进设计产业发展的基础性有利因素。良好的营商环境和政府积极有效的作为，对于吸引企业前来集聚发展影响很大，如果说前两位因素在很大程度上是长期发展和历史积淀的结果，具有相对的稳定性，那么营商环境的改造和适用政策的出台，是短期内主动作为就可见效的，大部分企业将其作为落地选择的重要依据也表明河西区在这两方面的成效显著。

天津的宏观区位优势在因素排位中比较靠后，可能是中国宏观经济格局南北分化，长三角和珠三角发展优势相对领先的反映。另一方面，对某一具体行业的发展，更在意的是在大区域中小区位的有利程度。河西区的金融优势对企业前来发展影响并不显著。在实际调研中，有金融机构曾与北方设计联盟探讨合作，但由于金融治理趋紧、大企业有自身的融资渠道，这方面的合作尚没有推进和展开。

河西区设计产业集群形成的产业优势和竞争力在全国的地位，在10家调查企业中，有3家认为居于上等位置，是全国一流水平；有7家认为是中上位置,与全国一流水平尚有差距。从行业内企业的自我认知判断,应该居于中上游水平。与深圳、上海、北京和武汉等进入“设计之都”行列的城市相比,尚有一定差距。关于河西区设计产业集群的短板,根据调查企业的反馈意见,可归结为 7 个方面:(1)创新能力不足;(2)企业之间合作交流不够;(3)国际化程度不足;(4)高端设计人才相对匮乏;(5)与关联行业的联系需要加强;(6)设计企业对区域的优势挖掘不够;(7)区域总体实力上的差距。

(三)关于产业平台功能的调查

产业联盟等开放性平台有利于行业内企业合作共赢,促进设计产业集群化、专业化、高品质发展。本文从企业的角度对北方设计联盟的平台功效进行了评估。

北方设计联盟有效地发挥了吸纳新会员、整合行业内企业的平台功能。根据调查,很多会员企业是通过同行单位引介或上下游关联单位引介加入联盟的。有助于适应市场竞争和提升创新能力是企业对北方设计联盟平台功能的重要期望。根据企业的反馈,企业加入北方设计联盟的考虑主要有:开拓市场、扩大知名度、加强技术交流、获取与同行或上下游单位合作机会、提升创新能力、有利于多元化发展、便于招聘人才等。其中,获取与同行业或上下游单位合作机会、开拓市场、促进多元化发展、扩大企业知名度等与市场竞争适应有关的因素是企业最看重的,其次是加强技术交流和提升创新能力,便于招聘人才则没有其他因素那样重要。总体看,加入北方设计联盟的企业彼此之间的业务交流并不频繁,但是联盟内企业对北方设计联盟的平台功效仍给出了积极的评价。大多数调查企业认为北方设计联盟在开拓市场、扩大知名度、加强技术交流、获取与同行或上下游单位合作机会、提升创新能力、有利于多元化发展、便于招聘人才等方面对企业的帮助是有效或很有效的。对于北方设计联盟平台功能的完善,根据调查企业的建议,可归结为以下几个方面:(1)加强交流沟通,促进市场合作;(2)多与企业合作举办技术交流会,既可以扩大企业知名度,又可以加强同行或上下游之间的交流;(3)加强法律咨询和服务;(4)促进市场竞争秩序的维护或倡议;(5)为企业提供生存发展的交流路径。

（四）关于产业联动情况的调查

设计产业是专业性较强的技术服务行业，与施工、监理、工程造价咨询、招标、房地产、地产评估、工程咨询、环保科技、数字科技、品牌管理等下游和相关的专业性服务行业密切关联，也与法律、财务、知识产权、科技服务业等一般性服务行业有密切关系。本文着重考察了设计产业与法律、财务、知识产权、科技服务业等高端服务业的联动发展情况。

根据企业对调查问卷的反馈，调查企业中有一半与河西区或天津市的法律、财务、知识产权、科技服务业有较多或很多的合作和业务来往，但也有一半企业与河西区或天津市的法律、财务、知识产权、科技服务业合作的紧密程度一般或联系较少。从企业的合作意向看，所有调查企业都愿意或很愿意加强与河西区或天津市的法律、财务、知识产权、科技服务业合作。目前在合作中存在的问题主要有：(1)服务费用高；(2)不够方便；(3)缺少中介撮合。

（五）关于产业扶持政策有效性的调查

通过政策调配相关资源、聚焦产业发展中的重要问题和关键环节，是促进产业发展的重要手段和途径。河西区近年来先后出台了《关于加快推进“北方设计之都”建设的实施意见》《关于加快推动“北方设计之都”建设的扶持办法》等政策。本文通过企业问卷调查，对扶持政策的有效性进行了了解和评价。

大多数调查企业对两项扶持政策的相关内容都比较了解。对购买办公载体补贴、办公房屋租赁补贴，企业税收减免，个人所得税减免，高层次人才资金奖励，人事关系调动、落户、子女入学便利化，专项贷款担保资金补贴，促进业务协同发展的支持政策和资金扶持，“一带一路”建设和国际化发展资金补贴，支持学术、信息、市场交流活动和平台建设资金补贴 10 个方面的具体政策支持内容都比较满意或很满意。各项政策中，企业最满意的是：(1)围绕高端人才的支持政策，包括高端人才申报、高端人才资金奖励、个人所得减免等；(2)科技研发政策支持力度较大；(3)整合行业资源、促进业务协同发展和多元发展；

(4)给予民营企业参与荣誉奖项评选的资格。这些政策涉及了设计产业发展中的关键点:高端人才、研发创新、行业协同发展、企业多元发展。总体看,河西区设计产业扶持政策是有效的,得到了企业的良好评价。关于政策的不足之处,有企业指出,已出台的扶持政策未能全部落实;在国际化的形势下,支持企业走出去的扶持政策还比较少;在技术交流会议方面的支持仍可进一步加大。一些企业提出了一些诉求:在支持企业走出去和人才引进方面加大政策支持和补贴力度;整合设计资源,加强合作,鼓励创新;提供法律咨询、税务筹划等服务;搭建更大的信息交流平台等。

(六)关于行业发展趋势的调查

根据调查企业反馈,目前企业运行中面临的困难主要是:受国际、国内经济增速影响,行业需求下降,项目缩减,市场萎缩;市场竞争激烈、无序,企业运营成本上升;企业转型升级困难,市场开拓能力有限;人才流动加大,人才引进困难。

从长期看,大多数设计企业认为本行业的发展趋势主要是:业务领域多元化;生产手段信息化;市场开拓国际化;行业发展链条化、集群化、标准化;业态创新。

调查企业认为,决定本企业和本行业发展的因素有:市场需求的增长、良好的品牌和信誉、领先的技术水平、较高的设计质量、积极开拓市场、拥有高水平的人才队伍、便利且低成本的融资体系、良好的市场秩序、高效协作的产业链和产业集群、地理区位、政策支持等。其中,良好的品牌和信誉、领先的技术水平、较高的设计质量、拥有高水平的人才队伍、市场需求、高效协作的产业链和产业集群是前六位因素,即企业自身的实力、行业的整体发展水平和市场需求是设计企业和设计行业未来发展最重要的因素。

面向高质量发展,以及与国际先进水平比较,调查企业认为设计行业发展中存在的主要问题有:业务领域单一,新业务发展缓慢;技术水平有差距;创新能力不足;市场开拓力量不足;资金积累不足,融资困难,不能满足业务发展需要;高端国际化、复合型人才缺乏;信息化手段应用不足;收入分配、用人、职称评定等体制机制不活；行业内部及上下游行业之间缺乏整合协调，不能发挥整体优势；开拓国际市场的专业化配套服务供给不足。其中最突出的前五个问题是：业务领域单一，新业务发展缓慢；市场开拓力量不足；高端国际化、复合型人才缺乏；创新能力不足；开拓国际市场的专业化配套服务供给不足。

在业态模式的选择上，根据调查结果，从行业总体看，打造设计业务品牌，专注于发展各设计专业；发展以设计为龙头的工程总承包；不断强化设计业务，逐步向工程总承包、工程咨询、工程监理等相关多元化方向发展是设计产业业态发展的三个基本趋势。但不同类型的企业又有差别，对于综合性的大型设计企业和工程企业，发展以设计为龙头的工程总承包和以设计为基础走向多元化发展是未来主要的业态取向；对于大多数中小微设计企业，打造设计业务品牌、专注于发展各设计专业是其主要的业态选择。

在市场拓展上，根据调查结果，在国内，河西区设计产业的业务市场形成了以华北（京津冀晋蒙）、华东（苏浙沪鲁）为核心向其他地区拓展的格局。在全国拓展的总体格局下，还显示出了由区位和经济发展水平等因素决定的地域性。相对而言，综合性的设计和工程企业市场开拓能力更强，市场拓展的范围更广。国际上，河西区设计产业的业务主要分布在亚洲和非洲。在亚洲，主要是东北亚、东南亚、中亚和南亚。一些综合实力较强或国际化程度较高的外资设计企业，欧洲也是其业务拓展的重要区域。总体上，"一带一路"沿线国家是河西区设计产业业务拓展的重点。走出去拓展国际市场的主要是有实力的综合性大企业，一般中小企业还没有条件走出去。

四、河西区设计产业发展的基本判断与对策建议

（一）河西区设计产业发展的基本判断

1. 设计产业已经成为河西区新兴的支柱产业

河西区基本形成了以工程、建筑设计和关联领域为主体，拓展工业设计、

创意设计，具有一定规模和功能结构的产业集群，由技术链—产业链—服务链构建的设计产业生态闭环已具雏形。设计产业增长动能效应显著，2015 年以来，以研发设计为核心的科学研究和技术服务业增加值占河西区域生产总值的比重保持在 7% 以上，在区域产业排名一直保持在第三的位置。

2. 设计产业发展潜力巨大

在全球范围内，设计产业向大城市、向国际化的中心城市集中，是设计产业发展的一般性、主导性趋势。设计产业分工细化和多元化、集群化发展所依托的人才、资金、技术、市场、产业基础、行业发展的氛围等经济社会条件，只有大城市才能比较全面地具备。河西区和天津市中心城区优越的区位、良好的综合配套和营商环境，为设计产业的发展提供了高质量、低成本的基础条件，广阔的机遇和各种便利，是吸引设计企业前来发展的首要因素，这个基本条件决定了河西区设计产业发展潜力巨大，前景良好。

3. 设计产业与国际国内先进水平相比有差距

河西区设计产业发展水平在国内大体上处于中上游地位，与深圳、上海、北京和武汉等进入“设计之都”行列的城市及国际先进水平相比，尚有一定差距。设计产业发展的差距一方面源于经济发展总体实力上的差距，在一定程度上是中国宏观经济格局南北分化，长三角和珠三角发展优势在设计产业领域相对领先的反映。另一方面，也是设计产业本身的差距，主要表现为：业务领域单一，新业务发展缓慢；市场开拓力量不足；高端国际化、复合型人才缺乏；创新能力不足；开拓国际市场的专业化配套服务供给不足等。

4. 工业设计与创意设计产业发展不足

在由工程、建筑设计，工业设计，创意设计等产业板块构成的设计产业体系中，河西区在工程、建筑设计业具有突出的行业领导力，在国内国际市场上具有较强的竞争力。在工业设计和创意设计板块则较为薄弱，与天津综合性大工业基地、港口城市、商业中心的地位不相适应。挖掘天津蕴藏的设计资源、设计需求和设计市场，服务天津制造业和消费结构转型升级、提升生活品质和促进高质量发展将是今后河西区设计产业发展的重要内容和发展方向。

5. 设计产业发展进入转型期

设计产业的功能和性质与工业化、城市化、信息化、绿色化、全球化等经济、社会、技术发展的基本趋势相结合，推动设计产业发展进入了新的转型阶段。根据设计产业发展的趋势分析，结合对设计企业的问卷调查，设计产业发展总体上呈现出以下新趋势：业务领域多元化，生产手段信息化，市场开拓国际化，行业发展链条化、集群化、标准化，业态创新。这些趋势无论是对单个的设计企业，还是整个设计行业，在技术创新、市场开拓、业务拓展、经营方式、竞争与合作等方面都产生了深刻的影响，是企业、行业、政府制定政策的基本依据。

6. 内外联动是促进设计产业发展的重要路径

设计产业的基础、设计产业发展的要素条件、设计产业发展的市场机遇在国内和全球的分布都是不平衡的。在区域一体化的潮流中，借势京津冀协同发展和“一带一路”倡议，充分利用区内外、国内外两种资源，两个市场，促进设计产业内外联动发展是河西区设计产业加快发展和转型发展的必由之路。

7. 行业平台在设计产业发展中的功能地位上升

同行业或上中下游相关行业和企业形成的产业联盟等平台，能够以更开放、更自由、更灵活的方式促进行业技术、人才、设备、市场等资源的集成和共用，满足不同技术能力、专业能力和融资能力的企业分享行业发展机遇，是设计领域顺应跨界多元发展趋势，促进行业集成发展、提升行业价值的有效形式。什么样的平台能够更好地适应企业和行业发展的趋势和企业发展的需要，仍在设计产业转型发展的实践中摸索和演变。但加强横向联合，促进政产学研用金联动、融合，使平台拥有更加丰富的功能，满足行业和企业综合发展、多元发展、联动发展的需求，更好地适应快速变化、复杂多样的市场需求是平台功能升级的基本方向。

8. 政策扶持从资金支持走向营造发展环境

目前河西区设计产业扶持政策的重点是围绕促进设计产业集群迅速做

大,以资金奖励,特别是高端人才的资金奖励和个人所得税减免为主要手段,吸引设计企业来河西区发展。随着联盟会员企业数量迅速增长和在河西区落地、注册企业逐步增多,以及设计产业面向高质量发展的转型升级愈来愈迫切,政策工具的选择应从直接的资金支持转向营造更好的发展环境,重点是通过便利化、普惠式的制度化管理和市场化运作,充分发挥河西区区域平台的综合优势,为设计人才的工作、生活和学习,为设计企业的创业、转型和发展提供更加宽松、优越的环境,为行业交流和合作提供功能更加完善的平台,为创意设计者和消费者提供交互体验平台。

(二)关于河西区设计产业发展的对策建议

1. 进一步明确河西区设计产业的战略功能定位

在河西区"北方设计之都核心功能区"的基础上,应进一步明确设计产业的功能定位,为推进设计产业的发展,提供明确的、适宜的顶层指引。考虑到设计产业战略性、基础性、综合性、知识技术人才密集的产业性质与特征,天津"一基地三区"的国家战略功能定位与天津社会主义现代化国际大都市的建设目标,河西区和天津市发展设计产业的基础、设计资源禀赋、市场需求和发展潜力,河西区设计产业的功能定位宜定为:与天津"一基地三区"的国家战略功能定位和天津社会主义现代化国际大都市建设目标相匹配的战略性新兴服务业。在此基础上,应从城市发展战略的高度,明确河西区设计产业发展的战略、目标、体制,将建设北方领先,具有世界级影响力的"设计中心"作为河西区设计产业的发展目标。

2. 全方位挖掘设计产业的发展潜能

发挥国家中心城市、综合性工业基地、商业中心、"一带一路"枢纽节点的多重优势,利用河西区核心城区的区位优势,构建与天津和河西区多重优势与发展潜力相匹配的,以工程、建筑和规划设计、工业设计、创意设计三大产业板块为主体的横向设计产业体系,以三大产业板块为引领的纵向一体化设计产业链体系,纵横交错,全面挖掘和释放天津市和河西区设计产业发展的综合优势和潜力。

在三大设计产业板块中，河西区的工程、建筑设计基础最好、实力最强。工程设计的重点是在巩固提升港口设计、建筑设计、市政设计、水利水电设计原有优势的基础上，主动贯彻国家绿色发展新理念，积极向生态修复和环境治理新领域拓展业务。同时在业态模式上，向技术、资金、管理门槛更高，附加价值更高的工程总承包领域发展。

河西区工业设计的重点是聚焦消费品工业设计，同时随着环城 4 区和滨海新区先进制造业的发展，推进具有研发性质的工业设计的发展。创意设计的发展重点是适应后工业化社会消费的精神性、价值性、体验性、个性化、定制化趋势，发展动漫设计、服装设计、美术设计等类别，让更多市民和社会力量参与到创意城市的建设中。在设计产业板链体系的构建上，宜以工程、建筑和规划设计带动设计环境生态的改善，发挥河西区综合配套完善的优势，形成整合、汇聚各类设计资源的良好环境，带动工业设计、创意设计的发展，并以丰富的设计产业内容融入国际交流与合作的舞台，形成内外联动、互促共进的良性循环。

3. 顺应设计产业转型升级趋势推进设计产业高质量发展

适应设计产业业务领域多元化、生产手段信息化、行业发展集成化等转型升级趋势，着眼于设计企业和设计产业灵活、便利、低成本地集成利用设计资源和社会经济资源，更好地适应多元、多变的市场需求，重点推进设计产业跨界融合发展、企业体制改革和技术创新。

以多元、融合发展的理念，推进城市产业—文化—社会—生态综合设计体系和设计产业集群、设计产业链条的构建。鼓励工程、建筑设计企业在海岸工程、水利、电力、市政的基础上向园林、生态、景观、工业工程、地质工程、交通、城市规划等新兴领域拓展；发展和引进施工、监理、工程造价咨询、地产评估、工程咨询、招标、环保科技等关联产业；引进画社、品牌管理、文化传播、广告、策划等创意产业。拓展工艺美术、智能家居、服装服饰、智能穿戴、包装印刷、养老用品和服务等领域的创新设计，推动消费品产业“增品种、提品质、创品牌”。围绕新一代信息技术、智能制造装备、生物医药与高端医疗器械、新能源与智能网联汽车、航空航天、海洋工程装备、智慧能源装备、节能环保等领域，逐步培育工业设计产业。推进设计产业与美丽天津、宜居城市建设融合发展，发挥设计产业功能，促进历史文化风貌区、历史文化名镇（村）、文物保护单位、传统村落和历史建筑的保护和利用；优化红色旅游、工业旅游、建筑旅游、博物馆旅游、市井风情旅游等特色旅游线路的开发设计；提升都市农业经营场所和产品的创意设计；推动生态环境质量总体改善，提高优质生态产品供给能力，为提高天津市竞争力和吸引力提供有力支撑。

深化企业体制改革，为设计产业的要素流动与业态创新创造必要的配套环境。在市场经营主体快速增长、市场竞争趋于激烈、供求节奏和技术创新不断加快的新的行业发展环境中，设计产业高效率、高效益的发展更加依赖资源的适时优化配置，并由市场来确定企业的生存与发展，与此相应，行业内的并购重组也在加快。与过去注重规模效应的简单组合式并购重组相比，新形势下的并购重组追求合用资源的有效整合，注重提升服务价值，形成高效的业务模式，构建可控的、完整的生态产业链。为此需要深化设计企业产权制度改革，建立现代企业制度，完善企业法人治理结构，推动管理创新和业态创新。构建多种体制共生多赢的企业制度和管理体制，增强设计企业适应新常态、实现健康发展的内生动力。

推动新技术应用，提高设计产业的综合效益。支持设计企业建设跨地域、跨时空的信息集成管理平台，提升管理水平，实现业务、技术、资金、人力、知识等资源综合管理，助力企业转型发展。鼓励设计企业综合利用节能环保、清洁生产、生态修复和保护等绿色技术，提升业务能力。推动设计企业广泛应用协同设计、三维设计、动态模拟等技术，促进物联网、云计算、移动互联网、大数据、智能制造等新技术的集成应用，实现勘察设计手段创新，深度推进建筑信息模型（BIM）和数字化工厂（DF）在工程建设运营全过程中的应用，实现全生命周期数据共享和信息化管理，改进项目规划、设计和建设流程，提高工程建设综合效益。

加强技术与资本融合发展，提高设计产业市场运营能力。引导技术与资本融合，鼓励有条件的设计企业上市融资，引入战略投资，扩展服务领域和经营规模，促进建设—经营—转让(BOT)、民间融资(PFI)等业务模式推广，鼓励企业以政府和社会资本合作(PPP)模式参与政府主导的基础设施建设项目，增强企业在工程建设中的主动权。促进大型设计企业向具有项目前期咨询、项目管理和融资等集成化服务能力的工程公司或工程顾问咨询公司发展，中小型企业向具有较强专业技术优势的专业公司发展。

4. 在进一步深化开放中做大做强设计产业

充分利用国内国外两种资源、两个市场，借势新一轮对外开放、京津冀协同发展、长江经济带发展、粤港澳大湾区建设、长三角一体化发展、黄河流域生态保护和高质量发展、乡村振兴、共建“一带一路”等国家发展战略机遇，一方面，充分发挥河西区的综合优势，以构建高质量设计产业体系为指引，加强集群链条招商，推动“引资”“引技”“引智”有机结合，在区内外、国内外设计产业的合作交流中做大做强河西区设计产业；另一方面，发挥河西区设计产业集群的综合优势和潜力，不断拓展国内外市场，提升设计产业竞争力。

发挥京津同城化、国家中心城市、港口城市、工业中心、商业中心的优势，加强设计产业载体和产业生态建设，吸引和承接北京、北方地区及国内等不同地域设计产业、设计资源的迁移。借助夏季达沃斯论坛、津洽会等各种重要招商平台，定期开展以设计产业为主题的招商活动，吸引跨国公司和国外著名设计机构在河西区设立设计研发总部或分支机构。鼓励有实力的设计企业面向京津冀、周边区域及国内设计服务市场，积极拓展市场布局，加快外埠分院属地化、实体化建设，提升驻外机构的综合能力，优化扩大全国市场覆盖范围，深入挖掘市场潜力。推动企业参与国际竞争与合作，多渠道拓展海外业务。制定“走出去”激励政策，鼓励有条件的企业创建国际型工程公司、工程咨询顾问公司，通过企业联盟、海外并购等方式拓展业务能力，提高国际市场竞争力，鼓励企业积极参与“一带一路”建设，鼓励大型企业主动“走出去”参与国际竞争，鼓励有特色专长的中小企业“借船出海”开拓海外业务。加强与联合国教科文组织创意城市网络成员的交流合作，开展各类设计战略合作与交流论坛，拓宽河西区设计产业的国际视野、合作机会，吸引国际上设计产业发达都市的企业、人才来津发展。

5. 建设功能完善的产业平台组织

加强北方设计联盟的行业公共服务能力建设。一是进一步扩大联盟的行业覆盖范围，在已有的 6 个技术专业委员会的基础上，设置创意设计专业委员会，在不同的行业专业委员会和专业领域之间形成有效的互动机制，扩大联盟的行业基础，整合更多的行业资源，共建产业服务平台。二是加强与各协会之间的联系，创造更多的交流机会，培育和挖掘更多的优秀企业、人才与设计成果，进一步盘活联盟的人才、技术、渠道和市场资源。三是依托行业组织、设计机构、相关高校，加强设计基础研究和设计工具开发，发展公共设计服务平台。四是搭建和推广“工业云”平台，为中小企业提供仿真设计和计算机辅助设计、辅助工程、辅助工艺设计、辅助制造等服务；推动建设工程、建设、规划、工业、创意设计与节能环保、清洁生产、生态修复和保护、智慧城市、绿色建筑等新技术融合创新的行业性专业化公共服务平台。五是把握和适应设计服务市场需求的变化趋势，依托各专业设计协会、社团组织、企业，及时推动新的专业子平台建设，促进设计资源的动态整合和优化配置。六是适应市场化、法制化、治理能力现代化的发展趋势和要求，推动法律咨询、知识产权服务平台建设，促进行业规范、公平竞争，倡导自律、诚信的价值准则。七是根据条件、可能和形势，促进金融服务功能平台的建设，开展银企对接会和相关政策推介会，在银行贷款、创业基金、孵化器和战略咨询等方面为会员企业，特别是中小微会员企业提供帮助。

6. 制定功能导向性的产业扶持政策

从长期看，产业发展的综合配套条件和营商环境是影响设计企业发展更基础的因素，进一步的政策引导需要从相对单一的资金刺激导向，转向更为综合的市场环境功能提升导向。

实施高端人才战略。高端人才是设计产业发展的根本，设计产业转型升级和高质量发展需要一批工程技术、工业设计、创意设计、投资、融资、法务、管理和通晓国际市场规则的高端人才。河西区设计产业存在着高端设计人才相对匮乏，流向北上广的现象。为此需要完善符合设计行业特点的人才使用、流动、评价和激励机制，形成针对特殊、紧缺及创新型人才成长与发展的激励机制。探索实施技术、管理要素参与分配的中长期激励政策，提高高端人才劳动报酬；完善职业资格认证体系和职称评价标准，为高端人才创造上升空间；打破体制、身份和资历的界限障碍，营造使优秀人才脱颖而出的制度环境；在人事关系调动、落户、子女入学、人才公寓等方面给予高端人才更优惠和便利的支持。

提供便利、合适的融资渠道。支持符合条件的设计企业上市。鼓励设计企业发行公司债、企业债、集合信托和集合债、中小企业私募债等融资工具。推进形成包括银行、担保机构、投资基金等的多源投融资体系，支持设计产业发展。构建适合中小微企业的低成本融资平台。鼓励金融机构创新产品和服务，为设计企业提供综合金融产品和特色金融服务，拓展贷款抵（质）押物范围，探索开展软件著作权、品牌等无形资产和收益权抵（质）押贷款。

促进技术创新。建立符合科技创新规律和市场经济规律的科技成果转移转化体系，促进创新成果资本化、产业化。支持设计企业发挥设计和专利及专有技术优势，拓展项目综合技术服务能力。进一步加大对原创设计和精品设计的激励力度，激发设计人员创作热情，促进工程设计创新、文化创意产业、工业设计创新融合发展。构建适合中小微企业的技术创新公共服务平台，降低创新成本。

保护知识产权。引导设计企业对设计技术、创意作品及形象积极进行专利申请、商标注册、著作权（版权）登记。加强设计知识产权保护与应用，建立低成本、便利的设计知识产权交易平台和社会中介服务机构。强化设计知识产权的行政执法以及民事、刑事司法保护，建立行政执法与刑事司法相衔接的工作机制。依法严厉打击侵权、假冒、盗版等侵犯知识产权的违法行为，建立设计行业社会信用“黑名单”制度，保护原创企业设计创新的合法权益和创新的积极性。

推进行业标准建设。鼓励行业协会发挥主体作用，制定满足勘察设计市场和创新发展需要的团体标准，供市场自愿选用。鼓励企业根据发展需要，自主制定和实施高于国家标准、行业标准、地方标准，具有竞争力的企业标准。增强能源资源节约、生态环境保护和长远发展意识，注重标准先进性和前瞻性，适度提高标准对安全、质量、性能、健康、节能等强制性指标要求，通过标准水平提升，提升工程设计质量水平和行业竞争力。推动中国标准"走出去"，完善标准外文版译制和宣传推广工作机制，鼓励设计行业协会和设计企业积极参与国际有关标准化组织的交流合作，积极推动"一带一路"和"走出去"项目采用中国标准。

规范市场竞争。完善工程勘察设计行业法规制度，以加强企业资质和个人执业资格动态监管为手段，以推进工程担保、保险和诚信体系建设为重点，完善勘察设计市场运行体系。推进诚信体系建设，完善各类市场主体和注册执业人员的信用档案，及时采集并公布诚信信息，加强对诚信信息的分析和应用；推行市场准入清出、勘察设计招投标、市场动态监管等环节的差别化管理，逐步培育依法竞争、合理竞争、诚实守信的勘察设计市场。健全勘察设计行业管理信息系统，实现对各类市场主体、专业技术人员、工程项目等相关数据的共享和管理联动，提高监管效能。落实勘察、设计主体责任，提高市场和质量监管效能。充分发挥行业协会作用，加强行业自律和诚信体系建设，探索建立可追溯体系。

推动企业参与国际竞争与合作。支持有条件的企业创建国际型工程公司、工程咨询顾问公司，通过企业联盟、海外并购等方式拓展业务能力，提高国际市场竞争力。支持有实力的大企业积极参与"一带一路"建设，对接所在国发展战略和规划，创新产融合作，探讨开展投建营一体化模式业务，加强大型综合类项目的策划运作，鼓励有特色专长的中小企业开拓海外业务。制定"走出去"激励政策，完善政府服务平台，简化对外投资核准手续，推行境外投资备案管理。支持设计行业协会组织国际交流与合作活动，搭建国际市场信息服务平台。

参考文献：

李慧、陈晨：《让设计融入产业改变生活》，《光明日报》2018 年 10 月 10 日 。

米彦泽：《大力推动"产业设计化"和"设计产业化"》，《河北日报》2019 年 1 月 21 日。

魏际刚、李曜坤：《从战略高度重视工业设计产业发展》，《纺织科学研究》2018 年第 8 期。

致公党北京市委课题组：《以设计产业为核心打造城市副中心标志性产业集群》，《前线》2018 年第 4 期。

《国内外设计产业发展概况》，https://www.doc88.com/p-5935003310873.html。

董碧娟：《中国设计产业进入快速成长期》，《经济日报》2018 年 4 月 19 日。

陈芳等：《阿根廷布宜诺斯艾利斯的创意城市发展路径及其实践研究》，《现代城市研究》2013 年第 11 期。

祝波善：《冲突中的理性思考与创变力量》，《中国勘察设计》2018 年第 9 期。

《一弯清流盘活一池春水——河西区打造"北方设计之都"核心区调查》，http://tj.sina.com.cn/news/2019-04-22/detail-ihvhiqax4471806.shtml。

李柏彦：《打造"设计之都"的主力军 走近北方设计联盟》，《求贤》2018 年第 11 期。

《天津陈塘国家自主创新示范区获批国家火炬特色产业基地》，http://www.tjctcp.cn/viewdoc.php? id=353。

刘菲菲：《天津河西区：产业联动创新实践再下一城》，http://www.cet.com.cn/dfpd/jzz/tj/tj/2145355.shtml。

北方设计联盟：《回顾 2018 年北方设计联盟大事记》，http://www.ndu-tj.cn/lmdt/cyhd/。

柴莹：《北方设计联盟两年成员单位已增至 81 家 产业集群初现》，http://www.sohu.com/a/295864195_120044163。

孙一凡：《北方设计联盟展现天津"北方设计之都"魅力》，http://tj.people.com.cn/n2/2019/0220/c375366-32662411.html。

《北方设计联盟召开"创新推动发展、设计改变世界""设计之都"主题论坛暨北方设计联盟 2018 大会》，http://www.tjctcp.cn/viewdoc.php? id=459。

李柏彦：《亚洲第一"无人码头"天津设计——访中交一航院中海设计事业部副总经

理、教授级高级工程师龚小红》，http://www.ndu-tj.cn/lmqk/index.shtml。

李柏彦：《以守护绿水青山为己任——访中交（天津）生态环保设计研究院有限公司党委书记、执行董事胡保安》，http://www.ndu-tj.cn/lmqk/index.shtml。

李柏彦：《加强队伍建设 凝聚奋斗力量——天津市市政工程设计研究总院创抓新时代发展历史机遇》，http://www.ndu-tj.cn/lmqk/index.shtml。

王朋：《整合设计促进创新转型升级之道——记天津七一二通信广播股份有限公司国家级设计中心》，http://www.ndu-tj.cn/lmqk/index.shtml。

《构建绿色生态屏障区的“操刀者”——记天津愿景城市开发与设计策划有限公司》，http://www.ndu-tj.cn/lmqk/index.shtml。

《精准错位有序承接北京非首都功能——河西区倾力打造“北方设计之都”核心区》，http://www.ndu-tj.cn/lmdt/mtbd/index.shtml。

《天堑变通途——北方设计联盟企业参与港珠澳大桥建设》，http://www.ndu-tj.cn/lmdt/mtbd/index.shtml。

产业综合篇

红桥区产业转型升级研究

（天津市经济发展研究院　魏泳博）

按照习近平同志在考察天津和京津冀协同发展座谈会上的重要讲话精神要求，红桥区牢固树立新发展理念，坚持绿色高质量发展目标，不断强化经济运行调控，着力提升经济运行质量效益。今年前三季度，地区生产总值同比增长7.8%，财政收入同比增长1%，固定资产投资同比增长21.6%；外贸进出口同比增长22.4%，社会消费品零售总额同比增长7.1%。主要经济指标增速位居中心城区前列，经济运行稳中向好，质量效益稳步提升。

一、红桥区产业发展现状

面对产业结构调整、新旧动能转换、市场变化产生的影响，红桥区坚持把提高发展质量放在首位，深入推进供给侧结构性改革，坚持将产业结构优化作为经济发展的优先方向，以构建现代化经济体系为目标，加快推进产业转型升级。

（一）传统服务业

传统服务业加快转型升级，采用电子商务等新商业模式，促进批发零售、住宿餐饮、交通运输等传统服务业逐步向专业化、高端化拓展，向精细化和高品质提升。力促商贸文化旅游业蓬勃发展，引进了大批优质商业品牌，满足了多层次消费需求，区域消费品位不断提升，与水游城、海河华鼎、海航广场等项目共同推动现代商贸业不断走向高端化。精心组织水游城等商业载体做好节庆活动，推进天津创意街、天津酒文化街等一批特色街区建设，打造南运河文化生态经济走廊和西沽公园文化品牌。

大力推进消费升级，加快夜间经济发展，消费活力进一步激发。按照天津大力发展夜间经济的工作要求和部署，打造了运河新天地、摩天轮、凯莱赛、新五爱道四个夜间经济聚集区。运河新天地夜市在全市率先开业，西北角商圈初具规模，突出运河文化，积极打造赏运河美景、品传统小吃的休闲打卡地。摩天轮夜市依托天津之眼摩天轮的天津旅游地标的优势，充分挖掘空间，打造以旅游客流为主要人群，以全国各色小吃为经营业态的网红夜市。凯莱赛夜市充分挖掘具有数十年历史的老凯莱赛夜市文化，以周围学生、居民和游客为主要客群，以突出天津河海两鲜小吃为特色，打造室内夜间经济聚集区。新五爱道夜市以经营各类小饰品、服装鞋帽、玩具、特色创意产品为主要业态，辅以少量餐饮小吃，成为周边居民夜间休闲购物的好去处。

（二）科技服务业

积极引进和培育创新主体，加快科技产业和创新要素集聚，着力构建富有活力和竞争力的科技创新生态，稳步推进科技产业的快速稳定发展。充分发挥科技企业发展服务平台作用，加大对条件成熟的企业进行股份制改造和上市的帮扶力度，支持掌握自主知识产权、具有市场竞争力的优质企业加速成长。加快各类创新创业服务平台建设，做优做强“红桥科技”和“彩虹科普”宣传平台，加快以“互联网＋”为代表的各类创新要素聚集，激发创新创业活力，营造鼓励创新创业的浓厚氛围。

加速双创资源和要素聚集，引进南开大学博士创业团队，建设“启工智能创新中心”，打造京津冀地区人工智能产业孵化加速器；通过百度开发者创业中心、赛伯乐双创云城、猪八戒天津产业园区、中科招商速普创新空间等国内领军孵化品牌扩大影响力，迅速集聚企业。继续做好意库星合伙人、青年创业园、百狼众创空间等区域品牌培育，孵化更多优质企业。推荐猪八戒天津园区、奇想众创空间申请市级众创空间备案，推荐速创空间申请国家级众创空间备案。

（三）金融业

随着投资环境改善，特色金融街区基本形成。金融机构大都集聚于芥园道与大丰路两侧，初步形成金融业集聚态势。陆家嘴金融广场落成以来，重点引进各类金融机构及各类外资金融企业。现有四大行及浦发、华夏、平安等银行及其网点，华泰证券、渤海证券、中投证券等证券企业及保险代理机构。积极引进会计审计、法律服务、保险中介、信用评级、资产评估、产权交易等与金融核心业务密切相关的各类中介服务机构，为金融机构提供配套服务，不断延伸和完善金融产业链条，提高金融产业集聚效率，达到相关产业集聚、互通、共赢的产业结构。捷信金融已入驻陆家嘴金融广场，基本形成以陆家嘴金融广场为核心，向芥园道与大丰路延伸的金融集聚发展带。

（四）现代商务业

楼宇载体空间水平持续提升，推动空置楼宇招商社会化、市场化，空置楼宇入驻率达到70%左右，楼宇经济贡献率持续提高。正融科技大厦、泰盈科技大厦等项目加快建设，台商总部基地、陆家嘴金融广场、宝能科技广场等项目实现完工。全方位提升亿元楼宇管理水平，在"楼宇首席联络员制"基础上，银泰大厦龙工场跨境电商产业园为试点，推广重点商务楼宇"服务专员制"，提升楼宇在安全生产、物业服务等方面的精细化、专业化水平。依托在楼宇中打造的互联网产业聚集区、电子商务集聚区等特色产业园区，以及猪八戒、赛伯乐等行业龙头企业，引进行业上下游企业入驻楼宇，不断扩大产业集聚规模。借助上海陆家嘴集团、台湾大成集团等企业的资源优势，积极发挥招商中介组织的渠道作用，全力推进与上海上实集团、北京能为科技公司、太极集团等近百家优质企业对接，相继引进了中建上海设计院北方分公司、卡姆丹克科技公司等地区总部。

（五）文化创意业

文化创意产业加速集聚。意库创意产业园、银泰科技大厦、海河华鼎大厦、天津青年创业园、宝能创业中心、中保财信大厦等一批楼宇为文化创意产业发展提供了良好的载体基础。注重引进新型动漫、多媒体产业，引入猪八戒网、艺点意创等知名文创平台企业，加快发展“互联网+”文化创意产业。与市出版传媒集团签订合作框架协议，壮大新闻出版、图书销售市场主体；与天津文化产权交易所签订战略合作协议，加大文化产权化运作，不断加强文化产业发展。积极组织相关企业申报国家文化产业示范基地、全市文化产业发展专项资金和国家艺术基金，评选全区年度名牌文化产业名牌企业。意库创意产业园被评为全市文化产业示范园区。

文化旅游载体加快建设。以三岔河口和西沽公园为重点，进一步深化功能布局和业态规划，加强商旅文联动。依托红桥独特的历史文化资源，着力打造估衣街、天津西站主楼、北洋大学堂旧址、福聚兴机器厂旧址、引滦入津工程纪念广场和大红桥等文化遗迹，建设天津人文历史观光带。以“三河五岸”绿色走廊为框架，推动海河上游沿岸提升改造，建设北运河、子牙河、南运河沿河绿化走廊，加快建设十大生态景观。平津战役纪念馆4A级景区，估衣街、西沽公园2个3A级景区和津酒文化园、天津义和团纪念馆、福聚兴机器厂旧址3个2A级景区相继创建成功并挂牌。

文化旅游品牌不断提升。品牌节庆活动影响力不断扩大，运河桃花旅游节成为天津最有影响力的大型春季旅游节庆品牌活动。充分发挥津派娱乐、演艺资源优势，天津相声节、天津市老年艺术节、红桥区社区文体艺术节、西沽公园名人书画展等特色活动社会反响强烈，在全市的知名度不断增加。

（六）智能制造业

依托智能制造产业政策，加大对重点建设项目的培育和扶持力度，累计新增国家科技型中小企业170家，天津市级高新技术企业25家。对重点项目落实支持资金，加速兑现各项产业扶持资金，累计发放6954万元。中船重工七〇七所的自主激光打印机、机器人新型精密减速器等项目进展顺利，完成了主控系统原理样机研制和产品定型，样机经有关部门试用效果良好，主控芯片、驱动程序实现了全自主；工业机器人用减速器完成新型减速器装配和综合性能测试,相关产品在智能大会期间受到广泛关注。卓朗科技的数据中心云公共服务平台建设项目逐步实现产业化,年软件营业收入超亿元,平台开发的桌面云解决方案,在中国信息通信研究院发布的可信云完整评估体系及通过评估企业名单中,成为唯一通过评估的企业,逐步确立了行业内的领先地位。充分发挥卓朗科技、艺点意创等龙头企业带动作用,整合中海油化工研究设计院、中铁隧道勘测设计院等创新资源,推动产学研用深度融合,促进新兴产业加快发展。

二、产业布局情况

为提高现代产业加速发展的空间承载能力,坚持科学规划、品质建设、产城融合、生态协调的发展原则,重点实施西站城市副中心、十大产业园区、50 座商务楼宇建设。

(一)高标准建设西站城市副中心,打造高端服务业集聚区

结合天津城市副中心定位,秉承"四河六岸、五大板块"理念,高效、合理布局城市建筑,实现城市功能再造,推动核心商务板块及枢纽商业板块项目建设,初步建成西站城市副中心。充分发挥西站高铁枢纽的集聚带动作用,围绕西站周边建设功能齐全、产业定位合理的高端商务楼宇群,将西站周围建设成为交通体系发达、高端产业集聚、服务功能完善的现代化城市副中心,形成京冀地区"一小时经济圈",华东、东北沿线主要城市"五小时经济圈"。

(二)规划"十大产业园区",打造生产性服务业集聚区

把落实京津冀协同发展作为推动光荣道科技产业园建设的重要契机,瞄准智慧产业和科技服务业,切实推动主导产业集群、创新资源集聚、创新创业生态集成,吸引大龙网跨境电商、卡姆丹克电力科技、智网新能源科技等一批知名企业落户;天津卓朗科技产业园新建数据中心项目,搭建了"卓

朗数据中心云公共服务平台”，利用“云计算”平台优势，引进启工智能科技创新中心入驻；天津现代设计产业园目前地块已出让，并对园区规划进行调整；青云都市工业园目前油脂储炼厂地块已出让，并对园区规划进行调整；北洋新智地、红星职教实训基地、天复智造园经与相关产业基金公司对接，保持现状；意库创意产业园精心打造“一个基地、三个平台、四个中心”的产业核心服务链，举办“3 的 N 次方红桥区创业联盟大赛”，不断革新双创模式，累计引进企业 320 家；天津青年创业园不断升级“双创网络孵化平台”，提高服务企业效率，解决创业企业困难，多家创业企业代表天津参加全国各类创新创业大赛均获佳绩，2017 年被工信部认定为“国家小型微型企业创业创新示范基地”。

（三）打造 50 座商务楼宇，打造特色服务业集聚区

深化“50 座商务楼宇”发展规划。根据各楼宇的基本条件、配套水平、交通区位、周边环境等相关因素，为每座楼宇量身设计了“一楼一定位”“一楼一门槛”“一楼一目标”的发展规划，为加快楼宇经济发展奠定了基础。按照“政府引导，企业主体，市场运作”原则，坚持打造品牌楼宇和特色楼宇，打造具有明显产业集群优势的“楼中楼”项目，加速形成产业和智力集聚。降低楼宇空置率，充分发挥招商引资对发展楼宇经济特别是盘活闲置载体的带动作用。

三、存在问题

（一）商贸流通面临严峻考验

线上零售对实体零售业冲击巨大，网络零售、跨境消费对实体零售企业销售形成挤压，导致专业店、百货店销售额增速逐年下滑。大型实体零售企业经营状况有所好转，但总体上仍然面临严峻考验。电商资本强势介入实体零售企业，为电商企业与实体零售企业线上线下融合带来发展契机，但是二者在发

展战略、营销方案以及客户关系等方面有较大差异性，而且大型电商企业在议价过程中拥有更大话语权，因此实体零售企业的未来发展面临诸多问题和不确定性。

商业模式创新能力不足。商业经营模式趋同，同质化倾向较重，大型商场定位相近，专业店铺品牌雷同，营销策略多以打折、返点等低端方式为主，差异化明显不足。同时，利用新技术、新思维探索新模式的能力不强。比如，近几年发力促进电子商务，但产生更多规模化企业尚需时日。此外，还存在大型商业受投资者重视，便民商业发展较慢，新建社区配套商业网点不足的问题。降本减负任务更加艰巨。

市场各类要素供求关系趋紧，实体商业经营成本高，企、商贸流通效率较低，市场一体化障碍等成为影响行业发展的突出难题。成本难降是流通环节的长期难点，有效供给不足成为新常态下内需市场的痛处。受新增劳动力人口下降、人工成本和房租成本上升等因素影响，实体零售业利润空间被进一步压缩。

（二）科技产业水平亟待提升

科技型企业孵化、转化、产业化平台新增数量和科技小巨人企业数量增长乏力。由于国家和市科委对科技企业孵化器、众创空间等平台支持政策的调整，科技载体运营管理机构参与创建平台建设的积极性不高，从一定程度上影响了区域创新服务平台的建设。创新型领军企业数量不多、实力不强，创新型产业集群尚未形成。新增科技载体中，科技型企业孵化、转化、产业化平台缺乏相应的支撑条件。

创新创业生态系统不完善，科技服务水平亟待提升。区域高层次创新创业人才吸引力不足，科技中介服务机构水平能力与科技型中小企业创新发展需求还存在较大差距。自创区红桥分园内科技成果转化等深层次问题尚未破解，全社会创新创业活力不足。

科技政策对企业研发活动引导支撑力度下降。区级科技政策还存在重研究轻落实问题，部分政策停留在文件上，缺乏具体的可操作性实施细则。

（三）楼宇园区产出效益有待提升

楼宇和园区存在定位趋同、无序竞争等问题。楼宇入驻企业异地注册情况出现上升趋势。2017 年摸底统计，有 145 户企业在重点商务楼宇内经营，注册地为外区。如宝能创业中心的调研结果显示，异地注册企业呈大幅度上升趋势，从 2018 年底的近 30 户增长到 80 户，排除部分企业表示刚签订租赁协议、未能及时注册外，异地注册企业占用当地宝贵资源却没有贡献的情况依旧突出，已经引起高度重视，成为未来工作的重点。虽然新引进注册企业户数和注册资金不断增长，但是按现有统计口径能够纳入国内招商引资统计范畴的占比总体较低，无法为国内招商引资任务指标完成提供强有力支撑。

（四）外资外贸项目引资争资难度加大

招商引资工作有待加强。外贸大企业少，支撑进出口额增长的主要是天津友圣发国际贸易有限公司、天津龙工场大龙电子商务有限公司和天津利达粮油有限公司。针对外资企业的招商活动少，造成新增外资项目储备不多。在服务现有存量企业同时还要吸引外贸增量企业。外资管理体制由审批制改备案制后，新设外资项目规模虚高的现象增加，虽然备案外资企业的合同外资额存量较足，但因改制后没有了对外资企业的具体进资时间的要求，导致实际进资无法把控和预计。有些新批企业因涉及的土地等问题没有落实，企业没有进资。实行外资到位认缴制后，虽有部分新引进的大型外资企业，但实际到位外资额较少，其中卡姆丹克电力科技（天津）有限公司、新西游（天津）科技有限公司尚有外资未到位。

（五）民营企业在公平获取金融机构支持方面还面临障碍

在走访企业过程中发现，企业普遍存在融资难问题，虽然目前银行贷款产品如“税务贷”“信用贷”“应收账款贷”等种类丰富，但普遍存在着前置条件。如“税务贷”要求企业将代发工资、代缴税款业务转移至放贷行，“信用贷”要求提供法人、股东的亲属等人的信用情况，“应收账款贷”要求应付账款方提供担保等。

四、比较优势

2009 年红桥区西站地区被确定为天津市中心城区两个综合性城市副中心之一。红桥区是天津中心城区的西北门户，天津西站是集高速铁路、客运专线、普速铁路、长途客运为一体的交通枢纽，拥有发达的市内公共交通网络，未来西站交通枢纽将有百万人次客流，是红桥发展的重要资源。以西站交通枢纽为依托，整体开发周边 10 平方千米区域，总建筑规模将达到 1500 万平方米，将建设成为辐射京津冀和环渤海地区，集金融、商务、高端商业服务、高品质娱乐休闲等功能于一体的中心城区西北部综合性副中心。

红桥区是天津市重要的商业区之一。自清代以来，北大关一带就成为天津最早的商埠，估衣街是天津古老而久负盛名的绸缎、棉布、呢绒市场，商贾云集，生意兴隆，至今不衰。全区现有商业网点星罗棋布，市场繁荣，流通活跃。驰名中外的瑞蚨祥、谦祥益、同升和、宝林祥等老店坐落在这里。天津“三绝”中的“狗不理包子”“耳朵眼炸糕”也发源于此。大胡同商贸区是天津市小商品的集散地，主要经营服装、鞋帽、小百货等万余种商品，商品采南销北，辐射三北，面向全国和俄罗斯等国家地区，已经成为华北地区最大的小商品批发集散地。一批现代化的酒店、商场和超市已经越发成熟，天津水游城、凯莱赛等大型现代卖场，麦德龙、华润万家、米兰等大型超市，红星美凯龙、欧亚达等现代家居品牌，假日酒店、如家酒店、锦江之星酒店等品牌酒店入驻红桥，还有虹桥新天地、海河华鼎等大型商业载体正在加紧建设。

红桥区教育科研能力雄厚，有河北工业大学、天津商业大学等全国重点院校。拥有金兴科技大厦等多个科研载体，各类科研机构 393 家，科研领域广泛涉及工业、建筑业、电子、化工、通信等多种门类。光荣道科技产业园、天津意库创意产业园、天津创意街等建成运营或正在建设，积极培养扶持了卓朗科技公司等一批企业成为科技小巨人企业。与市内多所高校建立了战略合作关系。高等职业教育发展迅速,改扩建了红星职业中专等职业院校,承办了全国职业院校技能大赛等多次大型赛会任务。

红桥区文化旅游资源丰富,经过历代发展形成了独具特色的历史文化。著名的文化古迹有:清乾隆帝登临天津的桃花园、四次驻畔的华北名园水西庄遗址、国家级文物保护单位吕祖堂义和团纪念馆、北洋大学堂旧址、天津卫三宗宝之一的铃铛阁、平津战役纪念馆、引滦入津工程纪念碑等。位于红桥区东北部的西沽公园以树种多和绿化率高居全市各大公园之首。园内有全国知名文化领军企业荣宝斋天津分店,梁崎、龚望纪念馆,圣和轩书画院,黄叶村等文化旅游场馆。

五、发展机遇

(一)重大国家战略叠加带来的机遇

红桥区地处京津冀现代化交通体系的枢纽位置,是天津市规划建设的城市副中心。重大国家战略全面实施和深入推进为红桥区整合区内资源、集聚外部要素、促进体制机制创新、激活发展活力创造了良好的环境和条件,是推动红桥区新一轮发展的动力源。

(二)西站城市副中心全面开发建设的机遇

随着高速铁路、市域轨道交通的快速发展,西站城市副中心开发建设将进一步提速,辐射和带动效应将进一步增强,副中心将成为传承天津历史文化、汇聚现代时尚元素、集聚高端商务商业的城市新地标,成为区域经济新的增长极。

(三)旧城区改造后发优势的机遇

红桥区可整理开发土地资源丰富,以西于庄地区等棚户区征收改造为突破口，通过优化空间布局、提升产业能级、保护历史文化、完善城区功能等重大工程实施，将彻底改善区域环境，拓展新的发展空间，提升核心竞争力。

（四）历史文化生态资源集聚的机遇

红桥是天津城市和近代工业、商业、教育的发祥地，人文底蕴深厚、生态环境优美、科教实力雄厚、旅游资源丰富，独有的“三河五岸”景观，已成为天津旅游休闲、滨水宜居的理想之地，体现了绿色发展、低碳发展的优势。

六、发展挑战

从外部来看，外贸形势严峻复杂，外需低迷，贸易保护主义加剧，外贸下行压力加大。经济发展进入新常态，传统比较优势逐步减弱，随着外贸发展的国内外条件发生深刻变化，对外贸易已经进入新阶段。在积极培育外贸竞争新优势的同时，发达经济体大力推进制造业回流，对新阶段的外贸创新发展、形成技术新优势提出更加迫切的需求。

从内部来看，周边区域或跨区域间均呈现出高度竞争的发展局面，保持优势、扭转劣势、把握趋势面临着越来越残酷的竞争。周边区域现代产业发展速度较快，红桥区未来的产业发展方向和定位面临时间和空间上的挑战。和平、南开等区的产业虹吸效应明显，是新发展阶段中来自外部的最为强大的竞争，是不容忽视的最大挑战，是导致机遇边缘化的主要障碍。

全社会对生态环境保护的关注度前所未有，对清新空气、清澈水体、清洁土壤、优美环境等方面的要求越来越高，对改善生态环境质量的呼声越来越大。纵观红桥区节能领域工作，由于经济趋势造成的单位能耗压力持续存在，当前是红桥区固定资产投入绝对值增加较大的时期，规划项目逐步进入建设阶段，新建在建用能项目增加，造成用能的刚性增长依然存在。生态环境保护工作攻坚克难、负重前行过程中的环境监管尚需加强。

七、对策建议

(一)着力提升内贸流通能力，加强电子商务载体和平台建设

为企业解难题、促发展的同时，重点加大对新设立及存量重点企业的摸排，积极动员符合统计制度的规模以上企业，确保纳统。同时，积极推动陆家嘴、台上总部基地、海航广场3个重点商贸项目的实施。

大力推进重点项目开业。积极推进陆家嘴商业项目和写字楼B座、台商总部基地、正融科技大厦等重点项目尽早投产。积极转化非本区注册企业。针对在外区注册的企业，加大服务和走访力度，促进企业迁移。加大走出去招商推介力度，把长三角地区作为主攻方向，加强宣传推介，提高活动实效，力争再吸引一批优质规模企业发展。

积极推进重点商贸项目。加快推进新建商贸项目的招商开业，包括陆家嘴中心商业综合体和台湾名品城项目。加大力度调整优化经营中的商贸项目。推动水游城、欧亚达调整优化经营面积，引进优质品牌商户，进一步丰富提升业态，带动客流，提高效益。

积极推动电商企业做大做强。艺点等3家电商企业获得天津市电商示范企业称号，大龙网获得跨境电商示范产业园称号，八戒园区获得服务贸易示范企业称号，积极推动其他电商企业参评示范企业。

积极推进自贸合作示范区实施建设。红桥区与自贸区中心商务区已经签署战略合作协议，共同打造红桥自贸合作示范区。制订红桥自贸合作示范区实施方案，将现有成熟楼宇全部纳入自贸合作示范区的范围。

(二)加大驻点招商力度，制定外贸支持政策

加大驻点招商力度，明确招商重点。制定外资到位支持政策，将外资招商纳入全区招商体系，扩大外资项目储备，及时掌握企业外资到位情况，指导企业做好资金到位上报工作，促进外资指标的完成。开展外资服务月活动，召开

外资大企业座谈会，努力解决外资企业困难。

积极制定外贸支持政策，积极争取项目资金，加大政策宣讲力度，强化对重点骨干企业的帮扶，促进外贸企业健康向好发展。利用好出口退税资金池，帮助企业促进出口增长。加大外贸出口跟踪调度服务工作。定期到企业跟踪督办，并做好相关促进扩大出口政策的宣传与指导工作，为完成目标任务做好强有力的保障与支撑工作。

（三）激发中小微企业创新活力，促进民营经济转型升级

以全面落实“天津八条”“红桥十条”为主线，扎实开展“两个直奔”活动，为民营企业提供精准帮扶，着力解决企业面临的融资难、招聘难、营销难等问题。结合新一轮中小企业创新转型行动，精心确定转型路径，促进传统企业向科技型、战略新兴产业和现代服务业转型，提高企业综合竞争力。通过创新扶持资金、融资平台、税收优惠、人才保障、知识产权保护方面激活中小微企业发展；抓好新一代信息技术引导转型发展，实现以信息产业带动传统服务业商业模式创新。

（四）明确楼宇功能、业态定位，形成专业特色楼宇发展圈，实现错位发展

去库存，强特色，重点打造特色楼宇、重点楼宇和品质楼宇。为进一步优化发展空间、盘活存量资源，提高楼宇产出效益，在宝能创业中心试点开展楼宇精细化管理服务工作的基础上，进一步整合各楼宇责任单位、楼宇主办方、物业公司力量，逐楼梳理入驻企业、注册企业、税收贡献、经营状况等情况，重点围绕异地注册企业开展区情介绍、政策推介、服务转化等工作，切实提高楼宇精细化管理、服务、文化等软实力，开展专业化、个性化的商务服务，提升商务楼宇管理品质。

河北区意大利风情旅游区楼宇招商调查研究

（天津市经济发展研究院　穆瑞章）

按照市委、市政府关于中心城区发展楼宇经济的要求，将意大利风情旅游区（以下简称“意风区”）定位为“国际化餐饮娱乐休闲场所”“洋楼总部基地”“文化旅游目的地”三位一体的高端现代服务业聚集区。

为落实市委、市政府要求，河北区提出意风区发展三年行动计划，利用三年时间将意风区中央商务区打造为“现代服务业聚集区・总部基地”，以市场化、产业化、高端化、国际化为导向，以意式商务区为核心，带动周边茂业大厦、颐和国际珠宝大厦、圣心商务园、意大利兵营等项目招商发展。通过几年的发展，成功吸引了一批金融总部、高端商务、创新创业平台等现代服务业总部企业落户发展，形成了意风区中央商务区企业总部聚集效应，实现了高端服务业在大意风区集聚，提升了全区楼宇经济发展水平。

一、意大利风情旅游区现代服务业集聚区发展现状

（一）基本情况

意风区现代服务业集聚区东至金纬路、京山铁路，南和西均至海河东路，北至狮子林大街。整体规划面积约为 1.55 平方千米。区域内共有 12 个已建成的商务楼宇项目、5 个规划商务楼宇项目，商务楼宇面积 41.53 万平方米。目前入驻企业 3171 家，注册资本 296.4 亿元，2018 年实现全税 8.6 亿元，留区 3.5 亿元。

（二）主要特色

作为河北区楼宇经济发展最好、最成熟的区域，意风区现代服务业集聚区始终本着“在有历史的地方聚集高品质的企业”这一理念，积极为意风区现代服务业集聚区开展招商引资工作，形成以下几个特点：

一是打造京津冀协同发展示范基地。河北区立足于意风区的优质载体，积极拓展，主动对接，引进了具有全国影响力的双创品牌北京创业公社、国内联合办公领域首个达到独角兽级别的企业优客工场、国内高校最大的创业平台清控科创、致力于创业前期教育的共享大学优客讲堂等多个首都科技平台型项目，形成了创新创业的浓厚氛围。

二是打造龙头企业集聚之区。作为承接首都优质资源转移的领航之区和示范高地，依托大意风区内载体资源，引进了以日立电梯、中国人寿财产保险、华电重工为代表的世界五百强企业，以国家电网及其旗下金融板块、新城万嘉集团代表的中国五百强企业，以华鑫证券、富德生命人寿保险、廊坊银行天津分行、齐鲁银行天津分行为代表的金融服务业区域总部，还聚集了丝路视觉、丰巢科技、喜马拉雅等新经济企业，形成了总部经济的初步集聚。

三是打造专业特色楼宇集群。通过产业链招商，形成产业聚集，重点打造了以“洋楼经济”为特色的意式中央商务区、以视觉创意 + 双创服务为特色的创业公社产业创新中心、以共享经济为特色的意风区优客工场、以物流航运为特色的远洋大厦、以金融科技区域总部为特色的茂业大厦等多座特色楼宇。

（三）主要经验与不足

河北区合作交流和楼宇经济的发展思路是贯彻京津冀协同发展国家战略，坚持走高质量发展道路，极力引进北京企业。在落实京津冀协同发展国家战略中，取得了突出的成绩，特别是意风区在引进北京企业的质量和数量上体现得较为明显，主要得益于便利的交通、海河边优美的环境和小洋楼等得天独厚的办公设施等。在所引进的北京企业中，创业板上市的文化创意龙头企业思路视觉的代表性尤为突出，思路视觉的引进为以文化创意为特色的河北区带来了领军企业，思路视觉也是一个真正意义上把企业总部整体从北京搬迁到天津的公司。

然而，河北区在合作交流和楼宇经济发展中也遇到一些问题，目前比较突出的是对于各区招商引资的引导性不足，各区出现过度竞争等情况，同时也增加了企业谈判的筹码，经常出现一些企业综合各区优惠政策后要条件的情况。另外，招商引资工作也受到绿化环境、学校、医院等配套设施的影响。

二、理论溯源与经验借鉴

通过对意风区楼宇招商的调研，不难发现目前摆在楼宇办和合交办面前的突出问题是来自天津市其他区政府间的无序竞争，因此本部分对政府间竞争进行理论回顾，并借鉴国内外先进的招商引资经验，更有效地指导实践，为提出河北区意风区招商对策奠定基础。

（一）政府间招商引资竞争理论

1. 市场经济体制下的政府间招商引资竞争

市场经济体制下，政府间关系较为明确，形成了合理处理相互间关系的规则，各层级政府的独立利益也得以确立，因此，政府间竞争也较为突出。

地方政府招商引资竞争是在市场经济体制下，区域经济体中的地方政府为提高本辖区的竞争优势，增加当地的福利和人均收入，围绕吸引具有流动性的经济要素展开的竞争。通过招商引资竞争，地方政府能够吸引到辖区外的资金、技术、人才等可流动性经济要素的流入，在本辖区内形成各种经济要素的汇聚，推动地方经济得到高速发展，增加本辖区的福利和人均收入，提高本辖区的区域竞争能力。由于地方政府是招商引资中的一个重要主体，同时政府通过影响要素的流动及其他相关市场主体的行为来介入市场活动，因此，地方政府的招商引资竞争行为必然构成市场秩序的一个重要组成部分，从而改变经济资源要素的配置，影响资源配置的效率。

2. 招商引资竞争的特征

我国地方招商引资竞争的特征主要表现为：一是地方政府更专注促进本地经济发展，对公共品的提供关注较少；二是劳动力、资本等经济要素的地区间流动性较低；三是激烈竞争总是出现在区位条件相似的地区之间，区位条件差异较大的地区之间的竞争较小，甚至不会出现竞争。

（二）国内外招商引资经验借鉴

1. 国外招商引资经验

（1）新加坡的招商引资经验

新加坡独立以来，始终坚持对外开放的基本国策和招商引资的国家战略，新加坡以招商富国的理念、政府大力的支持、科学合理的规划，用半个世纪的时间逐渐发展成为东南亚的金融、贸易中心，成为全球最具投资吸引力的国家之一。

①立足于政府顶层的统筹规划

新加坡并未有成型的招商体制和层层分级的行政机制架构，对工业园区的开发是立足于政府顶层的统筹和规划，并由政府来牵制和干预。在园区贸易与开发的过程中，无论是全球招商、土地运用还是资金筹集，都由政府统一管理和分工，协调服务和管理理念相互配合，在发展模式上与时俱进。

②面向全球集中招商模式推进引资

新加坡政府对招商引资规划进行了集中调整，由经济发展局统一负责，主要制定投资与贸易计划，加强新加坡在投资中心与全球商业的地位；通过服务业和制造业中多元化的服务项目拉动投资内需，与地方跨国企业展开密切合作，实现生产运作的高价值与高性能；鼓励企业在新加坡设置总部商业中心，负责对亚太地区乃至全球范围内各项业务处理；扮演协调与驱动的角色，为不同规模和发展状况的企业提供良好的企业生态系统和环境保障。

③打造最具吸引力的环球枢纽条件

新加坡以充裕的金融资金、优越的商务环境和高品质的生活素质为依托，以知识更新创新、人才聚集、区域扩展、企业整合优化为手段进行优良生态系统建设，打造良好的空间和发展前景。在优惠政策方面，新加坡分类制定税收优惠政策鼓励产业发展。新加坡政府为引进企业开展一站式服务，协助解决办公场所、厂址和员工培训等问题。

④构建优良的企业成长温室。

新加坡政府通过成熟的法律框架和健全的金融体系为人才培养和基础设施建设提供了有力借鉴，孕育了众多世界知名高等学府，吸引了众多跨国企业的入驻和加盟，有效推动了招商引资工作的顺利开展。新加坡政府推动金融市场与国际接轨，实现现代化和多样化发展的战略目标，从而跃升为亚洲金融与贸易中心。

⑤突出以制造业为主的引资方略

新加坡政府为了将本地企业与海外公司进行价值链匹配，需要将制造业作为支柱性产业，制定了科技、新兴领域、影响力、文化、企业生态系统、供应链管理等一系列策略，全面提升企业的生产力和竞争力。新加坡政府从开始建设裕廊工业园区就采取了以引进跨国公司为重点的策略。

2. 国内招商引资经验

（1）昆山招商引资经验

昆山市是江苏省直管县级市，其经济通过成功的招商引资不断飞速发展，关键在于积极探索实践招商引资新方法新模式。

①明确共识，确定招商总指针

昆山市在多年招商引资经验中总结出，利用外资才能加快发展，利用民资才能加速致富；经济要发展，招商引资先要发展起来；地区经济实力强，地位才能高；招商引资过程是一个解放思想的过程。这些观念促使昆山市上下形成了巨大的招商动力，干部 50% 的精力放在招商引资中，抓住机会极力进行招商。

②营造良好投资环境,吸引投资者

昆山市针对投资者需求不断制定优化宽松的政策环境,为企业提供人才招聘、安全生产、法律等服务。兴办会计、审计、法律、咨询等中介机构,为企业提供便利服务。政府及相关部门定期与投资者座谈,协调解决各种问题,让投资者项目建设顺利、生产经营顺心。加强法制环境建设,提升投资者信心,安心在昆山市投资发展。加强人文环境建设,不断建设招商引资文化,完善城市功能,为留住资金、拴住人心打下了良好基础。同时,加强民生福祉建设,保障群众利益,营造良好社会环境。

③强化招商队伍建设

昆山市持续加强招商引资队伍建设,每年坚持选派年轻干部进行深造,学习招商技能、经贸知识和外语。明确用人导向,提拔使用干部须有半年以上的招商引资经历。强化所有机关干部技能,每月加强干部培训,切实提升干部综合能力水平。

④明确招商引资模式,积极开拓招商渠道

昆山市通过建立专业的招商引资队伍、产业链招商、突出重点招商、建设载体、培育招商主体、打造招商品牌等方式,通过不断转变思想观念来创新招商模式,拓宽招商引资渠道,实现了招商引资的巨大成功。

(2)温州招商引资经验

温州市的最突出做法是实施“以民引外”战略,温州市政府依托本地民营经济发达、民企实力雄厚的实际,切实加大招商引资力度,积极推动民企与外企合作,提升民营企业的产业发展层次,带动产业结构优化升级。

①强化政策引导

为促进“民外”合作,温州市政府专门出台系列扶持政策,积极引导民营企业与外资企业在各个领域开展广泛合作,力促本地民营企业与外资企业双方都能获利,同时还能促进本地经济的发展,真正实现“互利多赢”。

②提高优质服务

温州市政府深化再造审批流程,加强审批制度改革,实行全程代理投资项目制度,为企业创设良好的氛围和投资环境。温州市政府和地方行政机关通过“一条龙服务，一站式办理”满足广大民众的需求。同时组织“以基层促进机关、以结果倒逼过程、以外力驱动内力”的方式对人大代表、组织党代表、政协委员、企业代表等部门的人士进行“万人评议满意和不满意”单位和个人评选，将投票权和评判权交给广大民众，提升服务的质量和效果。

③加快项目推介

温州市政府灵活运用各种资源，通过各种异地商会、各行业协会与国外有关招商机构建立了广泛的联系。温州市政府积极创造条件，引导温州民营企业参与各种国内外大型招商引资展会、投资贸易洽谈会。另外，温州市政府帮助企业包装策划一些关联度高、带动性强的产业项目，并积极向外推介。

3. 对河北区招商引资工作的启示

由于各国、各地区的社会、经济状况存在差异，因此各国、各地区政府对招商引资采取的策略各有千秋，都以各自独特的方式调控市场，创新方式方法，吸引外来投资。从昆山、温州的做法不难看出，招商引资成功的关键在于政府的统筹规划，根据形势变化以及自身的发展实际，不断创新招商理念，实施针对性的招商引资策略。从新加坡的模式看，招商引资的成功则突出体现在营造良好的投资环境以及优质的投资服务水平上面。总的归纳起来，有以下几方面可供河北区参考借鉴：

（1）以市场化招商为主的多样化发展

组织设立招商引资的专业机构，可由政府成立相关行政主管部门，也可设立专业的机构，注重招商队伍建设，牢固树立人才是第一资源的理念，适时调整本地区的招商方式和投资环境，以满足投资者的需求。政府在参与招商引资的过程中，应该在积极发挥其服务职能，促进招商引资多样化发展，提高其水平和收益。

（2）提高政府的服务质量和效率

政府应不断提升服务水平，对于外商投资的行政审批应该精简流程，提供一站式服务，资金落地之后，更要保持服务质量，将服务常态化。招商引资的主管机构，更要进一步拓宽业务范围，为投资者在本地区提供全过程的服务，包括产业方向选择、立项手续审批、公司员工招聘等一系列服务。

(3)创新招商引资方式方法

招商引资成效突出的国家、地区，当地政府都高度重视招商引资，注重引资投资与地方区域发展的特点相结合，注重引进优质项目，注重长期可持续发展，具有良好的战略眼光和科学部署。在招商引资方式上进行探索创新，选择合适的引资方式，丰富招商手段，会起到事半功倍的效果。各地引资的成功，都有着独特的吸引外来投资的方式方法，而并不是一味地提供优惠政策。

(4)避免和减少过度竞争

无序的招商引资竞争一般是各地给出超过自身承受能力之外的过度优惠政策而造成的，这种做法严重损害了国家利益。招商引资应该是一个互利共赢的过程，应当避免过度竞争导致的损失。为了避免此种情况的发生，政府应该制定相关的法律法规，并对投资商进行一定程度的监管，提高招商引资的水平和质量。

(5)完善产业结构促进科学发展

招商引资必须结合本地实际，符合本地区经济社会发展的现状，更要有利于完善本地产业结构、促进产业转型升级。在考察招商引资项目过程当中，政府要重点考虑该项目在本区域之内是否能够形成产业集聚效应。在引进项目过程当中，需要考虑引进项目对于配套设施和服务能否起到带动作用，并在此基础上促进相关产业的发展形成产业集群，同时政府应当避免过度关注短期经济效益，更多考虑长远利益。

三、提升意大利风情旅游区招商引资质量的对策建议

学习上述国内外招商引资经验，结合对河北区楼宇办、合交办的调研成果，从以下五方面提出促进意风区招商引资的对策建议，为全市的招商引资工作提供借鉴。

（一）加强顶层设计，规避无序竞争

招商引资竞争是一种“囚徒困境”博弈，必然向无序竞争方向发展。因此，市政府的顶层设计及对招商引资的规划协调将是实现各区科学招商的必要环节。根据各区优势和发展重点，从全市角度统筹规划招商引资的重点产业和目标企业，确保全市招商工作的顺利进行，不扭曲、不变形、不落空，避免各区在招商引资中形成无序竞争。尤其是在当前招商引资承受着巨大压力的形势下，就更应该强化顶层设计，把招商引资打造成一个系统化、科学化的管理体系。

一是坚持顶层设计和务实推进相结合。在我市的招商引资工作中，坚持顶层设计和务实推进相结合的原则，要依托各区主导产业，制定相应的产业发展规划，围绕龙头企业、重大项目，瞄准现有产业链条开展定向招商，搭建与产业相匹配的专业招商承载平台。有了顶层设计，才能逐步激发产业集群效应；在务实推进中，始终围绕各区产业规划定位展开，保证招商项目能与各区优势企业形成上下游配套关系，吸引更多相关企业形成集聚。

二是科学规划、明确目标。在分析产业的基础上，根据各区环境容量、产业基础现状、经济形势、土地利用现状、可利用空间、城市发展需要等展开招商引资的顶层设计，科学编制产业发展详细规划，把产业规划具体到产业链、产品、规模、承载地和时间进度等。加强各种规划的有机衔接，既注重产业布局，又注重空间布局，让规划能够“落地”，具有可操作性。

三是分析产业，找准需求。督促各区理清主导产业在产业链中属于上游、中游还是下游地位，及产业的优势和侧重点，同时根据国家和全市战略目标、资源情况和资源需求情况制定相应的招商引资方向。全市应通过各区基层产业主管部门开展专题调研，依托各区产业基础，根据产业环境、发展趋势、政策环境找准各区产业发展的需求，明确招商引资的目标和重点。

四是路径清晰、精准促进。各区产业主管部门要依据顶层设计和招商规划，策划包装推出一批市场前景好、带动作用强、税源增长快的好项目；投资促进部门根据顶层设计和产业需求，找准锁定目标企业，主动积极作为、精准对接，通过平台招商、小分队招商、以商招商、委托招商等方式，全力开展招商引资，助推我市经济转型升级。

五是完善招商引资协调机制和政策约束机制。全市应建立招商引资的协调机构，对于各区招商引资工作进行系统化协调，从统筹管理、战略规划、政策制定到资源的整合，逐渐改变无序竞争局面。此外，全市应加强政策合作的约束机制，凡是发现违反招商引资政策合作准则的区政府，予以相应的经济处罚。

（二）创新招商模式，提高专业化程度

突出意风区的特色优势，发挥资源的整体效应，以河北区具有传统优势的文化创意产业为主线，开展招商引资活动，建设自主品牌产业，对于聚集辐射效应较强的产业进行重点投资，使其成为河北区产业发展的拉动力量，同时注重人才的作用，通过人才提高社会生产力，对于创造收入多、经济效益好的项目要积极争取，采用多种多样的手段吸引更多的企业入驻，培育挖掘新的特色产业使其成为河北区经济发展的新动力，全面提升招商引资的质量和水平。

一是突出主题招商。深入贯彻京津冀协同发展国家战略，继续以北京优质企业为重点进行招商工作，积极参加大型招商会议，提高河北区和意风区的知名度，并组织相关研究者对意风区的招商引资工作进行研究，提出更好的发展思路。投资数额较大、发展前景较好的重点项目，要派遣专门人员进行跟踪，保证项目建设如期开展，对于项目建设的每一个环节都要给予充分的关注，确定在哪个环节追加投资。根据河北区营商环境的特点，对于不符合经济发展形势的招商规定要及时进行修正，为投资企业提供全方位立体式服务，简化手续流程。除此之外还要建设更加完善的交通网络和信息网络，为其发展提供必要的支持。

二是突出产业链招商。借助产业集中和企业集群的方式进行产业聚焦，寻找河北区主导产业的上游产业，细化市场，借助土地集约和要素集聚的方式，寻找河北区主导产业的下游产业，合理分工，然后形成自己独有的产业链并合理定制配套产业链，让所有相关的企业形成聚焦，以此提升河北区主导产

业的规模效应，推动产业链的发展。同时，优化产业，缩减开支，给附加值增加筹码，做大做强具有较强带动能力的头牌产业。通过一系列的招商规划和发展策略的制定，成就企业的吸引魅力。

三是突出“互联网+”招商。选择有招商价值的地区和企业，充分了解所选地区的优劣、适合发展的产业以及蕴藏的文化背景、经济价值等，选定招商引资的目标企业、目标项目，之后投入大量的人力财力。一方面，招聘优秀的人才，分成小组进行邀约商谈，并且借助各种招商场所和招商渠道，提高有效性；另一方面，借助意风区的优势，加强网络吸收投资，可根据新媒体的发展趋势进行规划，如微信小程序、公众号等，在网站上宣传意风区的产业特色和各种优势，或聘请网络招商顾问以及中介等宣传本地优越的环境和条件，以及以商招商等方式吸引投资意向企业。

四是突出以商招商。首先，可以通过中介的力量来进行招商，把项目全面委托给中间人，进行推广，面向国内甚至国际投资市场进行招商。其次，可以通过委托给代理人来进行广泛的招商和投资。再次，可以通过顾问进行招商，聘请具有社会影响力的企业家、高管、学者等作为河北区招商的宣传大使，通过他们来号召和吸引投资。同已经趋于成熟的企业建立起稳定的合作关系，保持友好信任，并通过这些成熟企业吸引到其他客商加入投资，吸引新客商的同时打牢老客商的基础，通过平台适时地举行针对企业家投资的座谈会，由内而外扩大落地企业的发展规模，增加相关项目，将产业链尽可能拉长。

（三）优化政策机制和招商环境

一是将招商的相关政策进行进一步优化。加强对河北区的人文教育、金融物流和科学技术等各方面的支持政策的有序整理，对水电与燃气等能源要素的相关政策也应进一步调整。针对不同政策进行专项优化，大力扶持，简化操作，在符合国家现有法律政策的前提下出台更多与河北区实际情况结合的政策，促进招商。

二是建立督办机制。通过相关机制加强对全区的招商和有关部门的招商和吸引投资工作的检查和管理，及时发现招商活动中出现的没有实际效益、欺瞒、作假或出台不符合国家规定的政策等不良问题，并及时向有关部门反馈。严格监督重大项目，限制办结期限，警告超时现象，一旦办结立即销号，全面跟踪项目落地进程与达效状况，形成严整的服务体系，加紧开工建设，迅速投产。

三是建立经费保障机制。设立招商引资专项经费，针对重点项目的前期发展予以适当的补助，对于北上广深等知名企业面向河北区的考察和投资活动予以经济支持，大力支持重点招商活动和引资项目，建设网络平台发布招商信息，举办投资展会，重点培训管理干部队伍。为招商活动选择具有社会影响力的权威人物作为大使，吸引更多企业参与投资，确保招商引资工作正常开展。

四是建立招商引资宣传机制。如何保证全区的招商引资工作达到良好效果尤为重要，舆论氛围是否良好，投资者是否有足够的信心都需要重视。新闻媒体和宣传部门应以创新驱动、转型综改为中心，挖掘意风区悠久的历史文化，把握资源优势，宣传好社会经济发展的新思路、新政策，介绍好亲商、安商、富商的新环境，建立完整有序的招商引资宣传机制。

五是进一步优化投资软硬环境。加大基础设施建设力度。按照特色突出、环境优美、配套齐全、功能完备的要求，提升城市配套服务功能和承载能力，为企业的安定发展创造良好环境。充分发挥专项财政资金的支持和引导作用，促进社会资金和金融机构加大对楼宇基础设施的投入，推动楼宇信息化建设。将投资步骤与审批流程简化优化，继续提升一站式服务的品质。设立专线，就投资相关咨询和投诉的专项处理，安排专人负责值守，及时回应和解决投资者的问题和投诉建议。加强人员培训，提高其工作效率，简化投资审批流程，将服务质量和效率在可行范围内提到最高，给投资者创造良好的环境。

(四)加强招商队伍建设

通过学习借鉴先进地区成功的招商引资做法，完善招商队伍建设长效机制，定期组织招商工作人员学习培训，进一步熟悉最新政策，领会政策精神，熟悉工作流程，提高招商引资成效。

一是汇聚招商力量。积极争取上级有关部门的支持，从全区范围内公开遴选、抽调有经验、懂业务、会招商的精干人员充实到区合交办、楼宇办等招商队伍中，在经费、配备等方面尽可能倾斜，强力打造一流招商团队，有效提升招商队伍战斗力。

二是锻造招商骨干。针对当前很多招商工作人员理论缺乏、技能缺失的现状，区委中心学习组每年带头召开招商培训讲座，定期组织培训班统一集中授课，着重从招商项目策划、信息收集、项目推介、洽谈、签约、落地、服务等方面进行系统培训，提高招商工作人员技能。同时，定期选派招商工作人员到发达地区招商部门或者市级招商部门挂职学习，开阔自身视野，壮大招商引资精英梯队，以“成才”促“成功”。

（五）完善招商引资考核机制

进一步修订完善《招商引资工作绩效考核实施细则》，探索建立由考核签约向考核开工转变、由考核投入向考核产出转变的考核机制，挤干水分、提高含金量，确保招商引资质量和效益同步提升。在河北区各级部门的年度考核系统中融入招商引资的工作。制定科学的测评系统，在全区的年度考核指标系统中加强招商引资的指标，完善招商引资目标的管理考核方法，把成效与质量作为重点考核内容，增大质量、资金到位以及开工率方面的比例，在引强项、引优业、引智才方面更加突出，并将引进重大项目、新兴的战略性产业所占的比例的考核比重增大。

完善考查审核形式，年末对程序化的招商以及引资方面的工作进行测评，区商务局在年末设立考评组，主要负责全区相关单位的招商与引资的完成情况的测评。区商务局对相关单位实施评测后的最终结论进行评定，并交由区政府进行最终的考查审核。完善激励机制，依据招商与引资的最终评测结果嘉奖在工作中有显著成效的各级单位及个人。

参考文献：

曾胜平:《政府招商引资活动的有限性与有效性的思考》,《商场现代化》2015 年第

13 期。

黄慧雅:《地方政府招商引资过程中存在的主要问题和对策》,《经济研究导刊》2015 年第 12 期。

孙晓丽:《招商引资对地方经济的发展作用研究》,《时代金融》2016 年第 12 期。

王桂芹:《政府招商引资存在的问题及其优化研究》,《中国市场》2015 年第 51 期。

王辉、王芳:《政府招商引资活动的有限性与有效性探讨》,《中国商论》2016 年第 13 期。

孙霞:《新常态下对招商引资工作的思考》,《经贸实践》2017 年第 1 期。

饶大海:《完善地方政府招商引资政策》,《现代经济信息》2017 年第 1 期。

祝年贵:《西方招商引资相关理论评述》,《经济体制改革》2003 年第 3 期。

和平区楼宇经济发展对策研究

（天津市经济发展研究院　周勇　刘祥敏）

一、和平区楼宇经济发展基础

（一）和平区经济发展概况

1. 经济实现高质量发展

地区生产总值突破 900 亿元，同比增长 4.5%；服务业占全区经济比重达到 98%，贡献率逐年提升；实现区级财政收入 45 亿元，其中税收占比达到 84%，同比提高 12 个百分点，收入结构不断改善；实现社会消费品零售总额 508 亿元，同比增长 4.1%；内、外资到位额分别达到 100 亿元和 495 万美元；超额完成节能目标任务；高质量发展指标位居全市前列。

2. 主导产业有所突破

高质金融、高端商务、高档商贸进一步发展。引进兴业银行天津分行等持牌照金融机构 12 家，金融业增加值占全区经济比重超过 40%；天津国际贸易单一窗口大数据实验室和国家海关总署区块链试验项目相继落户，成功获批中国·天津人力资源服务产业园；依托京东平台设立线上老字号天津馆，海信广场等 3 座大型商场年销售额超 10 亿元。

3. 新动能快速成长

新增科技型企业 200 家，规模过亿元科技型企业达到 55 家；以“互联网＋”、云计算、电子商务等为代表的新产业和新业态占全区经济比重达到

25.4%。

(二)和平区楼宇经济现状及布局

1. 和平区楼宇经济发展现状

截至2018年底,和平区已建成并投入使用的楼宇载体总数116座,总建筑面积418万平方米,全部商务楼宇实现全口径税收160亿元。盘活空置楼宇19万平方米,税收超亿元楼宇达37座。推出首批90幢小洋楼,重点引进战略性新兴产业的企业总部、区域总部和功能总部,着力打造高品质洋楼经济。无论是商务楼宇的数量、质量,还是纳入天津市创建税收亿元楼宇政策范围的楼宇数量和发展,都排在全市的前列。

2. 和平区楼宇经济布局

和平区围绕高质金融、高端商务、高端商贸等区域性主导产业,在楼宇经济发展战略上走专业化、特色化发展道路,力图实现同行业、上下游企业在同一类楼宇的聚集化、融合式、衔接性发展,不断增强楼宇经济规模、能级,力争将其打造成为提升区域经济集聚力和辐射力,推动产业转型升级的重要载体。当前和平区楼宇经济主要打造6大集聚区。

(1)小白楼国际航运服务业集聚区。以万通中心、滨江凯隆、信达广场、泰安道五号院等楼宇为主要载体,楼宇面积共约35万平方米。重点发展大型航运总部及其代理机构、航运金融、航运商务、海事仲裁、融资租赁、保理、船舶保险等产业,打造以万通中心为核心,辐射周边的国际航运服务、海事服务、进出口贸易、三游(游轮、游艇、游船)的高端航运服务功能集聚区。当前龙头企业有东方海外货柜航运(中国)有限公司天津分公司、海洋网联船务(中国)有限公司天津分公司等。

(2)南京路高端服务业带。以天津国际金融中心、津汇广场、天津世纪都会商厦、国际大厦等楼宇为主要载体,楼宇面积共约44.6万平方米。重点发展会计税务、法律仲裁、咨询评估等综合高端商务服务业,打造突出规模效应和产出效益,高效产出的亿元楼宇集聚带和商务商贸联动发展的产业驱动带。

当前龙头企业有现代集团、天津渤化化工进出口有限责任公司、和记黄埔地产(天津)有限公司等。

(3)海河沿线承接非首都核心功能项目商务带。以京津国际中心、天津环球金融中心、金融街(和平)中心、新华国金中心、合生大厦等楼宇为主要载体,楼宇面积共约 124 万平方米。重点发展京冀总部企业、央企二级总部和金融机构等,打造海河沿线京冀企业聚集高端商务带。当前龙头企业有多弗集团、金融街津塔(天津)置业有限公司、天津津湾房产建设有限公司等。

(4)解放北路金融创新示范区。以中国人寿金融中心、民生银行大厦等楼宇为主要载体,楼宇面积共约 68 万平方米。重点发展银行、保险、证券、互联网金融、商业保理、融资租赁等金融产业,打造以传统金融为主导、金融创新和金融服务为特色、高品质商业相配套的高质金融核心区。当前龙头企业有中国民生银行股份有限公司天津分行、中国进出口银行天津分行、光大银行天津分行等。

(5)人力资源服务产业集聚区。以创新大厦 B 座、金耀广场、舒泊花园大酒店等楼宇为主要载体,楼宇面积共约 20 万平方米。重点发展人力资源服务业,包括流动配置、素质提升、开发利用、测评评价、薪酬管理、权益保障等。打造专业化、信息化、产业化和国际化的国家级人力资源服务产业集聚区,逐步形成“立足天津、服务京冀、全国领先、国际知名”的人力资源服务产业发展高地。当前龙头企业有中智天津分公司、中天人力、北方人才、上海外服等。

(6)五大道洋楼综合经济服务集聚区。包括先农一期、先农二期、小光明里、原和平五幼、英国领事官邸等特色小洋楼,体量约 2.5 万平方米。重点发展总部和结算中心、文化创意、休闲旅游等产业,盘活五大道洋楼资源,打造洋楼经济、文旅相结合的双产业的洋楼经济示范区。当前龙头企业有天津物产九江国际贸易有限公司、天津五大道文化旅游发展有限责任公司、天津住宅建设发展集团有限公司。

(三)和平区楼宇经济政策体系

1. 天津市支持楼宇经济发展政策

2011 年 4 月,天津市出台了《关于促进中心城区加快发展楼宇经济的若干意见》,按照市、区两级财政分别出资 50% 的比例,建立专项政策引导资金,以政策实施前一年度单座楼宇注册企业总纳税额为参照,按照年纳税额小于 2000 万元、2000 万 ~4000 万元(不含 2000 万元)、4000 万 ~7000 万元(不含 7000 万元)3 个级别对纳入重点扶持范围商务楼的改造升级、招商引资、租金补贴、管理提升 4 个方面分别给予 1000 万、800 万、600 万 3 档的资金支持,引导其尽快发展成为税收超亿元楼宇。

2. 和平区支持楼宇经济发展政策

按照市政府要求,和平区于 2011 年 10 月制定了《和平区楼宇经济发展专项资金使用办法》,将各商务楼宇应享受政策资金按照提升改造 25%、招商引资 50%、租金补贴 20%、服务平台建设 5% 的比例进行分配。同时,对和平区税收亿元楼宇建设标准进行明确,要求亿元楼宇应满足商务面积在 10000 平方米以上,楼宇为综合型商务楼宇,入驻企业有明确的主导业态,符合主导业态的企业达到 30% 以上,注册在本商务楼宇内的企业年税收额在 1 亿元及以上。在亿元楼宇政策执行过程中,和平区结合本地区楼宇经济实际和政策兑现情况,又对《和平区楼宇经济发展专项资金使用办法》中的"招商引资补贴"进行了补充说明,对商务楼宇转化异地经营企业、引进注册资金 200 万元以上企业和加快楼宇税收增速给予重点奖励。

2015 年 10 月,和平区出台了《关于落实市政府空置楼宇招商奖励相关政策的实施方案》,设立 2016—2018 年三年发展期,根据楼宇年度税收增长情况,将市财政通过转移支付方式给予和平区的综合性奖励中的 50% 拨付给楼宇整体税收增长超过 50% 的楼宇经营管理单位,专门用于空置楼宇开展高水平招商活动。

2018 年 4 月,和平区制定了《和平区商务楼宇品质提升工程实施办法》和实施细则，在鼓励商务楼宇实施统一经营、老旧楼宇更新改造、转型升级和盘活转化、提升品质和物业服务水平、提高区域经济贡献率、健全公共服务体系等方面进行资金奖励和房租补贴，助推更多楼宇向高端化、商务化升级。

二、和平区楼宇经济发展存在的问题

（一）楼宇经济发展质量不够高

1. 高端楼宇数量不足

和平区达到5A标准的高端楼宇数量不多，亿元楼宇数量虽然达到37座，但相对北京、上海、深圳等一线城市中心城区差距较大。在楼宇经济发达的上海市静安区共有55幢亿元楼，其中月亿楼12幢；深圳市罗湖区则拥有69栋亿元楼宇，18层以上的高层楼宇有400多座；北京市朝阳区亿元楼宇达140座。

2. 楼宇集聚效应不明显

和平区楼宇内企业经营业态虽然比较全面，但行业较集中的特色楼宇还较少，业态质量亟待改善。一些楼宇入驻企业行业分散，大企业偏少，楼宇之间难以形成积聚效应。楼宇经济向聚集、专业化方向发展已经成为一种趋势，在一些高收入国家以及上海、北京、深圳等地，由于一两座特色品牌楼宇的带动，形成了建成一栋，繁荣一片的发展态势。

虽然区内商务楼宇发展定位各有侧重，但一定程度存在着产业规划定位接近、招商引资手段相似等现象。商务楼宇中除创新大厦的高科技产业和国际大厦的金融业具备一定专业规模，呈现出特色楼宇的雏形外，其他楼宇企业业态还较为分散，也没有表现出商务楼宇的集聚倍增效应，对相关行业的辐射力和吸引力还有待提升。

3. 快捷酒店占用楼宇产出低

中小型快捷酒店占用楼宇资源大、经济辐射带动能力弱、税收贡献率较低、发展潜力小，降低了楼宇的产出效率。由于天津市从2004年起逐步放开对中小型快捷酒店的准入门槛，致使进入和平区的快捷酒店数量增多，目前和平区共有快捷酒店及中小型酒店48家，税收在10万元以上的只有13家。由于酒店与所在楼宇产权单位签订合约的租期较长，普遍在10～20年之间，且酒店装修等前期资金投入较大，导致将其改造为商务楼宇成本较高，且大多数连锁酒店总部均不在本市，联系沟通较为不便。此外部分楼宇产权单位情况复杂，政府难以控制产权人对楼宇业态的要求。

（二）异地经营企业比例较高

异地经营指企业在一地注册，在另一地经营的现象，产生这一现象的主要原因是企业为获取政策优惠。和平区如环球金融中心等楼宇之所以存在较多的异地经营情况，有如下几个原因：和平区区位比较优势较高，作为天津市最具影响力的中心商业区，和平新楼宇的开业往往导致区外企业迁入，而这些企业注册地点仍留在原经营区域；楼宇开发单位在楼宇建成后为尽快回笼资金，会出售部分楼宇单位产权。购买产权的小业主分散出租，对租方企业的来源不加限制；和平区楼宇管理较为规范，特别是2012年首创星级楼宇创建后，楼宇硬件设施和软件管理水平进一步提升，增强了对区外企业入驻的吸引力。

（三）部分楼宇仍存在空置现象

和平区共拥有116座商务楼宇，总建筑面积418万平方米，楼宇的空置率却超过10%，空置面积达到40万平方米。如天津国际金融中心、万通中心等重点楼宇都有较大面积的空置情况。这种现象产生的原因有如下几点：天津市各区都在加紧商务楼宇建设，导致总体楼宇规模持续增加，全市商务楼宇市场出现供大于求的趋势，同时受经济下行压力影响，企业办公租赁需求下降；楼宇产权关系复杂，楼宇产权人有个人或企业产，有的为市属单位或国有企业，产权人在楼宇使用中自主性较大，楼宇管理部门协调起来有一定困难；楼宇招商门槛较高，有的空置楼宇虽然早已完工，但因为楼宇产权人坚持整体出售、不出租经营，整体出售价格较高导致暂时难以盘活。

三、国内外楼宇经济发展经验

(一)东京新宿:强化政府引导,发展多元功能

新宿中央商务区是东京最繁华的地区之一,位于东京都中心区以西、距离银座大约 6 公里的地方。20 世纪 50 年代,政府机关、大公司总部和商业服务设施等高度集中于东京的 3 个中心区,导致各类建筑高度密集、交通过分拥挤。1958 年,为缓解、控制原中心区过分密集的状态,同时也为了促进周边地区的发展,东京都政府提出了建设新宿、涩谷、池袋等副中心的设想。根据 1960 年公布的发展规划,新宿中央商务区的定位是引导东京发展的具有高层次和多种功能的集聚地区。20 世纪后半期,新宿中央商务区的楼宇经济发展取得了很大进步。建成的商务区总用地面积为 16.4 万平方米,商业商务楼宇建筑面积超 200 万平方米,40 栋超高建筑形成了东京的一大景观。区域内集聚了大量的以银行、保险为主业的公司总部,以及各种类型的律师事务所、会计师事务所和咨询公司。在信息产业的发展大潮中,大量网站、软件开发公司、信息服务公司、动画制作公司、文化传媒公司等现代都市产业开始向新宿中央商务区集聚,使新宿中央商务区成为日本现代服务业集聚程度最高、规模最大的地方。

新宿中央商务区的建设超越传统商务区的单一功能,强调多元化发展。为了确保城市规划和开发建设的高水准,政府还成立了相应的发展委员会。在建筑的设计上,新宿中央商务区以高层建筑为主,但同时兼顾了建筑之间的空地和绿化。新宿本来是个居住区,而且是郊外居住区与东京市中心的过渡带。所以,多功能的设计可以在完善商务功能的同时,创造更具有活力的人文空间。同时,新宿是东京都内的交通枢纽,巨大的客流往来使该地区成为各种专卖店、大型百货店、餐饮、宾馆、娱乐等服务业高度集聚的地区。在发展过程中,政府提供了几项关键性的公共服务:一是设立为地区产业发展提供服务的管理机构(比如 1995 年设立的地区产业振兴委员会),以制定和实现产业发展

战略为宗旨，给市场主体提供必要的咨询和帮助；二是通过制定和实施强有力的公共政策，保障中央商务区内的消费者权益和社会治安；三是建设完善的、以人为本的基础设施，采取一系列办法来优化生态环境；四是提供产业发展的交流平台（比如新宿产业会馆），为企业提供信息发布、投资和管理咨询、商务研讨、经营讲座和培训等服务。

（二）北京朝阳：发展总部经济，提升集聚效应

1993 年，经国务院批复的《北京城市总体规划》提出，在东二环至东三环之间“开辟具有金融、保险、信息、咨询、商业、文化和商务办公等多种服务功能的商务中心区”。1999 年，确定了北京中央商务区的范围：北接朝阳路，南临通惠河，东起西大望路，西至东大桥路，面积为 3.99 平方千米。2001 年中央商务区管委会成立，作为市政府设在商务中心区的行政机构。2009 年北京中央商务区东扩至东四环路，区域面积增至 7.04 平方千米。2010 年开始加快中央商务区核心区建设，集聚效果日益明显，辐射作用持续增强，已形成国际金融和高端商务为主导、国际文化传媒聚集发展的产业格局。

总部经济是朝阳中央商务区楼宇经济发展的亮点，区域内聚集了丰田、通用、壳牌等知名跨国公司近 50 家、占全市 80% 以上的跨国公司地区总部；入驻的世界 500 强企业约占全市的 70%，即 160 家；入驻的国际金融机构也约占全市的 70%，即 252 家。此外还拥有普华永道、麦肯锡等 200 多家世界级的高端服务业企业，聚集了三星、惠普等近百家跨国公司的研发机构，中央广播电视总台、凤凰卫视、人民日报等 1800 多家国内大型文化传媒企业，包括电通广告、阳狮集团等在内的近 200 家国际传媒机构或集团。当前，高端产业聚集效应日益明显，以跨国公司地区总部、世界 500 强等龙头企业为核心，聚集了大量的金融保险、法律会计、信息服务等现代服务业。中央商务区内登记的外籍人口近 4.4 万，多元文化交融，国际交流频繁，朝阳区 50% 以上的国际会议、90% 的国际商务展览都在这里举办。

（三）上海陆家嘴:“业界共治＋法定机构”治理框架

陆家嘴金融贸易区，也称陆家嘴金融城，位于上海浦东新区黄浦江东岸，与外滩隔江相望，面积31.78平方千米，集金融、贸易、航运、旅游、商业、会展、行政、文化等功能于一体。在陆家嘴，有90多幢楼宇的税收每年超亿元，每一幢楼宇都像是“垂直的金融街”。陆家嘴中央商务区已集聚了800多家的银行、证券和保险等持牌金融机构，拥有上海证交所等10多家国家级交易所。中央登记结算上海分公司、中国信托登记有限公司等金融基础设施，推动了中央商务区内市场以人民币进行计价、交易和清算，并代表国家积极争取全球产品的定价权。同时，陆家嘴中央商务区加速推动航运服务业的发展进程，已汇聚了约1200家航运金融、航运保险、航运企业、海事服务、功能机构、科研教育等企业或机构，国际知名航运机构波罗的海航运交易所和波罗的海航运公会已在陆家嘴设立代表处。

2016年8月，陆家嘴中央商务区创造性地构建了“业界共治＋ 法定机构”的区域治理框架。所谓业界共治，是指引入市场主体和社会主体的多元参与，陆家嘴金融城理事会的人选来自楼宇业主、重点企业、行业组织等多个方面，突出金融并涵盖航运、商贸等各个行业领域，充分发挥市场主体的作用，并最大限度地集合各方面社会力量。所谓法定机构，是指为了加快政府机构改革和政府职能转变，探索建立精简高效的地方治理模式，由浦东新区发起设立法定的管理服务机构——上海陆家嘴金融城发展局，通过企业化组织、市场化运作和专业化服务，来提升陆家嘴中央商务区发展的能力和效率。近几年来，伴随着各种新型金融平台、投融资中介机构的蓬勃发展，出现了一些高风险企业，并波及了陆家嘴的商务楼宇。2017年4月，陆家嘴中央商务区开始搭建金融风险防范系统，在楼宇协会和互联网金融协会的配合下，联合政府职能部门，线上线下双管齐下，全面展开金融风险防控工作。2017年7月《陆家嘴楼宇公约》应运而生，从源头把控、事中监测到事后处置，提出了防范楼宇金融风险的操作建议：在引进类金融企业的初始阶段，通过重点查看予以甄别；加强对已入驻类金融企业的日常监测；建立稳妥有序的事后处置机制。首批签署楼宇公约的陆家嘴商办楼宇就达55家，基本覆盖了陆家嘴金融贸易区的主要中心区。

四、推进和平区楼宇经济发展的对策

（一）加强规划统筹

结合即将开始的“十四五”规划，以高质金融、高端商务、高档商贸等现代服务产业为突破，高起点规划未来3～5年和平区楼宇经济的目标任务、发展路径和时间表，与已出台的城市规划、产业规划、政策等做好衔接，通过规划定位，实现和平区楼宇经济的专业化、特色化和品牌化，避免同质化造成恶性竞争。对于新建、在建楼宇，要加强楼宇建设项目的前期研究，由相关部门对拟建楼宇项目的经营业态、经济效益进行评估，分类别科学拟定招商定位，引导楼宇经营单位有的放矢开展引企工作。对于已建成楼宇，要逐步清转调整不符合楼宇业态定位的入驻企业，优化业态和发展模式。重点培育一批具有区域特色、与京冀互补互促的楼宇业态，构建起“资源集聚、各具特色”的楼宇经济新模式。

（二）创新招商模式

开展针对性招商。根据全区商务楼宇总体状况，盘活利用闲置资源，积极培育亿元楼宇。以税源为核心，聚焦国内外500强企业开展招商，特别是要引进一批投资规模大、带动作用强、支撑能力突出的优质企业、品牌企业和更多总部型、品牌型大项目、好项目。

创新招商思路。实施楼宇经济“外向型”招商发展策略，积极对接京冀优势资源，通过在北京、河北等地举办主题招商活动，将优质资源吸引汇聚到和平区。坚持招商先行，创新使用“前置”“图纸”等新型楼宇招商服务方式，提前锁定主力租户，并结合重点招商企业需求，在楼宇建筑建设开发过程中给予侧重，确保企业满意度和招商成功率，最大限度实现楼宇竣工后的运营收益。

储备优质项目。按照“跟进、推出、储备”三个一批的原则，做好重点楼宇资源的储备培育工作。既要做好现有亿元楼宇的跟踪管理，防止税收、服务、品质下滑，还要按照亿元楼宇标准，高质量推进在建项目，争取尽早投用、早出效益，适时推出一批新的亿元楼宇。做好优质项目储备，推进一批兼具经济、社会、人文和生态效益的大项目、好项目。

更好发挥市场资源配置作用。针对部分楼宇闲置资源较多，盘活压力较大的问题，建议充分利用好建设自主创新示范区和“双创特区”的发展机遇，借用好首都资源，用好用足优惠政策，充分尊重市场主体在楼宇经济发展中的基础性作用。特别是对于同质化项目，比如写字楼和商业项目，需要从实际出发调整定位，通过市场化运作，以载体置换、打包购置、整体招商、合作开发等形式，引进专业运营团队，帮助盘活空置楼宇，加快推进楼宇转型升级、错位发展，把项目同质化的压力转化为提高楼宇内涵品质的潜力。

（三）加快转型升级

鼓励产权单位自持物业或引进高端的物业公司，提高服务水平，提升楼宇品质。通过政策扶持，鼓励非商务楼宇整体功能置换，对建筑面积达到一定规模以上的非商务楼宇整体功能置换转为商务楼宇的，比如利用快捷酒店改造商务楼宇、行政楼宇转化等，给予楼宇改造主体一次性奖励。

打造特色楼、品牌楼。用好优质综合性商务楼宇资源，结合区域产业特点，通过“一楼一策”，着力引进总部类知名企业、科技创意企业和行业龙头企业，吸引更多的金融服务、现代物流、电子商务、文化创意、服务外包、咨询中介等企业落户，实现“一楼一品”，并对引入特色产业的楼宇给予一定奖励。

依托风貌建筑打造新亮点。利用好五大院、五大道小洋楼、解放北路金融街这些和平区独有的资源优势，充分挖掘潜力，依托五大道小洋楼积极承接总部经济，发展文化产业，定向出台洋楼经济专项政策，将风貌洋楼打造成为区域经济新名片。

（四）优化楼宇环境

完善用好硬件配套。城有梧桐多引凤，首先要栽好梧桐、筑好巢，提升硬件设施水平。本着统筹建设、集约高效原则，完善楼宇周边市政、商业等公共配套设施，切实满足楼宇日常商务需求。另外，对设施陈旧、智能化程度低的楼宇进行统筹安排，更新升级，形成更多的高品质、现代化、智能化商务楼宇。

优化软件服务。全面提升商务楼宇物业服务水平，落后的基础和后勤管理已无法满足现代商务楼宇使用者的服务需求，必须从电器设备维修、新型材料维护、现代信息技术应用等领域实现专业化物业管理，加强特色化物业服务，结合“智慧和平”战略实施，依托大数据、互联网等现代信息技术，在楼宇办公、通讯、安保等重点领域，提高服务管理的智能化水平。

（五）完善管理机制

构建楼宇经济动态信息共享机制。现实工作中，各职能部门因职责定位不同，掌握楼宇经济运行情况具有非全面性和滞后性。因此，在日常管理中，应借助现代信息技术手段，建立起区域性的楼宇经济数据共享机制，通过定期交换各类数据，实现相关职能部门全过程共享楼宇经济动态数据信息，准确研判楼宇经济未来走势，为做好楼宇跟踪服务、税收征管、政策制定等工作提供科学依据。

加大物业服务奖励。物业服务水平是决定楼宇经济发展成败的关键性要素。加大对高等级、专业性商务楼宇物业服务企业的奖励，提高重点楼宇物业准入门槛，提升综合服务功能，提升对优质高端客户的吸引力。切实转变“只管收租金”的管理理念，在“筑品牌”和“优服务”上多下功夫。学习欧美发达国家高端写字楼的物业管理经验，或短期引入进行试点，利用其国际化的管理标准和客户资源，吸引高端企业入驻。同时，借用好首都资源，选择有成熟楼宇运营经验的金牌物业，对楼宇进行新的规划定位，盘活楼宇空置资源。

继续增强现有财税扶持政策。继续深入开展税收亿元楼宇创建工作，继续保持税收亿元楼宇创建政策的延续性，尽快制定出台后续办法，对税收已经超过亿元的商务楼宇在招商引资、提升改造等方面继续给予支持，保持原有政策扶持力度。积极争取国家及市级部门对楼宇经济发展的资金支持，加强同国家部委、市级部门的沟通联系，及时跟踪汇报和平区楼宇经济发展的最新动态，积极争取国家级双创基地、示范园区等各类专项政策和转移支付资金在商务楼宇内兑现落地。深入楼宇企业开展调研，了解企业需求，制定更符合现阶段楼宇经济发展需要、更切合企业发展需要的优惠政策，扩大对中低档商务楼宇及中小企业的扶持力度和惠及范围。

加大对楼宇经济财政资金使用的绩效考核。建立能够客观反映和平区楼宇经济发展成效和资源投入的综合计量评价体系，针对区域楼宇经济发展实际，参照政策目标、各职能部门分工、楼宇建设成效和跟踪审计结果，分类考核楼宇经济政策资金使用效果。同时，加强对考核结果的运用，将年度考核结果作为下一年度扶持资金拨付的主要标准，提高公共资金使用效率。

津南区会展经济发展研究

（天津市经济发展研究院　刘营　鹿英姿）

会展经济是塑造城市形象和影响力的最佳名片。随着津南区国家会展中心一期即将竣工，研究分析津南区会展经济发展的基础条件与面临的问题，充分借鉴国际、国内典型城市促进会展业发展的经验，探讨会展经济发展的着力点和措施，对于推动津南区经济高质量发展与实现京津冀协同发展中天津市"一基地三区"的定位具有十分重要的意义。

一、会展经济概述

（一）会展的相关概念界定

1. 会展的概念和分类

（1）会展的概念

从广义角度讲，会展是指在一定地域空间，由多人集聚在一起形成的定期或不定期、制度或非制度的集体性社会活动，国际上通常称为MICE（Meeting, Incentive Tour, Exhibition or Exposition and Event, Conference）。从狭义角度讲，会展是指展览及伴随其开展的各种形式的会议的总称，包括会议和展览，通常称为C&E（Convention和Exposition）或M&E（Meeting和Exposition）。

（2）会展的分类

根据会展内容，会展分为综合性会展和专业性会展，综合性会展是指包括全行业或多个行业的会展活动，如中国国际进口博览会；专业性会展是指展示某一行业或产品的会展,如秋季全国糖酒会。根据会展的性质,可将会展分为贸易和消费两种。根据会展举办的时间,可分为定期和不定期会展、长期和短期会展。定期会展是指在一定周期(一般为一年)内有规律举办的会展,长期会展主要指会展活动举办期超过一个月的会展。根据参展商和参观者所代表的区域规模,可将会展分为国际级、国家级、区域级、地方级会展。根据会展的举办场地与地点,会展分为室内会展与室外会展,以及固定展与流动展。

2. 会展产业

会展产业是以会议和展览的组织承办为中心,组织谋划者同展馆的拥有者开展一系列活动的综合。会展产业是一种新兴的服务产业,属于第三产业的范畴。会展产业具有规模性、关联性、技术性、风险性以及全球性的特点。从风险性特点来看,会展产业是高盈利、高风险行业,其平均利润率约为20%~25%,同时未来发展面临资源风险,需要创建自身品牌企业和品牌项目,增加会展的声誉度和可信度,从而实现高附加值、高利润和高市场占有率。

(二)会展产业的理论基础

在产业组织理论中,最为重要的分析框架是由贝恩等学者提出的"市场结构(Market Structure)—市场行为(Market Conduct)—市场绩效(Market Performance)"研究框架,市场绩效是指在一定的市场结构下,通过一定的市场行为使某一产业价格、产量、利润、质量和技术等方面达到某一状态。其中,市场结构、市场行为和市场绩效是相互联系的一个整体,市场结构是产业内部组织关系的表现形式,市场行为是产业组织结构形成与变动的推动力量,市场绩效是产业组织趋于合理化的基本判断标准。因此,会展产业要获得良好的市场绩效就必须改善会展市场结构、优化会展企业行为,使会展资源向优势企业集中,加快以市场为导向的会展企业集团化的进程。①

①杨红:《基于市场结构—行为—绩效范式的中国会展产业研究》,哈尔滨工业大学2006年硕士学位论文。

1. 会展产业的品牌化发展趋势

品牌化市场战略是差异化市场行为中最为重要的一种，品牌是会展产业发展的灵魂，也是中国会展产业实现可持续发展的关键。未来会展产业将更加专业化、信息化、品牌化、国际化、生态化，品牌会展相比于一般的会展而言具有知名度较高、规模化较大、权威性较强、服务与功能较为完善的特征。随着会展产业的竞争日益加剧，会展企业通过实施品牌化战略提升自身产品的品牌信息，从而持续地带动城市相关产业的发展。

2. 会展经济的产业关联

会展产业的内部关联主要体现在会展产业链内部上、中、下游各环节相关企业之间的关联。会展产业的关联效应使得会展产业成为一个“助推器”，据有关专家测算，国际上展览业的产业带动系数大约为1∶9，即展览场馆的收入如果为1，则相关产业的收入为9。会展产业不仅可以带动交通、旅游、餐饮、住宿、通信、广告等相关产业的发展，同时拉动城市金融、保险、市政建设、环保、会计、审计等行业的发展，从而促使城市的产业结构得到调整。

3. 会展经济的产业升级

当前，我国的会展产业进入快速发展阶段，但会展产业总体仍处于粗放型发展阶段，国际竞争力尚不突出，国家政策导向和网络信息技术发展为会展新业态带来新机遇，推进会展产业转型升级正当时。一方面，推动会展产业的技术进步，通过吸取国外先进的展览技术、手段和经验，通过科技进步等措施使我国会展产业尽早步入“集约化”发展的良性轨道；另一方面，加快会展产业创新的速度，培育品牌会展，从场馆设计、主题选择、展会规划、组织与管理等方面实施产业品牌化发展，拓展会展品牌的时间、空间和价值，并利用品牌效力和信息化管理不断提升会展产业的效率。

（三）会展经济的城市效应

1. 会展经济的带动作用

会展产业链是集商贸、交通、运输、宾馆、餐饮、购物、旅游、信息等为一体的经济消费链，会展产业对城市经济增长的影响按传递程度来看有直接经济影响、间接经济影响和乘数效应经济影响。会展业能吸引消费形成“第三产业消费链”促进商业发展；根据国际展览联合会的测算，会展场馆每增加 1000 平方米，会给社会带来近百个就业机会。发展会展产业可以完善城市的服务功能，通过会展活动的关联带动作用促进产业结构优化升级，向创新型城市转变。

2. 城市竞争力的提升

会展产业的发展规划与城市的产业规划、空间设施紧密联系，会展产业的发展倒逼城市基础设施加快完善，推动酒店、商场等配套设施建设，在有效吸聚人流、物流、信息流、资金流的基础上，有助于在空间上形成功能综合、辐射力强的城市新极核，提高城市“硬件”竞争力。举办会展活动成为宣传城市形象的有效载体，借助会展活动，参展参会人员对城市的科技水平、经济实力、城市风光、文化历史等进行了解，进而提高城市知名度，优化城市营商环境。

二、津南区会展经济发展基础

（一）优势

1. 优越的区位条件

津南区处于天津“双城双港、相向拓展、一轴两带、南北生态”的总体发展战略主轴上，是承接中心城区城市功能和滨海新区产业功能的黄金走廊，具有良好的海陆空交通环境，距离中心城区 11 千米，距滨海国际机场 12 千米，距天津港南疆码头 25 千米，距天津港 22 千米，具有便利的交通和优越的地理位置。西起外环线津沽立交桥，东至滨海新区中央大道，唯一以“天津”命名的首条快速客运通道——“天津大道”穿越津南，连接津滨“双城”。横穿国家会展中心周边区域的地铁一号线东延线已建成，目前已通车至东沽路站，与宁静高速、天津大道、海沽道等道路形成一个“四通八达”的交通网络。

2. 丰富的教育资源

津南区拥有丰富的教育资源,海河教育园区是津南区的智力研发“中枢”,天津大学、南开大学两所国家“双一流”高等院校及11所中高职院校分布其中,年输出高端创新人才15000名,年社会培训14万人次。津南区还拥有49所中小学,1所特殊教育学校,13所、26处幼儿园,构成现代教育新格局。依托产业创新平台、技术转化基地、创新战略联盟等,海河教育园区成为不断支撑会展经济产业发展的“智库”。

3. 深厚的历史文化资源

津南文化源自漕运文化与商埠文化之相生,军旅文化与移民文化之相融。肇始渔盐,兴盛漕运,形成了稻耕文化、漕运文化、小站兵米文化、妈祖文化、民俗文化等多元包容的津沽文化,同时促进了葛沽宝辇花会、高跷、麦秸画等“非遗”项目及民间手工艺的传承与发展。具有葛沽民俗文化节、小站军事嘉年华、华盛寺庙会、练兵园传统武术大赛等在国内外有影响力、知名度高的旅游节会品牌。葛沽民俗文化特色小镇打造田园入城、秀水环绕、城景相融的生态景观。百年名镇小站则以稻耕为主题承接蓝光“稻米侠”主题乐园项目,打造全域旅游示范区。

4. 良好的产业基础

从图1看,2014—2018年津南区三次产业结构不断优化,2018年三次产业比重达到1:49:50。从统计数据来看,津南区已经进入后工业化阶段,二、三产业共同推动经济增长的格局初步形成。八里台镇的华录未来科技园以大数据与孵化器为核心定位,不仅引入了存储量惊人的“数据湖”,还构建了双创和产业研发中心,成为“天津智谷”的核心区。区域自主科技创新能力不断提升,阿里云创新中心入驻众趣、数联智聚等创新创业企业40余家,荣钢集团、立林集团等6家企业入选全市百户民企集团发展壮大行动培育企业名单,2018年全区民营经济市场主体累计达到6.2万家。

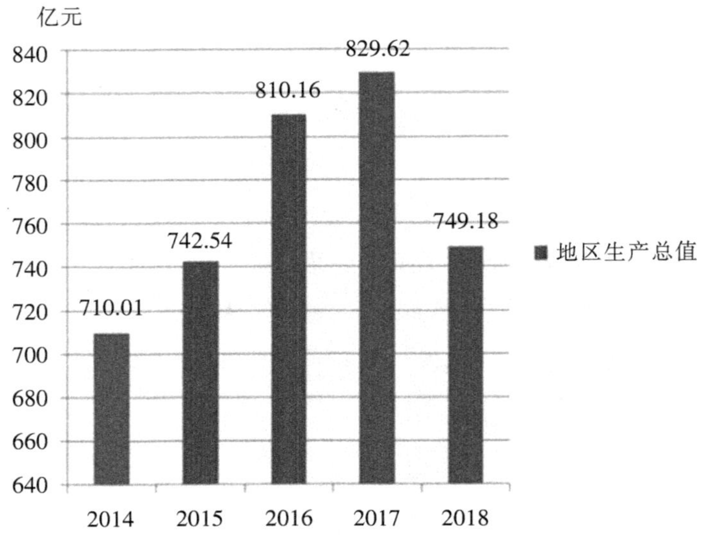

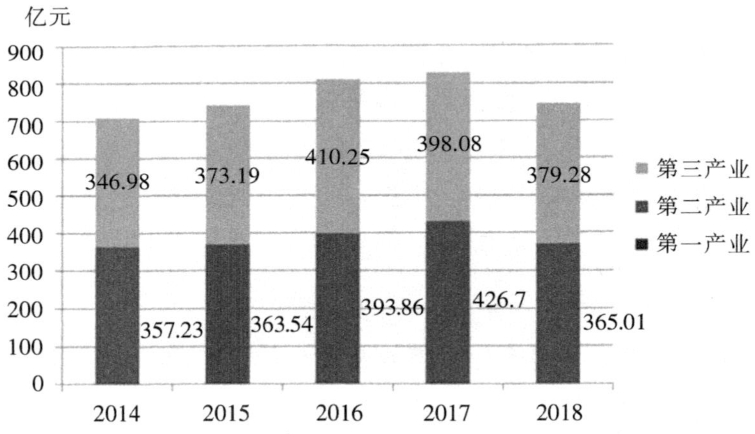

图 1　2014—2018 年津南区国内生产总值(GDP)总量及三次产业结构变化情况

(二)劣势

1. 工业园区的发展能级有待提升

津南开发区打造高质量发展新平台,但在园区的开发建设中,忽视了全产业链企业的有效配置。各个园区产业发展不均衡,有待进一步进行资源整合,需要明确园区产业定位和做好产业结构调整工作，提升各工业园区能级、加快存量二次开发。园区面临土地资源稀缺，环境承载力下降等问题，制造业发展空间约束明显加大，在新的竞争优势尚未形成的新旧交替期，需要进一步加快园区产业结构转型升级步伐。

2. 区域产业创新性不足

创新驱动对经济增长的拉动作用不明显，工业基础薄弱，自主创新能力有待进一步增强。分析津南区规模以上工业企业情况，主要为传统产业，产品结构单一、附加值低的状况仍然存在，创新领军企业较少，战略性新兴产业整体创新水平还不高，在推动产业结构迈向中高端水平上还存在不足，产业创新缺乏品牌、载体、人才、资金协同推进。

3. 尚未形成便捷的配套商业圈

国家会展中心附近还存在一部分老旧、散、低的餐饮及泛零售业态，缺乏进口贸易、无人便利店等适应新形势下经济发展需要的新业态。有待进一步盘活存量载体，现有写字楼、商业广场不符合会展人群的高品质需求。满足中高端会展需求的高档酒店数量不足，餐饮特色不显著，在服务环境、服务质量等方面有待进一步提升，缺乏对存量空间的改造盘活，没有形成完善的商业配套圈，不能充分满足会展商务商贸人群需求。高端商务、现代物流等会展相关业态扶持力度不够，尚未形成海河中游高端服务业发展带。

4. 轨道交通的缺乏

地铁 1 号线延长线虽然通车至东沽路站，但是规划轨道线路与站点数量在环城四区内处于末位，交通配套设施难以满足国家会展中心快速疏散人流的要求。规划中的地铁 1 号线东延线、地铁 6 号线二期工程、地铁 8 号线一期工程、地铁 Z1 线、地铁 Z3 线让津南区内多个板块相连，将有效拓展城市未来的发展空间，下一步需要做好公路及轨道交通网的配套接轨工作，进一步提高交通运转效率，有效承载会展中心大客流的集散。

（三）机遇

1. 建设中的国家会展中心将成为北方最大的会展平台

国家会展中心位于海河、卫津河交界处，南侧紧邻海河教育园，定位为中国北方国家会展中心。强调多功能、综合性，集会议、会展、旅游、餐饮于一体，总建筑面积 134 万平方米。建成后将成为具有国际一流水平的会展综合体。会展中心的建设将有效推动天津市会展产业、科技商务、文化旅游业的发展。同时，地铁 1 号线延长线、海沽路等配套基础设施已提前建设，能够有效促进产业结构调整和现代服务业发展。天津市对海河中游带进行了近 30 年的建设控制，基本无新建建筑，面积近 40 平方千米。该地区是天津双城之间，海河南岸最具活力的发展空间，必然成为津南区经济发展、产业提升的新引擎。

2. 双城间绿色生态屏障建设将提供最优质的生态环境

根据《天津市双城中间绿色生态屏障区规划（2018—2035 年）》的总体目标，在总面积 736 平方千米的屏障区内，将实现现状水域、林草地、农用地、建设用地内绿地等蓝绿空间占总用地的 62%，双城中间绿色生态屏障区将建设成为“生态屏障、津沽绿谷”。津南区作为占天津绿色生态屏障建设面积比例最大的行政区，海河南岸“生态绿廊”正在形成，绿色生态屏障起步区、辛庄片区林田湖草相融共生，绿色生态屏障区作为“天然氧吧”，为吸引高端项目进驻津南、发展高端绿色智能产业提供了宜居宜业的生态环境。

（四）挑战

1. 盘活存量资源

津南区应主动融入京津冀协同发展，积极承接北京非首都功能疏解，在资源整合的同时，进一步深化推进楼宇招商，结合国家会展中心配套服务功能，力争快速盘活现有楼宇和商业设施资源，扶持发展总部经济、科技服务等会展相关业态，并积极引导配合后期的持续运营，大力提升服务业能级将是津南区实现可持续发展的一项挑战。

2. 推动园区转型升级

津南区工业园区亟待加快转型升级的步伐，围绕智能制造、生物医药、数字经济等战略性新兴产业进行产业招商，推动开发区重组，整合工业园区和集中地，加强科技创新载体建设，引进会展服务等重大产业项目，随时准备迎接国家会展中心引入的合作发展机会。

（五）天津市支持会展经济发展的政策

《天津市人民政府办公厅关于进一步促进会展业改革发展的意见》（以下简称《意见》）发布，明确提出天津市将推动会展专业设施建设。推动国家会展中心项目建设，进一步提升津洽会、融洽会、旅游产业博览会、华博会等本市品牌展会的市场化和国际化水平，充分发挥展会的招商引资、贸易促进功能，推动区域经济发展和产业升级。引进、培育一批符合本市产业特点的展会项目。

《意见》提出如下发展目标：全市会展业经济规模实现稳步增长，政策体系基本完善，发展环境日益优化，设施条件极大提升，对外开放持续深入，市场化、国际化、品牌化、信息化程度不断提高。到 2020 年，全市各类展会达到 200 个，展览面积突破 280 万平方米；1 万平方米以上规模展会项目突破 50 个，国际化展会达到 50 个；会展业直接收入达到 15 亿元，拉动相关行业收入达到 150 亿元。

2019 年 6 月天津市商务局印发了《关于促进市内六区高端服务业集聚发展的实施方案》（津商运行〔2019〕18 号），加快推进国家会展中心建设，支持梅江会展中心、国展中心等展馆设施设备提升改造和信息化建设，鼓励展馆进行商业模式和运营机制创新。制定国家会展中心周边地区商业发展与布局规划，整合市内六区酒店、餐饮、广告等服务配套设施资源，为国家会展中心高效运营提供保障。

三、国家会展中心基本概况

国家会展中心是商务部和天津市政府的合作项目，是继上海之后，在全国布局的又一个国家级会展中心，承载着非首都功能疏解和加快京津冀服务业发展的重要使命。

(一)项目区位

1. 位于双城中间黄金地带

天津国家会展中心项目，东至规划国展路，南至天津大道，西至宁静高速公路，北至规划海河南道。紧邻海河教育园区和津南辅城，与其余4个已建成的会展场馆在中心城市范围内基本呈现均衡分布的格局，与中心城区、滨海新区核心区、空港、海港、火车站均有较便捷的交通联系。

2. 总体情况

天津国家会展中心项目将以“会展结合，以会带展，以展促会；重工业题材与轻工业题材结合，轻重协调发展；货物贸易与服务贸易结合，打造高端服务业新引擎”为发展模式，将立足环渤海、辐射东北亚、面向全世界，努力成为具有持续领先能力的国际一流会展综合体。项目规划用地面积1.31平方千米，分为两期建设，总投资175亿元。总建筑面积134.65万平方米，其中，展馆区总计32个单层无柱展厅，每个展厅1.25万平方米，展馆面积达40万平方米。综合配套区包括酒店、商业、会议、办公与餐饮，约31.7万平方米。

3. 项目一期情况

项目一期建设79万平方米，包括16个展厅、中央大厅和综合配套区，净展览面积20万平方米，预计2021年完成。综合配套区位于一期展馆区东侧，总建筑面积32万平方米，其中地上21万平方米；地下商业裙楼11万平方米，最高高度约136.2米。包含五星级的万豪酒店和四星级的福朋喜来登酒店，以及两栋甲级商业楼宇，共同组成商业办公楼综合体，汇集酒店、餐饮、会议、商业零售、商务办公及地下停车区等多种业态。项目按照绿色三星的最高标准建造,采用了地源热泵、太阳能光伏等再生能源、低碳高效钢结构、绿色建筑体系等多项行业领先的智慧展馆技术,将成为承接国家级、国际化会议和展览的最佳场地。

(二)项目进展

1. 工程建设情况

2019 年 4 月,国家会展中心(天津)工程现场建设指挥部成立。开工以来,项目施工单位与广大建设者为确保工期与进度,抓质量、抢时间、赶进度,会展项目建设加速推进。6 月初,项目进入了全面主体施工阶段。7 月底,一期展馆主体工程建设实现屋架钢构首吊。10 月初,又完成首个单元区域屋面桁架封顶。与此同时,展馆综合配套区已完成招标,正式开始建设。

2. 成功举办首展

2019 年 6 月 26 至 30 日,在国家会展中心展馆东侧展场成功举行了首展中津防务车辆装备展。展会由 1.5 万平方米静态展示区与 6 万平方米地面装备动态演示区组成,包括野战军营、迷彩帐篷、沙场阅兵式展览区域。展会首次实现中国防务车辆装备系列展示,建立军民融合防务装备技术交流平台,为建成中国国际防务装备贸易平台打下坚实的基础。

(三)项目存在的问题

1. 定位和品牌特色不够突出

天津国家会展中心建设起步较晚,上海国家会展中心运营 5 年,大型展会已呈现向沪等地转移的趋势,天津会展经济定位与品牌目前仍处于摸索阶段,对下一步如何引进一批规模大、质量高、成效好、影响广、辐射强的国内外展会准备不足。对标国际化运作机制还存在差距,无法起到引领全局的作用。

2. 基础配套需要加快推进

多重交通需求叠加、集散交通压力大。津南区国家会展中心连接京津冀、环渤海各地机场、高铁站点的轨道交通和机场建设方面明显滞后。从轨道交通的发达程度和便捷度来看，天津与北京差距较大，尤其是在直达重要会展中心的路线上有所欠缺，轨道交通的不便为参展商尤其是观众到达展馆增添了障碍，无形中丧失了大规模潜在参展人群，这成为制约天津会展业发展的重要因素。停车场及人员活动、餐饮、酒店、娱乐等方面的设施需求没有充分估计，可能会无法满足需求。

3. 与其他产业联动发展意识不强

天津曾是我国老工业基地，如今又是智能制造等战略新兴产业集聚地，天津有着全国自由贸易试验区、自主创新示范区的“双自”优势，会展经济服务于天津“一基地三区”定位的意识缺乏，没有发挥好经济“助推器”的作用，与天津和京津冀区域产业的关联度不高，缺少有影响力、可以服务区域“会展 + 产业”联动发展的大型展会。

4. 会展主体实力有待提升

天津大中型展览项目及会议项目相对缺乏，会展企业的数量和规模尚显不足。除少数会展企业具有较强实力外，大部分会展企业策划组织能力和资金实力较弱，基本是简单承接会务保障与展位搭建服务。会展产业链上游的创意与策划、资源整合与营销、组织与运营整体水平不高，缺乏龙头企业与上游企业。

5. 高端复合型人才有待充实

会展从业人员大多数来自非会展行业，缺乏系统的理论和专业知识，技术性人才相对较少，技术性、管理性和创意贡献性工作难以胜任，缺乏从事会展创意、策划、营销、组织等方面的具备国际化视野的高端复合型人才，人才匮乏已成为制约会展业高质量发展的重要瓶颈。

四、会展经济发展经验借鉴

（一）国际典型城市促进会展业发展的经验

创新成为国际展览业发展的主旋律。根据国际展览业协会（UFI）调查显示，世界展览业正在发生9个方面的变化：参展商需求从一般性统一标准化服务向个体性定向服务演变；参观者需求从信息获取型向现场体验型演变；展览市场格局从区域化向国际化、全球化转变；展览展示技术从实物、实体展览到跨媒体、多媒体展示转变；展览形式从传统展览展示向反传统展示与展览会议推介活动融合演变；展览运营模式变化从摊位销售向理念创新、引领行业发展演变；展览参与人群年龄结构从"60后""70后"为主向"80后""90后"为主变化；展览设施场馆从供不应求向供大于求转变；展览业资本运营从自我积累向金融跨界演变。①

1. 世界会展城市实力报告

目前中外会展业格局呈梯度分布，欧洲居主导地位，新兴经济体势头强劲。根据会展生产力三要素指标体系综合评估，欧洲市场长期占据主导地位，其中德国综合排名全球第1。欧洲拥有35个世界会展城市，排名前20位的有德国的汉诺威列第2位、意大利的米兰第7位。亚洲拥有13个世界会展城市，中国占9席，进入前20位的有上海、广州、北京，分列第1、10、18位，其余为重庆、武汉、成都、厦门、深圳、香港。中国适应全方位对外开放和三次产业转型升级要求，会展场馆面积突破1000万平方米，无论入围个数和面积占比均呈明显上升态势，会展大国格局已定。

2. 德国汉诺威工业展

汉诺威是德国工业高度发达的城市，尤其是制造业最为突出，电子工业技术先进，展会以国际级工业展览为主，主要国际品牌展会有汉诺威通信与信息技术博览会、汉诺威工业博览会和汉诺威世界汽车及车载装备展。第三产业已占就业人数的2/3，有"国际会展之都"的美誉。在汉诺威100万平方米的土地上，展览场地68万平方米，其中室内展览场地46.9万平方米，展厅为27个，停车位5万个。德国汉诺威展览中心举办的展览呈现国际级工业会展为主、展会与城市产业结合、基础设施齐全、政府专项资金支持的特点。世界上

①中国国际贸易促进委员会：《中国展览经济发展报告（2018）》。

营业额最高的 10 家会展公司中,德国就有 6 家。在打造大型国际品牌展会的时候,非常重视与城市产业的结合。目前汉诺威展览公司成为世界第一大会展公司,负责协调和筹备在汉诺威举办的所有展会,平均每年承办展会 20 多个。

3. 意大利米兰时尚之都

米兰展览业呈现世界时尚与设计之都、与主导产业紧密结合、与旅游业相互促进的特点。米兰会展经济发达,拥有悠久的会展发展历史,全球展览业协会(UFI)于 1925 年在米兰成立,机械工业、机械制造业、设计与时尚是其主导产业。每年举办各类展览 80 多个,参展商 30000 家左右,年参观人数 250 多万人,总展出面积 37 万多平方米。作为意大利重要的经济中心,米兰依托优势产业,积极拓展了一系列的专业展会,为意大利的众多中小企业构建了良好的信息交流和营销平台。“米兰时装周”“米兰国际三年展”“米兰设计周”“米兰家具展”等展会在世界上具有重要影响力。米兰是著名的旅游胜地,历史悠久、风景如画,名胜古迹众多,文化艺术活动异彩纷呈,形成了独特而综合的旅游、城市营销形象,形成会展商务同旅游度假之间的良性互动。

(二)国内典型城市促进会展业发展的经验

2018 年中国展览业继续保持中高速增长,展览行业政策环境不断优化,制度规范更加完善,以“一带一路”建设为重点的开放型经济发展深入推进,展览业已经成为构建现代市场体系和开放型经济体系的重要平台。①

1. 中国省域会展竞争力指数

由商务部中国会展经济研究会主办的 2019 中国会展业年会暨中国城市会展业竞争力指数发布会于 11 月 29 日在成都举行。该指数主要包括城市会展业整体环境竞争力、城市会展业专业竞争力、城市会展教育竞争力以及城市会展业主管部门服务竞争力四类指标,形成全国 130 个城市的“2018 年度中国

①中国国际贸易促进委员会:《中国展览经济发展报告(2018)》。

城市会展业竞争力排行榜”。该指数是目前中国会展行业最具权威性、科学性的评估指数，对城市会展业提升竞争力具有较强的指导性和操作性。上海、北京、广州、成都、深圳、杭州等城市入选2019“中国最具竞争力会展城市（直辖市及副省级城市）”。未来我国会展将呈现6大趋势：办展主体多元化，市场化进程不断加快；市场细分日趋明显，专业展成为主流；会展规模不断壮大，品牌化优势日趋突出；出国办展数量上升，国际化不断加快；线上线下融合发展，信息化助推会展腾飞；政府持续关注支持，标准化建设不断推进。

2. 上海

展会数量和面积居世界前列。2018年，上海是中国境内举办展览数量最多的省（直辖市），共举办展览741个，占全国展览总数量的19.5%，同比增长12.4%，办展面积超过了2000万平方米，位居全国第2。国家会展中心运营以来，展会规模与客流基本饱和，高峰日客流达25万，午间餐饮供应按展馆内全部解决进行配置。受到会展需求的推动，上海市外来旅游、商务人口增长近千万，星级酒店平均入住率达69.61%。

2019年会展经济进入“加速跑阶段”。首届中国国际进口博览会上，有58个“一带一路”相关国家的超过1000多家企业参展。1—4月，上海市主要展馆共举办各类展览及活动260个，同比增长6.1%；展览总面积519.93万平方米，同比增长4.6%。其中，标志会展业高质量发展水平的国际展数量达78个，占各类展会总数的30%。

不断对标国际最高标准，在服务保障方面更加智能化。比如，2019上海车展首次启用电子门票、电子门禁和人脸识别无感化服务；首次启用人工智能预警系统，实时监控馆内人流情况。又如，近年来每年春季都要在“四叶草”上演一场“人流大爆炸”的tHIS健康产业领袖峰会，以往主办方要制作大大小小几千个标识牌，并放置在每个展厅、通道，以及会议室门口，目前这类临时标识数量骤减70%。政策制度供给方面，2019年11月，《上海市会展业条例（草案）》提交上海市十五届人大常委会第十五次会议审议，立法的重点是要建立与国际接轨的会展业事中事后监管机制、知识产权保护机制、纠纷解决机制。

3. 广州

2017 年 10 月,广州获得商务部中国会展经济研究会颁授的“中国最具竞争力会展城市”称号。2017 年广州市共举办展会 314 个,占全国展会总数的 9%;展会总面积约为 1487 万平方米,约占全国展会总面积的 12%。

以广交会为核心发挥外贸与制造业的优势。截至 123 届(2018 年春),广交会累计出口成交约 13237 亿美元,累计到会境外采购商约 842 万人次。目前,每届广交会展览规模达 118.5 万平方米,境内外参展企业近 2.5 万家,210 多个国家和地区约 20 万名境外采购商与会。2017 年,广州举办 10 万平方米以上大型展会共 15 个,其中广交会、广州国际照明展览会规模居同行业世界第 1,中国广州国际家具博览会、中国(广州)国际建筑装饰博览会、广州国际美容美发美妆博览会等展会规模居同行业亚洲第 1。目前,广州拥有国际展览业协会(UFI)认证的展览项目 13 个。由于珠三角制造业产业主要集聚在纺织、家电和电子产业,大规模人口集聚引发了巨大的食品、家具、文化娱乐等需求,因此,食品类、家居建材类、教育文化类和机械加工类展会比例占到广州总展览数量的 43.24%。

4. 成都

城市知名度不断提升。中国城市会展业竞争力指数成都连续 3 年排名全国第 4、中西部第 1。在展览数量以及展览规模上次于北京、上海、广州等一线会展城市,2018 年举办 100 万平方米以上展览城市中排名第五。成都通过办展办会、媒体宣传会展活动等提升了国内外知名度。以西博会为例,1—16 届西博会,累计境外参展参会国家(地区)1005 个次,展览面积 180.4 万平方米,参展企业 5.58 万家,参展参会嘉宾超过 40.4 万人次。

会展业和配套产业联动发展。成都集中优势产业和新兴产业进行重点招展引会,加强与全球会议组织以及协会的联系和合作。结合成都在生物医药、电子信息、新能源、节能环保、新材料、汽车等高科技产业的技术攻关,积极申办科技领域的高端会议。同时依托旅游和航空资源,发挥作为国内第 4 大航空枢纽城市的航空资源优势和丰富的旅游资源优势,大力发展与旅游业紧密结合的企业年会和会展旅游。通过培育和引进专业展览，打造会展品牌集聚区，以实现促进高端产业发展和活跃消费市场的目的。

会展管理和服务水平持续提高。成都市博览局作为会展产业主管部门，积极组织、参与申办会展活动，在会展活动期间协调相关市级部门做好会展的各项保障工作，形成了联合30多个市级职能部门的“一站式”无障碍办会机制。2015年10月，成都在全国城市中率先启动会展大数据平台建设，正式上线运行“成都智慧会展”大数据中心，进一步增强了信息化技术在会展产业中的应用。

五、津南区发展会展经济着力点

（一）高站位服务国家大战略

津南区会展经济要主动肩负京津冀城市群与环渤海经济圈与北京共同带动区域经济发展的重要使命，要从国家大战略角度坚持高站位、远谋划，成为推动京津冀协同发展、环渤海经济圈发展的重要引擎。会展中心不仅成为一个集聚展示和宣传天津文化的“窗口”，更是面向来自海内外的参展商、采购商、观众展示京津冀和环渤海区域经济、文化和科技发展水平与形象的靓丽名片。要助力北京非首都功能疏解、助力雄安新区开发建设，与北京在会展业务上错位发展，与之开展分会场交流与合作。国家层面，积极争取国家部委对天津国家会展中心最大的支持，将重大国际赛事、国际会议、国家展会等活动引入天津。全市层面，要成立统领会展展馆与各项事务的专门部门，将国家会展中心做成全市会展项目行业龙头，带动全市会展业协调推进，形成集群化发展格局。

（二）打响天津高端会展品牌

借鉴国际与国内先进城市会展经济发展经验，津南发展会展经济也要突出城市产业、人文、自然等资源特色，形成独特会展品牌。要秉承开放、合作、包容思维，提升现有龙头展会国际化运营水平，引导更多展会申请加入国际展览业协会（UFI）、国际展览与项目协会（IAEE）、国际大会及会议协会（ICCA）、国际奖励旅游精英协会（SITE）、亚洲会展协会联盟（AFECA）等国际会展权威机构，开展天津津南会展业宣传推介，招揽引进国际高端会展资源，激活津南国家会展中心的流量价值、社群价值、信息价值以及产业价值。依托"一带一路"以及境内外的国家工业园区等资源，开展旅游推介、学术研讨、科技交流等活动，拓展展会服务领域，提高展会服务功能，打造品牌展会和城市名片。要加大国际赛事、特色节庆、演艺活动引进培育力度，加强与国际体育赛事组织的联系与合作。以多元化会展经济发展思路，寻找会展行业的新突破，创新管理理念、运营模式，以产业链思维来谋划展会，把产品的产销、论坛研讨、合作交流、项目对接、新闻发布等各项相关活动有机联系起来，形成一个完整的产业链条，打响"天津服务、天津标准、天津保障"。

（三）建设国际一流配套服务设施

会展经济发展对所在区域的交通便捷、居住舒适等基础设施建设要求较高。借鉴广州琶洲国际会展中心经验，适应大型客流、车流的需求，要加快建设通达天津南站、天津站、滨海新区高铁站、滨海国际机场、首都国际机场、北京大兴国际机场、雄安新区、主要文化旅游景区等四通八达的地铁、机场快线、快速公交、城市快速路、高速路等交通服务网络。优先支持会展交通用地需求，建设地面及地下、地上多层停车场，大幅增加会展场馆周边的停车空间，提升会展场馆的可达性和人员疏散能力。结合双城绿色生态屏障项目，建设1～3座复合型公园，既改善生态环境，又可在公园地下布置服务于会展中心的各类公交与市政设施，使地下空间连接轨道线路与地铁商业。与市规划和自然资源局、市轨道交通集团等协调，建立地下通道体系，接驳展馆与地铁口，使参展商和市民可以通过地下隧道直接从地铁前往会展中心。完善会展场馆周边配套服务设施，建设集展览、会议、活动、餐饮、购物、办公、商业服务、博物馆等于一体的超大型会展综合体，提升办展参展的服务体验，充分满足客商的商旅要求，构建城市人居美好生活。

（四）发挥推动产业升级的联动效应

围绕天津全国先进制造研发基地、国际航运核心区、金融创新运营示范区、改革开放先行区的功能定位，按照“立足产业、服务产业”的办展思路，以新一代人工智能、生物医药、新能源、新材料、汽车产业、生态环保、金融创新、现代物流、现代商贸、文化创意、文化旅游等产业为重点，着力构建“一业一展”格局。推动展会规模、参展企业、专业观众和贸易协议额等方面实现突破，使会展经济真正在引进技术、指导产业发展、助推转型升级、开拓海外市场方面做出重大贡献。提升展会层次，以“专业、高端”为标准，吸引行业领军企业前来参展，展出“高精尖”产品，深化产学研对接，同期举办高端峰会、学术论坛，汇集产业最新成果、领先产品，通过会展产业的“城市加速器”功能，努力实现“会展＋产业”融合发展格局，带动产业创新发展和产业转型升级。

（五）打造新型智慧化、绿色化场馆

在未来会展业的竞争中，掌握了新技术便意味着掌握了发展的先机，人工智能就是引领未来发展的战略性技术突破。会展行业发展需要与人工智能、区块链和大数据深度应用相结合，在资源的共享方面、展会服务的创新方面、场馆的创新与利用方面，通过数字化技术，汇集科技力量，以移动互联网、大数据等新一代信息技术为支持，实现高科技与会展经济的深度融合。借鉴杭州国际博览中心智慧交通、智慧安防、云上看馆、迎宾签到等一系列“智慧场馆”项目建设经验，天津国家会展中心要插上“智慧”翅膀，大幅提升场馆运营效率，提升展览、展示的品质。绿色会展也在成为世界会展产业重要发展趋势之一，借鉴深圳国际会展中心全球领先的绿色建筑技术和智慧会展技术，力求打造最节能、最节材、最低碳的世界一流绿色展馆。倡导使用可循环的展示展览材料，展台搭建过程少用或尽可能不使用胶水、油漆、密度板等传统材料，接近零污染并且可以循环使用。逐步减少直至杜绝搭建材料废弃物，切实减少能源、资源的消耗，提高资源的重复使用及再生利用。要着手制定《绿色会展标准》，加强展览从业企业的社会责任和从业人员的整体绿色环保意识，特别是行业产业链各环节中的龙头企业和重点企业，应该作为率先垂范的企业推进绿色展览。

（六）优化会展营商环境

整合资源做强做大会展龙头企业。加强与国家部委和国家级协会、学会的合作，充分发挥天津名校、名院、名企、名人作用，着力引进一批会展领军企业。建立优秀会展人才的培养、引进、激励机制，并纳入市人才规划。充分利用天津海河英才计划等政策措施，积极引进符合会展业发展需求、具有行业影响力以及从事会展创意、策划、营销、组织等方面的具备国际化视野的高端复合型人才。鼓励院校、科研机构、职业培训机构与会展企业合作建立会展产业教学、科研和培训基地，聘请专家学者为基地专职或兼职教授，开展会展人才的培养工作。组织形式多样的专业培训，出台鼓励引导会展从业人员参加国际会展专业培训的奖励办法。组织相关管理部门、优秀会展企业负责人赴国内外知名会展机构、企业、平台参加培训、实习和挂职锻炼。引导会展主体往专业化发展，形成包括策划组织、保障服务、宣传推广等会展全领域的门类齐全、运作高效的专业服务体系，重视发挥专业行业协会作用，全面提高专业化水平，推动和引导现有综合性展会向专业展会转型。

静海区大健康产业发展对策研究

（天津市经济发展研究院　涂峰达）

大健康产业具有广阔的发展前景和巨大的市场潜力，被国际经济学界誉为“无限辽阔的亿兆产业”。党的十九大报告提出“实施健康中国战略”，“健康中国2030”把发展健康产业作为一项重要内容，明确提出到2030年建立起体系完整、结构优化的健康产业体系，形成一批具有较强创新能力和国际竞争力的大型企业，成为国民经济支柱性产业。

静海区近年来大力实施供给侧结构性改革，加快推进大健康产业发展，并把大健康产业作为战略性支柱产业加以重点培育。发展大健康产业是静海区融入京津冀、打造对接服务雄安新区示范区的重要力量，是加快静海区经济转型升级的重要抓手，是实现经济社会可持续发展的重要途径。

作为新兴产业，静海区大力发展大健康产业，既有交通发达、土地资源丰富、体育设施齐全等方面的优势，但同样存在着产业发展路径模糊、基础设施不完善、创新人才不足等诸多难题，在充分借鉴国内外经验的基础上，静海区可从承接北京非首都功能、加快基础设施建设、理顺体制机制等方面，大力推动大健康产业的发展。

一、大健康产业概念和发展前景

（一）相关概念

大健康产业可以理解为围绕满足各类健康需求的所有产业总称，包括健康农业、健康工业、健康服务业三大类，具体包括医疗产品、保健用品、营养食品、医疗器械、保健器具、休闲健身、健康管理、健康咨询等多个与人类健康紧密相关的生产和服务领域。

(二)发展前景

1. 医疗服务需求不断增加

国民健康意识逐步提升,老龄化进程加快以及亚健康慢性病率提高使得医疗服务需求不断增加。2017 年,中国 60 岁以上老年人口占比突破 17.3%,北京市 60 岁以上户籍老年人口约 333.3 万(占户籍总人口的 24.5%),天津市 60 岁以上的户籍老年人达到 246 万人(占全市总人口的 23.4%),其中 60~80 岁老人 226 万人,到 2020 年,60 岁以上人口达到 300 万人左右,老龄化的加剧带来京津医疗、养老、保健需求的急剧增长。《中国国民健康与营养大数据报告》显示,76% 的白领处于亚健康状态,20% 的国人患慢性病,慢性病死亡率达 86%。各类康复医院、检查中心等相继出现,亚健康调理师等职业开始兴起。

2. 专业健康体检需求不断增加

中国健康体检业现在处于方兴未艾的阶段,中国的体检覆盖率(30%)低于一些高收入国家(日本 70% 以上,德国 95%),上升空间非常大。中国目前的专业健康体检品牌有美年大健康、爱康国宾、瑞慈等,发展势头良好。

3. 母婴和养老服务市场迅速扩大

目前,我国母婴保健服务机构数量超过 4000 家,其中仅月子会所数量就有 3000 家以上。同时,月子会所和产后康复的营业规模占据市场主导地位。其中,成规模的月子中心数量已超过 1000 家。随着二孩政策的放开和人们消费观念的改变,月子中心在全国范围内迅速扩展。

伴随我国老龄化程度加深,高端养老服务供给逐渐成为产业布局热点。近年来,万科、保利、绿城、首创等地产巨头纷纷进军养老地产,保险巨头们则不约而同地将目光瞄准了高端养老社区。从国际经验来看,为老年人提供自理、介护、介助一体化居住设施和服务的“持续照料退休社区(CCRC)”,已经成为不少国家和地区的主流养老模式之一。

4. 体育运动服务市场不断扩大

目前我国人均体育消费仅为发达国家的十分之一，潜力巨大；我国体育产业结构中，具有更高增长价值的体育服务业占比仍显不足，赛事运营能力有待提升。体育消费需求从传统的体育制造用品初次消费转向娱乐性消费、观赏性消费；年轻群体、女性群体对于新型体育运动的消费需求增强。体育媒体、体育营销、体育科技、体育消费等具有较好的市场前景。

5. 国家大力支持卫生与健康领域技术研发

按照《“十三五”卫生与健康科技创新专项规划》内容，为解决卫生与健康领域的重大科学问题和关键技术问题、应对重大疾病防控挑战、提高国民健康水平、推进健康中国建设提供有力支撑，应用基础研究、前沿技术创新、疾病防控、开发医药健康产品、新型健康服务技术等均被列入重点任务。心血管疾病、血液病、恶性肿瘤、精神疾病、罕见病等成为医疗研发的重点领域。

6. 健康保险和健康管理服务有巨大需求

随着我国人口老龄化加剧、城镇化的加速发展，社会公众在医疗、疾病、护理、失能等方面对健康保险和健康管理服务有巨大需求，居民健康保障还有很大提升空间，迫切需要商业健康保险予以补充。报销型医疗保险承保保费总额自 2012 年起呈现高速增长(30% 以上)且增速不断上升趋势，2015 年保费总额已达 720 亿，体现我国部分高收入人群对于高端医疗服务的需求加速上升。

二、静海区大健康产业发展的优势和问题

(一)产业发展优势

1. 区位交通便利

静海区位于天津市西南部，在新五区中距离中心城区最近，距天津市区 40 千米，距天津新港 80 千米，距天津滨海国际机场 60 千米，距北京市 120 千米，距雄安新区 80 千米，是天津全面对接服务雄安新区的示范区。京沪高速、津

沧高速、荣乌高速、津石高速、京沪高铁穿境而过，是北上京津的交通要道。全区形成了“十纵七横一环十二射”路网格局，构建起了从静海到市区 20 分钟、到市中心区 30 分钟、到河北省周边五县县城 40 分钟、到天津新港 50 分钟、到北京 60 分钟的“23456”快速公路交通圈。区位和公路交通的优势使得天津健康产业园接近京津中高端医疗康养市场需求，同时也便于承接北京大健康产业资源和人才资源的外溢。未来雄安新区的崛起也将为天津健康产业园发挥区位优势、服务雄安新区中高收入人群提供发展空间。

2. 生态环境优良

天津健康产业园位于静海区团泊新城西区，所在区域属暖温带大陆性季风气候，四季分明。阳光充足，年均日照时数为 2533 小时，雾天数为 14 天。年均气温为 14.4℃，最热为 7 月，月均气温为 24.7℃，最冷为 1 月，月均气温为 -1.6℃。静海区拥有一湖（团泊湖）、一河（南运河）、一林（百平方千米林海），地热资源丰富，被自然资源部授予“中国温泉之城”称号。团泊新城环抱团泊洼水库（即团泊鸟类自然保护区），面积 60 平方千米，已被列入“中国湿地自然保护区名录”，区内有 164 种候鸟栖息繁衍，是世界上候鸟迁徙重要驿站，也是天津市三大生态环境建设和保护区之一。依托生态环境资源，静海区目前已形成集湿地水域、温泉疗养、自然生态、民俗文化、康体健身为一体的旅游资源。独特优越的生态环境是静海区发展大健康产业的重要支撑要素，也是吸引京津冀区域中高端康养需求人群的优势条件，实现静海区大健康产业高质量发展至关重要。

3. 空间资源充足

静海区土地资源比较丰富，健康产业园向南有 12 平方千米的建设用地待开发，其中规划期内可开发土地规模近 5 平方千米。团泊新城 4 个已开发片区内尚有 3 平方千米左右的零散用地。此外，静海区的土地价格、人力成本与周边地区相比具有比较优势。充足的土地资源为静海区大健康产业发展提供了物质载体，也为未来对接雄安新区提供了备用资源。加上土地价格、人力成本等方面比较有优势，可以在一定程度上吸引京津企业来此投资兴业，降低企业发展成本，推进大健康产业发展。

4. 医教资源优质

天津医科大学、天津中医药大学、天津体育学院以及中国医学科学院血液病医院入驻健康产业园，三所大学在综合实力和专业实力方面均在全国具有一定特色和影响力，血液病医院是国家卫健委直属三级甲等专科医院，在专科声誉（血液病）和医院科技影响力方面在全国位居榜首。静海区医疗资源相对丰富，主要服务于津冀地区，全区共有公立医疗卫生机构 28 家，其中三级甲等综合医院一所（区医院）、二级甲等中医院一所（区中医医院）。

5. 体育设施齐全

天津健康产业园区体育设施资源丰富，团泊体育场、网球中心、保龄球馆、射击馆、自行车馆、棒垒球、曲棍球等 23 个专业场馆分布其间，此外还有天津体育学院及其体育设施、天津中医药大学篮球馆等大型体育场馆，举办了东亚运动会、环团泊湖公路自行车赛、国际铁人三项赛、国际女子网球巡回赛、第十三届全运会等赛事活动。2016 年国家体育产业基地评选中，静海区团泊湖地区被评为团泊国家体育产业示范基地。

6. 品牌效应彰显

天津健康产业园是天津市承接非首都功能疏解“1 +16”平台之一，是京津冀区域医疗养老产业承接的两个园区之一，自启动以来共实施项目 60 余个，累计完成投资 180 亿元，引进了康宁津园、血液病医院、协和华美等一批优质项目。其中，康宁津园荣获 2018 中国养老社区十大品牌、全国养老服务业发展典型、全国智慧健康养老应用试点示范企业等荣誉，成为新型养老综合体品牌。依托这些品牌项目，可以为健康产业园招商引资提供示范效应，吸引更多优质项目入驻健康产业园，做大做强大健康产业，形成规模效应。

（二）面临的主要问题

1. 产业发展路径模糊

天津健康产业园被定位为天津市承接非首都功能疏解“1 +16”平台，也是京津冀区域养老产业承接园区,被命名为“国家健康医疗旅游示范基地”“国家自主创新示范区”“团泊国家体育产业示范基地”。虽然产业布局较早,但产业发展规划一直缺失,全生命周期大健康产业体系尚未建立,产业引进和培育重点尚不明确,不利于形成产业发展的政策合力,影响优质产业项目落地。

2. 基础配套亟须完善

尽管静海区与天津其他远郊城区相比,具有与天津市区空间距离近、公路交通相对便利的优势,但尚无轨道交通基础设施,亟待与市区建立轨道交通联系。同时,静海区与北京、雄安新区等空间联系仍不方便。公共配套服务体系尚不健全,如商业配套设施不足、开发利用不充分。

3. 产业协作配套不足

目前天津健康产业园主要发展养老产业、中医药研发、体育赛事服务,在其他方面涉足较少。已有产业基础较薄弱,突出表现为有业态无产业,体育场馆闲置率高,缺少综合性医院、妇产、儿科、康复、老年护理等专科医院以及第三方检测机构等。此外,从静海全区来看,健康产业园之外分散布局有大健康相关产业,如尚药堂中药研发生产运营项目布局在静海国际商贸物流园,中药材种植分布在林海林下循环经济示范区,休闲农业分布在龙海设施农业产业带等。如何利用现有资源构建产业链,形成园内产业上下游衔接、与园外产业联动发展格局,在天津医疗健康产业竞相发展中打造自身特色,是园区大健康产业发展面临的突破点。

4. 运营机制有待创新

园区运营机制、投融资机制有待创新。在体育产业方面,体育场馆资源有待充分运用市场化机制统筹利用,与天津市体育局的沟通协作也有待加强。在医疗科研产业方面,无市场化专业化团队规划运营,支持研发的科技转化孵化平台较少。各部门服务意识有待提高,在如何服务项目、服务产业、服务赛事、服务活动上缺乏统筹协调,产业项目和赛事落地困难。

5. 创新人才相对短缺

从 2018 年天津各区专利申请量、研究与试验发展(R&D)人员看,静海区在各区排行中都较为靠后，创新能力明显偏弱，政产学研用结合不紧密，创新主体的互动和协同、创新要素在不同创新主体之间的流动、企业作为创新主体地位的确立等不完善。技术创新能力的不足，将会制约大健康产业在研发环节和服务环节的新兴产业培育进程。此外，园区卫生技术人才缺失，如全区执业（助理）医师数、护士数、全科医生数、公共卫生人员数等指标均低于全市平均水平，区级医院人才队伍水平与结构、技术装备、科研能力、临床专科建设也亟须优化。

三、国内外发展经验借鉴

（一）日本港北新城

日本的大健康产业是预防、诊断、治疗、康复等商品和服务部门的总称。通常包括医药行业、医疗保健系统、保健品行业以及社会福祉等领域。

港北新城地处横滨市边缘，横跨北、绿两区，面积为 2.53 平方千米，居民达 30 万人。以康养休闲为功能特色，打造亲情式“两代居”养老新模式，提供无障碍设施的老龄人住宅产品、具有看护性质的老龄人住宅产品、能和家人共同生活的产品共 3 种产品形态，根据需要提供基本服务和选择性服务，满足各类型老龄人的基本生活需求。社区设有护理之家、康复指导部、日托中心、在宅介护支援中心，以及兴趣活动中心、图书馆等各类养老服务设施，鼓励老人培养自己的爱好活动，满足其健康和精神方面的需求。

保险政策支持。港北新城推行介护保险政策，按介护度分为 7 个等级提供不同的保险金支持，为老年人及其家庭解除了后顾之忧，形成了较完善的养老服务产业链，为养老产业发展提供了新的发展空间。

运作方式。开发商建设，政府征用，专业公司运营限定老人为对象的出租住宅，根据需要提供基本服务和选择性服务，月租金在 10 万 ~ 20 万日元之间。

(二)上海国际医学园区

上海国际医学园区,规划面积 11.8 平方千米,作为张江科学城副中心,引领南部崛起。上海国际医学园区以高端医疗服务业和生物医药及医疗器械制造业为核心,以打造高端医疗服务平台、建设高科技医疗器械产业基地为目标,以国际化、现代化、多元化为导向,打造集"医、教、研、产"为一体的新型综合性医学园。借助张江高新区共享资源平台,加速国际高端医药研发企业落户,因交通便捷、人才集聚、导向明确,已经成为全国医疗器械产业集聚度和成熟度最高的区域之一,目前园区正步入发展成熟期。

园区依托国际医院、康复机构、医学院校三大主题,规划打造国际医院区、医学院校区、医疗器械及生物医药产业区、国际康复区、医学研发区、国际商务区六大功能片区。构筑医疗器械及生物医药制造(教育培训—研发制造—展示交易—物流仓储)和现代医疗服务(教育培训—临床研究—诊断治疗—康复体检)两条完整的产业链。

利用国际医学园区的优势,医生多点执业,强化与周边的医疗机构合作,打造高端医疗健康服务平台。重点打造上海国际医学中心引擎项目,以上海医师多点执业试点单位强化与上海 10 家著名三甲医院的专家团队达成合作,推动周边上海市质子重离子医院、国家儿童医学中心、上海肿瘤医院等 10 余家高端医院项目的建设,协调发展,共同建设市级高端医疗发展平台,推进张江板块健康服务产业的集聚和转型升级。瞄准长三角地区高收入人群,提供闭环式的医疗服务,打造从未出生到临终,覆盖医疗、康复、养老和健康管理的一整套优质服务链。构建以客户为中心、覆盖全生命周期的健康保险服务体系,并与 60 家国际保险公司完成直付签约,发挥商业健康保险在健康服务业链中的资源整合作用,将健康保险打造成为医疗健康服务需求的入口,构建国际高端医疗健康服务业体系。

(三)武汉光谷生物城

武汉光谷生物城位于武汉东湖国家自主创新示范区,是中国光谷以"千亿产业”思路建设的第 2 个国家级产业基地。光谷生物城于 2008 年 11 月开工建设,重点围绕生物医药、生物医学工程、生物农业、精准诊疗、智慧医疗、生物服务等领域,已建成生物创新园、生物医药园、生物农业园、医疗器械园、医学健康园和智慧健康园,正在大力推进建设生命健康园,打造集研发、孵化、生产、物流、生活为一体的生物产业新城。

2017 年,光谷生物产业总收入已突破 1200 亿元,年均增长率保持在 30%以上;聚集各类生物企业 1000 余家,其中世界 500 强 8 家,国内上市公司 32 家;引进 23 位国家千人计划人才,433 个海内外高层次创业团队。在科技部中国生物技术发展中心发布的《2018 年中国生物医药产业园区发展现状分析报告》中,光谷生物城再度跻身国家生物医药产业园区综合竞争力第三位,仅次于北京中关村和上海张江,其中人才竞争力高居全国第 1。光谷生物城(Biolake)的品牌影响力不断提升。

光谷生物城紧跟国际生物产业发展前沿,在生物医药、生物医学工程、生物农业、个体化医疗、生物服务等方面形成比较优势,创新实力节节攀升。光谷生物城结合湖北省优势,确定三大产业方向:生物医药、生物农业,以及与光谷优势产业光电子有交集的医疗器械。高度专注、重点突破,令光谷生物城在短时间内获得巨大优势。

四、静海大健康产业发展思路及对策

(一)总体思路

抓住非首都功能疏解契机,深入推进体制机制改革,引进落地一批具有示范带动效应的优质大健康产业资源与项目,以良好区位优势和生态环境为基础,充分发挥园区在医疗、教育、体育、养老 4 大领域的人才资源优势,强化创新驱动、突出特色产业,加快引导优势领域集聚发展,以教带研、以研带医、以医促养、以养促体,推动大健康产业纵向深度融合以及与新一代互联网、人工智能、健康人居、健康金融等横向关联领域跨界融合,衍生新模式新业态,推动园区大健康产业向价值链高端迈进，培育壮大全方位、全周期健康产业集群。

（二）对策措施

1. 加强资源精准对接，疏解非首都功能

（1）承接首都医教资源，优先发展 3 大主导产业。依托健康产业创新区，着力发展健康科研、健康教育培训、高端医疗康复 3 大优势主导业，推进产学研医深度融合，以国家重点学科建设和重大科研项目为基础，以引进院士及学科带头人为核心，加快聚集一批临床重点专科治疗与康复研发人才、医工融合创新人才、康复护理人才，鼓励社会资本参与整合多学科医疗卫生教育资源，建设集科研中心、教育培训基地、专科医疗机构于一体的国家临床专科医学中心，将园区打造为京津冀中西医结合慢性病防治科研成果转化基地、慢性病防治与康复基地、干细胞研发与治疗基地、国家现代中药创新中心、国家体育教育培训基地、国家临床医学考试考官培训与认证基地、国际中西医教育培训基地。

一是健康科研服务。依托天津中医药大学、天津医科大学、血液病医院的国家级研发创新平台以及院士领衔的顶级专家团队，引进聚集京津及国内外学科带头人和临床专家，突出科技和科研，加强产业对接和社会资本导入，筹划建设以国内外多学科协作为特色的临床专科医学中心，在临床学科科研上形成突破，重点开展中医药产品开发、靶向药临床研究、血液病临床治疗研究、重大慢性病防治及多学科诊疗模式研发和临床康复医疗技术研发，做强健康科学研发产业。

二是健康教育培训。紧抓国家中医药服务出口基地建设机遇，依托天津医科大学、天津中医药大学、天津体育学院医教资源优势，开放发展健康教育培训业，强化健康教育国际交流合作，做实做响健康教育培训品牌，推动健康教育产业国际化。

三是高端医疗康复。依托现有医教资源，加快引进北京、上海及境外优质医疗资源，完善园区配套综合医院建设，多措并举鼓励支持社会资本办医，打造以公立医院为基础、以民营医院和独立医学检测机构为主体的高品质、特色化京津冀专科医学中心，推进各类医疗机构建设协同研究网络，加强临床指南规范制定和先进临床诊疗技术的应用推广，增强医疗保障服务能力，提升医疗服务水平。

（2）承接首都养老和体育外溢需求，重点发展两大特色产业。依托园区体育设施和康养项目的品牌优势，重点发展体育休闲、健康养老特色产业，将园区打造为环团泊湖国际体育圈、京津冀地区和全国养老产业创新发展示范区。

一是体育休闲服务。贯彻落实《国务院关于加快发展体育产业促进体育消费的若干意见》，破除行业壁垒，形成利于体育产业快速发展的政策体系。依托团泊湖和现有场馆等体育资源，大力发展室内的冰雪项目、户外运动、体育培训，提升原有赛事的档次和规模，推动“体育＋教育”“体育＋旅游”“体育＋养老”和“体育＋康复”融合发展。引进国内外优质体育赛事运营商、体育专业人才，推进体育赛事、场馆运营、体育营销、体育会展、健身休闲、体育健康等服务业协同发展，打造环团泊湖国际体育圈。

二是健康养老服务。重点面向老年人、母婴等群体，规划打造全龄化健康颐养社区，重点推进院士康养村、持续照料型高端康养融合示范项目建设，引进高端养老服务、母婴照料、金融保险服务机构，结合区域人口和用地规模推动养老服务、母婴健康照料服务高品质、精细化发展，打造京津冀地区和全国养老产业创新发展示范区。

（3）承接首都跨区经营保险机构，配套发展健康金融服务业。发挥金融引擎作用，推动金融机构与整个大健康产业协同发展。加快对接京津各类金融机构，构建多方参与发展的大健康产业投资格局，鼓励金融机构在园区设立分公司、分支机构，提供多样化金融服务，培育发展园区健康金融服务业。

2. 加快基础设施建设，增加园区承载能力

（1）建设交通设施，拉近空间距离。加快完善交通基础设施建设，重点推进轨道交通基础设施建设，全面拉近天津健康产业园与天津市区、北京、雄安

新区和其他城市的距离，切实形成便捷高效的交通体系。

（2）完善生活配套，提升园区品质。加快生活配套和平安园区设施建设，重点发展酒店服务、商业服务综合体、治安机构，提高园区生活综合服务能力，增强平安园区保障力量。

（3）加快建设酒店设施。在天津中医药大学、天津医科大学、天津体育学院、血液病医院以及足球场馆等体育场馆附近建设中高档酒店设施，满足流动性科研人员、外来就医人员、体育俱乐部等消费群体的健康生活配套需求。

（4）打造商业服务综合体。重点面向北部健康生活示范区、中部核心地带的高校、医院等机构，配套建设融合商业零售、商务办公、综合娱乐等于一体的中小型商业服务综合体，打造更加便捷舒适的“15 分钟健康生活圈”，提升大健康产业综合配套能力和服务水平。依托尚柏奥莱广场，倾力打造世界规模最大，汇集国际、国内体育服装、体育装备等全部知名品牌，集批发零售为一体的国际商贸中心。

（5）提升城市康养品质。以提升城市康养品质为目标，引入“康复性景观”的理念和设计手法，通过以康养人群的情感需求和使用需求为导向，强化绿色种植、地域特色、建筑识别性、城市无障碍等关怀性城市设计和建设，提升康养空间品质。

3. 搭建服务平台，支撑产业发展

（1）强化科技成果转化对接。积极对接清华大学、北京大学、北京科技大学等首都优质高校和科研院所，围绕园区中医药产品开发、医疗康复技术研发、多学科诊疗模式研发、科技推广和应用服务等大健康产业领域需求，加快推进科研合作，共同申报国家或天津市科技计划项目。协同推动医工结合，促成北京高校和科研院所的大健康科研成果，如生物医学影像成像、医工结合概念验证等项目在园区落地转化。

（2）搭建人才培养交流平台。围绕园区大健康产业发展，贯彻落实好天津市系列人才政策和《天津市静海区加快集聚高层次人才实施意见》，加强人才的刚性引进、柔性集聚、自主培养，优化人才结构，提升人才素质，推动大健康产业人才梯队建设，打造“高校 + 人才”“项目 + 人才”“企业 + 人才”等多样化人才交流与培训模式。

（3）搭建健康品牌推广平台。围绕天津大健康产业的发展重点，突出“3 + 1”特色，加快拓展宣传渠道，建设园区健康品牌线上线下推广平台，举办大健康产业领域知名会议、赛事，提升知名度和影响力，打响“京津冀健康之都”城市品牌。

4. 健全完善体制机制，激发园区发展活力

理顺市级、区级、园区级、乡镇级、企业级五级管理体制机制、投融资机制、园区孵化机制等，强化部门间协作沟通，避免单打独斗各自为战，形成推动园区高质量发展的合力。

（1）管理体制机制。建立市级、区级、园区多部门的沟通协作机制，围绕园区核心资源，加强资源统筹利用，推进招商项目落地实施。如针对体育场馆利用，应当建立静海区政府和天津市体育局的常态化沟通协作机制，引入市场化机制，加强园区场馆资源的全面统筹和对外开放利用。实行管理体制改革或区划改革，推进团泊新城建设委员会与杨成庄乡交叉管理领域的管理权统一改革，特别是尽快完成园区南北的双窑村和管铺头村拆迁安置事宜，保障土地开发利用以及其他事项顺利开展。

（2）投融资机制。按照“政府引导、市场主体、社会参与”的原则，搭建园区大健康产业投融资平台公司，拓宽融资渠道。通过设立发展基金、引导基金、担保基金等市场化模式，引导社会资本投资基础设施、公共服务等领域。完善政府投融资公司法人治理机制，探索试行市场化、专业化职业经理制。强化政银企合作机制，构建多层次投融资体制，引导各金融机构加大对健康产业贷款的投入，积极打造具有创新性、针对性的金融产品和服务，支持商业保险公司提供多样化、多层次、规范化的健康保险产品和服务。

（3）园区孵化机制。加快在天津医科大学、天津中医药大学、天津体育学院及附近建设各类孵化器，探索园区孵化器模式，创造和维护有利于大健

康产业企业迅速发展的环境条件。出台对孵化器的财政和税收扶持政策，结合企业税收贡献按一定比例返还，对孵化出优秀企业及成果的孵化器实施奖励。引导孵化器之间合作共建、与园区周边（如开发区、大邱庄等区域）产业需求之间实现接力孵化和对接。促进园区孵化器与静海区、天津市健康产业链联动、跨区域联动、跨国联动的网络辐射，提升相互协作和联盟孵化能力。